EDITORA AFILIADA

Dados Internacionais de Catalogação na Publicação (CIP)
(Câmara Brasileira do Livro, SP, Brasil)

Gomes, Icléia Rodrigues de Lima e
A escola como espaço de prazer / Icléia Rodrigues de
Lima e Gomes. — São Paulo : Summus, 2000.

Bibliografia.
ISBN 85-323-0698-5

1. Comunicação não-verbal 2. Pesquisa antropológica
3. Prazer 4. Socialização 5. Sociologia educacional I. Título.

00-1287   CDD-306.43

Índices para catálogo sistemático:

1. Escola e prazer : Socioantropologia educacional
   306.43
2. Prazer e escola : Socioantropologia educacional
   306.43

a escola como espaço de prazer

Icléia Rodrigues de Lima e Gomes

A ESCOLA COMO ESPAÇO DE PRAZER
Copyright © 2000 by Icléia Rodrigues de Lima e Gomes

Capa:
Maria Irene P. O. Souza

Editoração:
Acqua Estúdio Gráfico

Proibida a reprodução total ou parcial
deste livro, por qualquer meio e sistema,
sem o prévio consentimento da Editora.

Direitos desta edição
reservados por
SUMMUS EDITORIAL LTDA.
Rua Cardoso de Almeida, 1287
05013-001 — São Paulo, SP
Telefone (011) 3872-3322
Caixa Postal 62.505 — CEP 01214-970
http://www.summus.com.br
e-mail: summus@summus.com.br

Impresso no Brasil

Para Dandara e Dahran, nascidos no tempo em que nasciam as idéias e as palavras...

Para Dandara e Dayan, nascidos no tempo em
que nasceram as poesias e as palavras.

GRAÇAS

A Dionísio e a Apolo. Ao calor de um, me fazendo atrever por caminhos que não conhecia, e à luz de outro, me prevenindo dos tropeços e tombos maiores.

A José Carlos de Paula Carvalho. À palavra do iluminado emissário dos deuses.

E não me esquecer, ao começar o trabalho, de me preparar para errar. Não esquecer que o erro muitas vezes se tinha tornado o meu caminho. Todas as vezes em que não dava certo o que eu pensava ou sentia – é que se fazia, enfim, uma brecha, e, se antes eu tivesse tido coragem, já teria entrado por ela. Mas eu sempre tivera medo de delírio e erro. Meu erro, no entanto, devia ser o caminho de uma verdade: pois só quando erro é que saio do que conheço e do que entendo. Se a verdade fosse aquilo que posso entender – terminaria sendo apenas uma verdade pequena, do meu tamanho.

Clarice Lispector
A paixão segundo G.H.

Sumário

Prefácio 13

Introdução 15

Primeira Parte – A história de uma viagem
   1. A nudez nocional da fase teórica 21
   2. O quebra-cabeça da fase prática 43
     • Do campo e da coleta de dados 43
     • Dos dados e da análise 46

Segunda Parte – O espaço, o ritmo e as formas do rito escolar
   3. Uma visão de sobrevôo 53
   4. As percussões sagradas e os deuses iluminadores da escola .. 57
   5. O ritual da alumiação: a aula 64
     • As sacralidades clandestinas 82
     • Ato de contrição: a atenção 105
     • Ato de expansão: a festa escondida do corpo 112
     • As muitas caras de Dionísio 123

Terceira Parte – As vozes que o corpo cala
   6. Um falar sobre o estar junto 141

7. Anatomia e fisiologia da sala de aula 144
8. Formas e cores, ruídos e odores da socialidade 160
9. O toque das coisas e dos corpos 175
   - O toque familiar 179
   - O toque sensual, o toque sexual 185
   - Os toques e os limites escolares 190
   - O toque professoral 196
10. Os sentidos de prazer e o cotidiano da escola 213
    - A fala do professor: o prazer da atenção 213
    - A fala do aluno: o prazer de estar junto 227
      - O convívio entre colegas: atração e respulsão 238

À guisa de conclusão 246

Bibliografia 250

Prefácio

Sorbonne, 12 de abril de 1999

O trabalho de Icléia Rodrigues de Lima e Gomes não precisa de apresentação. Ele é original quanto à temática geral. Está "enraizado" no que diz respeito à sua aproximação metodológica e epistemológica. Portanto, basta para mim, em algumas palavras, testemunhar sua qualidade, isto é, do que o torna uma pesquisa pertinente e prospectiva. Primeiro a consideração epistemológica, aquela que, na passada de G. Simmel, chamei "formismo". O que conduz à humildade do intelectual. Humildade, devo relembrar?, que se refere ao fato de que há húmus no humano. A proximidade semântica destes três termos está aí para nos lembrar que o que importa, de antemão, é a vida em seu desenvolvimento. Seu poder e seu aspecto diversificado. Sua força inelutável assegurando, em seu longo trajeto, uma constância das mais surpreendentes.

A partir de então, em face desta vida, da sua vitalidade, o trabalho do intelectual consiste, unicamente, em elaborar alguns quadros

---

* Traduzido por *Jean-Marie Breton*, Professor da Universidade Estadual de Londrina-PR.

analíticos. Deve contentar-se em evidenciar, epifanizar, já o disse, o que dá a ver e a viver. Isto, Icléia Rodrigues de Lima e Gomes "mostra" maravilhosamente bem. É um ponto muito importante da "sensocomunologia" que preconizo: dizer o que é e não o que deveria ser.

Uma tal sensibilidade teórica aplica-se justamente ao que é o coração mesmo do livro: o prazer e seu significado social e educativo. O tema é importante pelo fato de estar dando uma visão "holística", e, portanto, contemporânea do espaço escolar.

Estou feliz de notar que o domínio dos estudos da profa. Icléia integra tudo o que envolve ritmos e ritos. Isso demonstra perfeitamente que os sentidos são parte ativa em nossa relação com o mundo. Como já disse várias vezes (ver meu *Elogio da razão sensível*), é esta sinergia entre a razão e os sentidos que permite entender, de fato, o que é o "reencantamento" do mundo pós-moderno. É importante, e é uma qualidade relevante deste livro, observar que esse reencanto começa cedo e expressamente no paraíso infantil.

É bom salientar a força e a significação do prazer que Icléia elabora, uma atitude feita de paixão e de emoção. São coisas que fazem parte da natureza humana e, como tal, têm seus lugares na ação e a pesquisa educacional. Nunca será evidenciada o bastante a força delas na vida. É por isso que convém integrá-las numa aproximação intelectual.

Lembro-me de que quando estive pela primeira vez no Brasil, em 1980, fiquei surpreso com o aspecto "abstrato", deslocado, da produção intelectual. Nossos colegas contentavam-se em colar sobre a realidade social esquemas teóricos elaborados de maneira abstrata em outro lugar. Os tempos mudaram, o comportamento intelectual também. A autora, aqui, o mostra. E o resultado aparece, dos mais felizes. Precisamos desejar uma excelente trajetória a este livro. Ele dá testemunho de uma iniciativa sólida e, no sentido que coloquei, humana.

Michel Maffesoli
Professor da Sorbonne

Introdução

Para o olho de quem agora lê, este relato mostrará a recorrência de emoções, marca que caracteriza textos comumente ditos não-científicos, nas falas competentes e outros discursos de comunidades científicas. As emoções – a paixão –, marca principal dos textos narrativos ficcionais, caracterizam aqueles oralizados, ao jeito de serem "lidos", à volta de uma fogueira ou de uma mesa de botequim. Nesse primeiro sentido, o texto principiado tenderá para o narrativo.

A despeito de se elaborar como resultante de um trabalho de pesquisa comumente dita científica, este texto se dirige ao olho de um narratário imaginado, que carece ter a marca da emoção do olho da narradora, que foi o mesmo olho da pesquisadora que a moveu e por ela foi movido. Assim imaginado, o narratário poderá identificar o olho da narradora como aquele também de uma personagem da narração da história feita com as histórias que vão se inscrever no relato. Nesse segundo sentido, que decorre do primeiro, permito-me agora assumir um eu que narra, para que eu possa dizer que vi...

As personagens desta história, as pessoas que se fizeram objeto de uma investigação socioantropológica nos moldes que se vão delinear adiante, são pessoas concretas e vivas, uma vez que qualquer uma delas é encontradiça numa via pública da ducentenária cidade de Cuiabá, no Centro-Oeste brasileiro.

Algumas delas podem ser daqui nativas, ter maxilares trazidos de avós índios bem próximos ou gerados com o ajutório de ancestrais negros ou de pais europeus abrasileirados em terras do sul ou do leste, assim como podem aqui não ter nascido e serem elas próprias migrantes.

São pessoas que o leitor pode encontrar, por exemplo, no Mercado do Peixe, numa banca de revistas da Praça Alencastro, num piso do Shopping Center Goiabeiras, na ponte do Coxipó da Ponte, num banco da Mãe dos Homens. É pouco provável que possam estar todas juntas, de manhã ou de noite, num mesmo dentre esses pontos referidos. Menos provável ainda é que repitam esse encontro quase diariamente, quase duzentas vezes num ano. Houve, entretanto, um lugar em que elas puderam ser vistas umas com as outras, assim, com essa incidência. Em 1992, tinham entre quinze e vinte anos e iam à escola.

Estive vivendo uma parte da vida dessas pessoas. Estar com elas quis dizer caminhar com elas para enxergar alguns caracteres miúdos de sua corporeidade. Enxergar o miúdo quis dizer ver ampliadas as diferenças e semelhanças de seus corpos: certas bochechas acnéicas, certas bocas pintadas de inumeráveis vermelhos, axilas molhadas, músculos apertados por calças jeans, peitorais minguados, glúteos roliços, troncos recurvados, mãos inquietas, unhas roídas. Ver ampliado foi observá-los em toda a sua gestualidade, como também atentar para a sua sensorialidade, sua percepção dos estímulos interiores e exteriores à sala e à escola. Foi observá-los, principalmente na sua convivialidade, feita com a fala e o movimento, com a ritualidade e a emocionalidade, com seus conflitos, seus medos, suas crenças, suas ganas, seus segredos, seus ímpetos, seus ódios, suas dores, suas náuseas, seus tédios, seus sonhos, seus fingimentos, suas malandragens: a tragicomédia de suas vidas recitada em tempo presente.

Fazer do dia-a-dia de pequenos grupos uma parte de meu próprio cotidiano significou, enfim, observar minha própria corporeidade como objeto: expô-la às aproximações e aos distanciamentos dos corpos do próximo e, numa releitura do judeu-cristão, enxergar o próprio como o próximo, e o próximo como o próprio. E daí, então, que alguns sentidos do "prazer" que fora investigar, eu os senti...

A Primeira Parte deste trabalho corresponde ao que tomo por história da pesquisa que fez nascer este livro. Passo em resumo algumas idéias buscadas numa leitura de Michel Maffesoli e sua Antropologia do Cotidiano, detendo-me à corporeidade, à gestualidade e à ritualidade humanas como linguagens de uma comunicação não-verbal, e como recortes de uma Sociologia do Encontro. Apresento, ainda, algumas questões de ordem epistemológica, explicitações de natureza metodológica e técnica e aquelas, de natureza prática – relativas ao estudo de campo. Aos leitores que julgarem as partes teóricas tediosas ou indigestas – ainda que não tão numerosas –, sugiro que passem direto à Segunda Parte.

Na Segunda Parte apresento o que tomo por uma análise do espaço, do ritmo e das formas do rito escolar em algumas escolas de Cuiabá, mostrando, com montagens foto-etnográficas, os contornos do que pode constituir a proximidade tátil na vivência de estados de prazer entre alunos e professores.

Finalmente, na Terceira Parte, como continuidade e complementação, faço um estudo do cotidiano de alunos e professores, com base em suas falas sobre a própria corporeidade-sensorialidade. O intento, aqui, é mostrar com as próprias vozes dos grupos observados, as formas reais e simbólicas de vivência do prazer na interioridade do espaço escolar.

A autora

PRIMEIRA PARTE

A história de uma viagem

[...] *o cientista constrói a sua cabana junto à torre da ciência para poder ajudá-la e para encontrar proteção para si próprio. E necessita desta proteção porque existem forças temíveis que continuamente exercem pressão sobre ele e que opõem à "verdade" científica "verdades" de uma espécie totalmente diferente, dos tipos mais heterogêneos.*

NIETZSCHE
O livro do filósofo

1

A nudez nocional da fase teórica

A história que aqui relato resulta de uma pesquisa que também teve uma história. Faço desta Primeira Parte a hora e a vez dessa história, que começou com uma pergunta feita a mim mesma, num momento de pensar a própria marcha, quase inteiramente vivida em escolas, com professores e alunos. Pensava, particularmente, a relação de um professor de português com seus alunos, em escola de ensino médio. Já antes considerava essas relações, além daquelas de uma comunicação com escritores por meio de textos, aquelas de uma comunicação de leitores uns *com* os outros. Mais que isso, considerava nessa comunicação as relações de leitores uns *dos* outros e a possibilidade de vivência de um prazer. E a pergunta era: o que é esse prazer? Foi então que o desenho de um projeto de pesquisa teve em relevo essa pergunta, que se desdobrou num leque de outras mais: haveria um padrão de ambiência físico-espacial de sala de aula, com características capazes de suscitar esse prazer? Esse prazer poderia ser determinado por uma distância corporal entre professor e alunos ou entre aluno e aluno? Esse prazer seria suscitado entre uns e outros numa comunicação prevalentemente verbal ou não-verbal?

De início, quis encontrar respostas nos domínios da pedagogia ou da didática. As fontes foram poucas e miúdas, as mesmas de que já me vinha servindo num caminho anterior, sem novidades. Segundo essas fontes, o prazer que ocorre na sala de aula parece determinar-se por um agir pedagógico estribado em teorias e práticas de ensinar e de aprender. O prazer vivido por um professor ou por um grupo de alunos seria administrado num agir pedagógico – a motivação – para resultar em produtividade, ou seria resultado da eficácia e eficiência desse agir. Assim, pareceu-me, talvez pela minha incompetência ou miopia, que o prazer sugerido no solo da pedagogia, de uma didática geral ou especial, tem apenas essas duas caras ou tem várias que ela desconsiderava, mostrando duas como se fossem todas.

Não descartava o interesse de analisar – de reconhecer –, nas relações entre professor e alunos, as condições em que o prazer é produtivo e em que a produtividade é prazerosa. Todavia, interessava-me mais examinar as condições em que o prazer é vivenciado nas relações escolares, apesar ou além de serem estas relações de ensino-aprendizagem. Interessava-me, sobretudo, conhecer as outras caras do prazer que não têm sido mostradas ou consideradas quando se mostra ou se considera a escola. Quando se mostra ou se considera a escola costuma-se privilegiar o prazer dos espíritos e secundarizar o prazer – ou desprazer – dos corpos. A importância por vezes conferida à corporeidade é não mais que a preocupação pela garantia de um bem-estar como garantia do bem-fazer do espírito. A preocupação pela garantia do bem-estar dos corpos não parece ausente dos projetos de edificação escolar, de arrumação do espaço físico das salas, de disposição do mobiliário, de previsão de boa iluminação e de ambiente arejado. Entretanto, nesses projetos e previsões – nessa administração do espaço escolar – há também uma preocupação sabidamente antiga pela definição de distâncias, seja entre professor e alunos, seja entre aluno e aluno. Além, portanto, de promover uma separação entre o espírito e o corpo, a escola – a sala de aula – tende a promover uma separação entre o corpo e o outro corpo. As experiências de prazer – e de desprazer – nas preocupações, nos projetos e nas previsões escolares parecem ser apontadas nas relações de comunicação que se estabelecem entre uns e outros numa linguagem prevalentemente verbal. São desconhecidas ou pouco conhecidas as linguagens não-verbais que podem acompanhar ou prevalecer nas relações entre uns e outros, as experiências de prazer e de desprazer que se podem dar por via das linguagens do corpo – seu movimento, seus gestos, seus sentidos.

Movida por essas reflexões, centrando mais vivamente meu interesse na análise das relações intersubjetivas havidas no cotidiano do espaço escolar – consideradas tanto as que tipificam quanto as que não tipificam o processo de ensino-aprendizagem – e no rastreamento dos sentidos de prazer vivenciado por professores e principalmente por alunos nessas relações, resolvi intentar caminhos outros para a realização de uma pesquisa em moldes antropológicos e etnográficos.

Acreditei que um estudo do espaço e da vivência escolares seria um esforço para chegar a esses lados da escola que não têm sido privilegiados por pesquisadores nem por pesquisas. Não me moveu a ambição prometéica ou a preocupação praxeológica de propor uma utilidade para este estudo, com o fito de fazer substituir aquilo que é por aquilo que deve ser.

Esta é uma fala que precisa assumir-se outra fala. Embora tenha me cercado dos cuidados de um antropólogo, não levei para meu fazer de campo muita companhia teórica. Talvez tenha levado na viagem mais "noções" do que o senso e o siso dos autores que faço constar numa bibliografia e, nesta, com justiça, não poderia faltar a sabedoria dos dicionários. Sem esta atitude "nocional", talvez não tivesse tomado nenhuma atitude científica...

Minha fase "teórico-intelectual", tomando de empréstimo uma expressão de Roberta da Matta,[1] foi marcada por um mínimo de contato com as "tribos" – os bairros, as escolas, os grupos – objetos de minha pesquisa. Houve uma tirania do assento e do recolhimento para pensar o que foi visto e pensado pelos outros. Como o desenho preparado para entrada no campo e como os índios da metáfora de Da Mata, os alunos e professores alvo de uma investigação eram de papel. Pelos conhecimentos que me vinham dos livros, a antropologia, a etologia e a proxêmica me faziam pensar alunos-e-professores, antes tão próximos e familiares, perturbadoramente distantes. Esses conhecimentos, vivenciados pela marcha dos outros, propunham categorizações, técnicas e regras muito exóticas para pensar alunos-e-professores e, nesse caso, precisei me aproximar e me familiarizar com elas, tomá-las como gerais e aplicáveis à especificidade de uma pesquisa de campo.

Levar noções para o campo ou assumir uma atitude nocional foi adotar uma postura científica mais próxima da que sugere Michel Maffesoli dizendo de uma "senso-comunologia" ou de uma "sociologia compreensiva":[2] além de poder resistir às facilidades – ou dificuldades – dos discursos da psicanálise, da lingüística, da filosofia, poderia contentar-me com o "descrever o vivido naquilo que é" e com o "discernir as visadas dos diferentes atores envolvidos".

Assim como de início me vali de Maffesoli para a definição de uma postura epistemológica diante de um objeto de conhecimento a ser investigado, também me vali do ajutório teórico de sua sociologia do cotidiano, que busquei, seja pela leitura de alguns de seus livros,[3] seja pela participação de um curso com o autor.[4] Das páginas lidas e da fala ouvida, trago aqui algumas das idéias com que comecei a compor uma bagagem teórica a ser levada num trabalho de campo.

Para Michel Maffesoli, referindo-se a esse final de século, há uma não-contemporaneidade entre o instituído e o por nascer. Isso interessa ao autor, uma vez que seus estudos têm girado em torno dessa idéia de futuro com presente, de contrafuturismo ou de "presenteísmo".[5] É nesse final de século – nesse presente – que acontece uma "rebelião do corpo",[6] um apologismo do prazer e do aqui e agora. A escola, segundo o autor, não mais consegue domesticar o corpo ou impor-lhe o costume da roupa cinza e sóbria: em vez de apagado, o corpo é festejado, é "epifanizado". É Dionísio, a paixão e o lúdico surgindo nesse presente.

Ligando um tempo anterior – a modernidade – a um "desencantamento do mundo", Maffesoli aponta a emergência, nesse presente, de um "reencantamento",[7] que diz ser verificável nas relações sociais da vida cotidiana. Para ele, o emprego do termo "social" para designar ora o todo social ora um conjunto social, constitui um "uso cômodo da língua". Quando quer sublinhar uma característica essencial do "ser-junto-com", que supera a simples associação racional, o autor utiliza o termo "societal". A "socialidade", diz Maffesoli, é uma expressão cotidiana e tangível da solidariedade de base, vale dizer, do "societal em ato".[8] A socialidade, que tomei como uma das noções-chave deste trabalho, para Maffesoli, é o que integra o imaginário e a comunicação. A comunicação, que não pode ser algo estritamente técnico, é o modo contemporâneo de dizer o simbólico.

Para uma análise com Maffesoli, não se pode compreender a vida social a não ser ampliada, ou seja, com o político, com o onírico, com o lúdico – com acento no cotidiano. Também não se pode compreender a vida social pelo prospectivo, mas pelo que está mais próximo – o concreto mais extremado. Essa idéia do mais próximo lembra o que o autor chama de "proxemia" – o estar junto com, a proximidade física – que "remete, essencialmente, ao surgimento de uma sucessão de 'nós' que constituem a própria substância de toda socialidade".[9]

Uma análise do presente, do mais próximo e do concreto extremado não poderia ser feita com uma lógica aristotélica – já que, por intermédio desta, tudo se determina sobre o que está no fim –, mas numa lógica outra, em que tudo se determina pelo aqui-agora. Com essa lógica outra, "se acentuam fatos como andar, comer, perambular – o que é/era considerado 'frívolo' – e todas as pequenas coisas que formam a vida social e cultural".[10] Tudo tem importância: todo ritual cotidiano, todos os mecanismos de solidariedade e de proximidade, enfim, "tudo o que me une ao próximo".

O "reencantamento do mundo" de que trata Maffesoli se liga à idéia de espaço. Segundo o autor, na modernidade, com a saturação do político, o vetor essencial era o tempo e não o espaço. Na pós-modernidade deste final de século, quando se relacionam o biunívoco e o localismo – a língua, o território, os costumes partilhados – tudo se entrecruza formando o tecido social. Seja nos grandes agrupamentos, seja nos pequenos, a partilha do espaço é fundamental e, nesse caso, quaisquer ajuntamentos têm sentido: estar junto para a música, para o esporte, para a droga, para a religião. A paixão, que aqui não tem conotação psicológica, mas afetual, "é a aura que jorra de estar juntos".[11] E as atitudes – quais ou quantos sejam os motivos de estar juntos – não são lógicas nem ilógicas: têm lógica própria. Essa lógica própria é a que Maffesoli relaciona à sua idéia de tribos e a dos valores do estar junto.

Segundo Maffesoli, é preciso incorporar Nietzsche ao trabalho intelectual. Daí suponho advir sua proposta do "formismo", que diz ser "uma atitude do espírito que se contenta em desenhar as letrinhas". Com Maffesoli, "formismo" parece significar não tanto o conteúdo, mas o continente. Se em português "formismo" e "formal" têm sentidos duvidosos, no francês do autor corresponde à idéia de uma "epifania" – aquilo que é. O "formismo" seria uma atitude de epifanizar – ou festejar – aquilo que a coisa é por ser o que é. O próprio autor se diz criticado por sua posição fenomenológica e, como que dando um exemplo dos críticos de sua preferência, afirma que no marxismo existe a procura de um "além daquilo que é", e, mesmo os sociólogos que se voltam para a análise da vida cotidiana, inscrevem-se numa linha do "além de": o aqui-agora só vale tendo em vista um "depois". Deixa-se, com isso, de ver o importante, além do que "ficar sério não significa reter algo depois de ter visto aparências".[12]

Uma importante questão epistemológica parece ser apontada por Maffesoli quando opõe à idéia de "unidade" das coisas a de "unicidade": enquanto a primeira remete à homogeneização, a segunda remete à heterogeneização. A vida, ou as coisas da vida, são desordenadas e móveis. Talvez por isso o autor sugira a importância de "noção", como uma idéia menos estreita do que a de conceito. Enquanto com um conceito, uma coisa é A ou B, com uma "noção", uma coisa é A e B. Com a idéia de "noção", Maffesoli apresenta, lembrando Lupasco e G. Durand, a sua idéia de "contraditorial": o contraditório que não se supera. O autor explica essa "lógica contraditorial" quando escreve sobre as tribos urbanas: é uma lógica "que recusa as estruturas binárias ou o procedimento dialético por considerá-los mecânicos ou redutores. As diversas tribos urbanas fazem cidade porque são diferentes e, às vezes, até mesmo opostas. [...] Um bom meio, dentro desta lógica que acaba de ser exposta, é deixar cada tribo ser ela mesma".[13] O contraditorial é a unicidade, um deixar que as coisas sejam na sua pluralidade.

Maffesoli também mostra preferir a noção de "pessoa", que não remete à de "classe" e que é mais pertinente à de mobilidade/contraditorialidade/pluralidade do social. Entretanto, é o próprio autor quem afirma que não é fácil trabalhar isso. Como analisar o desordenado, o anárquico, o ambíguo que existe na vida? Com que esquemas? Como dar conta de algo que está "escondido"? Como operacionalizar a empatia, o sensível, o hedonismo, a pluralidade? Maffesoli sugere uma "atitude compreensiva" dos fatos, acolhendo-os todos ou "fazendo dos fatos uma constelação". Uma constelação que seria também de "pequenas coisas empáticas, a justaposição de considerações para fazer formar sentidos".[14]

Dentre as idéias de Maffesoli, algumas, em especial, se fazem valer para a abordagem da temática do presente trabalho. Uma delas diz respeito a corpo e a corpo social. No dizer de Maffesoli, corpo social tem sido uma metáfora sem sentido: é preciso integrar esse corpo social. Para entender agrupamentos – tribos – é preciso compreender o sensível. A idéia de corpo, para o autor, parece ser a de um corpo sensível ou sensorial, um corpo lúdico e dionisíaco. É corpo de um *homo esteticus*: o homem que "serve a" e que "se serve". O estético, com Maffesoli, tem como referente *aisthesis*, experimentar com o outro alguma coisa. A ambiência é que é estética e, pela fala do autor, as ambiências vividas nesse final de século tendem a privilegiar o tátil, ou a sincretizá-lo ao visual, como num "eu toco, logo existo" proxêmico.

Outra das idéias de Maffesoli que tomo como importante – e que diz respeito à proxemia – é sua afirmação de que essa pulsão do tocar, essa erótica social pode ser uma tatilidade real ou simbólica, já que um território pode ser real ou simbólico. Há uma materialidade dos sentidos: os cinco sentidos não são tomados apenas psicologicamente. Sempre houve dificuldade de se falar do sensível, da animalidade dos sentidos. Maffesoli quer dizer que a "enformação" intelectual enobrece os sentidos e o sensível.

Afirmando que não há uma dicotomia, mas uma sinergia entre razão e imaginação, o autor sugere como importante o retorno do imaginativo na realidade social. Sua posição, ele próprio o diz, é fenomenológica e descritiva, dando importância à imagem. A realidade é construída de imagens, que têm uma função emocional e, portanto, tátil: a partir da imagem eu toco o outro. A imagem torna sensível a coisa, qualquer coisa. Em torno da imagem – seja de um cantor famoso, de um produto de consumo, seja de uma ideologia – é criada uma espécie de comunhão. Maffesoli lembra os sacramentos como "uma forma visível do invisível"[15] e como um exemplo de agregação, um estar junto de pessoas em torno de uma imagem. Dizendo de agregação, comunhão ou "reliança", num outro lugar,[16] aponta a semelhança entre as tribos da atualidade e as primeiras comunidades cristãs em formação. Constitui a sacralidade certos aspectos comuns: "organização, reunião em torno de um herói epônimo, papel da imagem, sensibilidade comum" e o que fundamenta o conjunto, que é "a inscrição local, a espacialização e os mecanismos de solidariedade que são seu corolário".[17] Maffesoli faz ligação entre tribos dentro de cidades, esses pequenos corpos sociais.

Uma proposta de pesquisa com noções, por sugestão desse autor, é uma proposta de "tocar" – no sentido etimológico – verdades aproximativas, já que o que se analisa está se fazendo, não havendo, portanto, verdades acabadas. O presenteísmo, o aqui-agora, o *carpe diem* equivalem a um relativismo epistemológico que conduz a verdades momentâneas, levando a enxergar contornos e detalhes: uma visão do todo pelas suas partes menores, frívolas e banais. Para o autor, interpretado por M. Cecília Sanchez Teixeira,[18] "todo conhecimento apresenta dois pólos de tensão, que constituem a sua harmonia conflitual: de um lado é preciso gerir o saber estabelecido e, do outro, sentir o que está em vias de nascer".[19]

Decidi, com a proposta teórica de Michel Maffesoli, efetuar uma análise do cotidiano da escola no que diz respeito à socialidade – proxemia ou cenestesia social – por intermédio de contornos e detalhes sobre o espaço e a ambiência, o corpo e o movimento, a materialidade dos sentidos e as formas possíveis de prazer.

Bastante próxima da noção de socialidade é a de educação fática, de P. Carvalho.[20] Trata-se de uma concepção ampliada de educação que o autor propõe como oposição a uma educação praxeológica. Segundo M. Cecília Sanchez Teixeira,[21] num estudo comparativo das abordagens de M. Maffesoli e P. Carvalho, uma concepção praxeológica da educação "privilegia a adaptação às normas, aos modelos sociais e aos ideais do produtivismo e do progresso. Em conseqüência, nas sociedades ocidentais modernas, a escola é tida apenas como mecanismo de controle social".[22] Entretanto, é possível pensar uma educação, diz a autora, "que recupere a sua dimensão simbólica não apenas como simples reflexo do político-econômico, mas como prática simbólica estruturante do real".[23] Essa concepção ampliada, conforme a autora, corresponde à proposta por P. Carvalho, para quem "a educação é uma prática simbólica basal que realiza uma função fática, isto é, que realiza a sutura entre as demais práticas, dotando-as de caráter educativo".[24]

P. Carvalho, dizendo de suas investigações para o enquadramento nocional do "fator fático"[25] e portanto de "educação fática", afirma ter-se valido de vários autores, o que confere a "fático" vários sentidos convergentes. Todavia, para os propósitos do trabalho a que me propus, pareceu-me de grande importância o sentido de comunicação adotado por Jakobson[26] – em função fática da comunicação –, aquele sugerido por Malinowski[27] – em comunhão fática – e, finalmente, o sentido proposto pela escola de Palo Alto com seu "modelo orquestral"[28] de comunicação.

A comunicação com uma função fática, em Jakobson, é aquela em que a linguagem empregada pelo emissor-receptor pende para o "contato", o "canal" que liga. Em outras palavras, é aquela comunicação em que as mensagens – verbais – servem fundamentalmente para verificar se o canal funciona, para atrair a atenção do interlocutor, confirmar sua atenção continuada e para prolongar ou interromper a relação entre os falantes.[29] É o próprio autor quem afirma a analogia entre o sentido de "fático" contido em "linguagem verbal fática" e o sentido de "fático" sugerido por Malinowski: "este pendor para o contato ou, na designação de Malinowski, para a função fática, pode ser evidenciado por uma troca profusa de fórmulas ritualizadas, por diálogos inteiros cujo único propósito é prolongar a comunicação".[30] A função fática da comunicação – ou da linguagem –, para Jakobson, é uma primeira função verbal que as crianças adquirem: elas são capazes de se comunicar antes mesmo de serem capazes de enviar ou receber mensagens informativas.

B. Malinowski, escrevendo sobre primitivos e linguagens primitivas numa perspectiva etnográfica, descreve situações em que os nativos se juntam para a caça, a pesca, o cultivo da terra, ou mesmo para "aquelas atividades nas quais uma tribo selvagem expressa algumas formas essencialmente humanas de energia – a luta, a brincadeira ou o esporte, algum cerimonial ou algum ato de cantar ou dançar". O autor observa, detendo-se no exemplo de um grupo de nativos pescando, que os homens, "enquanto agem, emitem a todo momento um som expressando avidez na perseguição ou na impaciência de alguma dificuldade técnica, alegria na aquisição, ou desapontamento na falha. [...] Falam em voz alta e dão vazão aos seus sentidos. Saem exclamações curtas que podem ser equivalentes a palavras como peixe, deixe ir, mexa primeiro, levante a rede".[31]

Nos seus usos primitivos, assegura Malinowski com esse exemplo, a linguagem "funciona como uma união, uma ligação em atividades humanas combinadas, harmonizadas como uma peça do comportamento. Ela é um modo de ação e não um instrumento de reflexão".[32] A essa circulação de palavras, que não resulta de reflexão intelectual nem precisa surgir da reflexão do ouvinte, Malinowski chama de "comunicação fática" e "comunhão fática".

Antropólogos e sociólogos norte-americanos ligados à escola de Palo Alto, dentre os quais Edward Hall e Erving Goffman, mostram-se de acordo que o esquema de comunicação elaborado por Claude Shannon – baseado em teoria matemática e na engenharia –, por privilegiar a "informação" num sentido técnico-estatístico, não perde a sua característica de "modelo telegráfico",[33] que não se aplica às ciências humanas, mesmo quando adaptado-aplicado à comunicação verbal. O modelo telegráfico comporta uma cadeia de elementos: "a fonte de informação, a mensagem, o emissor, o canal, o receptor, e o destino, "que é a pessoa (ou a coisa) à qual a mensagem é enviada.[34]

No consenso daqueles pesquisadores, a teoria de Shannon foi concebida por e para engenheiros de telecomunicações. Nas ciências humanas a comunicação deve ser estudada segundo um modelo que lhe seja próprio. Para o grupo de Palo Alto, a comunicação é "um processo social que integra múltiplos modos de comportamento: a fala, o gesto, o olhar, a mímica, o espaço interindividual. Não se faz uma oposição entre a comunicação verbal e a 'comunicação não-verbal': a comunicação é um todo integrado".[35] Não é senão no contexto do conjunto dos modos de comunicação, ele próprio ligado ao contexto da interação, que a significação pode tomar forma.

Alguns dos pesquisadores que se opõem à aplicação do esquema de Shannon à comunicação verbal, dentre os quais Albert Scheflen, sugerem que há uma analogia entre a comunicação e uma orquestra em função. Uma peça musical para um quarteto de cordas é análoga a uma conversa num grupo de quatro pessoas. Em cada caso a execução mostra um estilo e particularidades próprios, mas segue uma linha e uma configuração geral. "A diferença entre essas duas estruturas é que a composição musical possui uma partitura explícita, escrita e conscientemente apreendida e repetida. A 'partitura' da comunicação não foi formulada por escrito e, em certa medida, foi apreendida inconscientemente".[36] A analogia da orquestra faz compreender que cada pessoa participa da comunicação antes de ser sua origem ou seu fim. A imagem da partitura invisível lembra o postulado fundamental de uma gramática do comportamento que cada um emprega nas suas trocas, as mais diversas, com o outro. Um modelo orquestral de comunicação faz atentar para o fenômeno social que é o sentido primeiro e mais importante da palavra comunicação: o pôr-se em comum, a participação, a comunhão.

Pareceu-me possível, com a noção de comunicação fática tomada dessas três vertentes, observar as relações intersubjetivas que se estabelecem no cotidiano da escola voltando-me para as linguagens empregadas, examinando nestas as condições em que propendam ou funcionem para o contato, a união, a comunhão entre uns e outros. Dizer linguagens – no plural – é admitir que os sujeitos observados – os grupos – não se comunicam com uma linguagem verbal tão-somente, mas com o não-verbal de múltiplos modos corporais de comportamento.

Uma análise da socialidade no cotidiano escolar, numa abordagem sugerida por Maffesoli, como já dizia – por intermédio de contornos e detalhes sobre o espaço e a ambiência, o corpo e o movimento, a materialidade dos sentidos e as formas possíveis de prazer – corresponde a uma análise da função fática da comunicação por via de outras linguagens, que não somente as verbais, e de outros "contatos", que não somente aqueles feitos de palavras. Também pareceu-me que essas manifestações que acontecem na interioridade da escola podem ser mais bem compreendidas não tanto por um enfoque macroestrutural, vendo na escola o seu lado oficial ou institucional – seus papéis, regras, normas, funções, hierarquias – mas principalmente por um enfoque microssociológico, atentando para sua "parte instituinte", sua dimensão simbólica, para os fatos "aparentemente não-significativos, não-lógicos, não-racionais", enfim, tudo o que ocorre "fora dos limites dos regulamentos e das normas".[37]

O fato de interessar-me pela análise da socialidade e da proxemia – esse ser-estar junto tribal sugerido por Maffesoli – levou-me também aos estudos de Edward Hall,[38] da escola de Palo Alto, e sua proxêmica.

Proxêmica é uma palavra "cunhada" por Hall, como ele próprio afirma, para designar as observações do emprego que o homem faz do espaço.[39] As investigações proxêmicas levam em conta que os homens de diferentes culturas não só falam diferentes linguagens como também habitam diferentes mundos sensórios. Não somente estruturam o espaço distintamente como também o experienciam distintamente.[40] Conforme Hall, é difícil considerar o homem entre outros animais. Entretanto, boa parte do pensamento e da interpretação de dados nos estudos da proxêmica foi influenciada pelos etólogos, os cientistas que estudam o comportamento animal e a relação dos organismos com seu meio. Para o autor, "levando em conta o modo que têm os animais de tratar o espaço, é possível colher uma quantidade considerável de dados traduzíveis aos humanos".[41] Entre esses dados, um deles é considerado básico: a territorialidade. A territorialidade, tanto na etologia como na proxêmica, pode definir-se como "o comportamento mediante o qual um ser vivo declara caracteristicamente suas pretensões a uma extensão do espaço, que defende contra os membros de sua própria espécie".[42]

No estudo relativo ao uso do espaço no mundo animal é possível constatar que algumas espécies se amontoam e buscam o contato físico. Outras evitam por completo tocar-se, requerendo um distanciamento entre si. Para as que necessitam estar em contato umas com as outras, a distância social é como "um vínculo oculto que 'cinge' o grupo".[43] Esses e outros dados relativos à etologia parecem ter servido a Hall para caracterizar as distâncias – a proximidade e o distanciamento – entre homens e grupos. A territorialidade tem estreita dependência dos "receptores sensórios" – olhos, ouvidos, nariz, pele e músculos. Hall sugere que "a visão é síntese",[44] ou seja, "o homem aprende a ver e o que aprende influi no que vê".

Importante para a análise proxêmica proposta por Edward Hall é a observação do modo como o homem percebe a distância que o separa de seus congêneres. Esse modo não é estático. Sua percepção do espaço é dinâmica porque está relacionada com a ação – o que pode fazer num espaço dado – e não com o que alcança apenas vendo passivamente. A maioria dos processos de percepção de distâncias se produz fora da consciência: sentimos que uma pessoa está perto ou longe, mas nem sempre podemos dizer em que nos baseamos. Acontecem tantas coisas ao mesmo tempo que é difícil decidir quais de todas são as fontes de nossas reações. Quatro são as distâncias definidas e descritas por Hall. Essas descrições são resultantes de observações e entrevistas com pessoas originárias do nordeste dos Estados Unidos e, segundo o autor, "parecerão toscas quando se conheça melhor a observação proxêmica e o modo que distingue a pessoa uma distância de outra".[45] São as distâncias íntima, pessoal, social e pública, cada uma delas com uma "fase próxima" e uma "fase distante".

Na "distância íntima", a presença da outra pessoa é inconfundível e há grande influência de dados sensórios: a visão, o olfato, o calor do corpo, o som, o cheiro, o hálito, tudo se combina numa relação com o outro corpo. É a distância do ato do amor e da luta, da proteção e do acolhimento. Predomina na consciência das pessoas o contato físico ou a possibilidade de uma relação física. Mesmo que as cabeças e as pelves não entrem em contato, "as mãos podem se alcançar e se agarrar pelas extremidades".[46]

"Distância pessoal" é termo que Hall toma do etólogo Hediger para designar a distância que separa constantemente os membros das espécies de não contato, uma espécie de "bolha protetora" que mantém um animal entre si e os demais.[47] A sensação de proximidade deriva das possibilidades do que cada uma das pessoas tenha de fazer à outra com suas extremidades. A distância pessoal corresponde mais ou menos à "distância do braço": duas pessoas podem tocar-se pelas pontas dos dedos, se ambas estenderem os braços. O tom da voz é moderado e o calor corporal não é perceptível.

Na "distância social" não se distinguem os detalhes visuais íntimos do rosto e ninguém toca nem espera tocar a outra pessoa. É uma distância em que se tratam os assuntos impessoais. Em pé e olhando uma pessoa a essa distância, diz Hall, "produz-se um efeito de dominação".[48] A distância social numa "fase distante" – 2 a 3,5 m – é aquela em que alguém se põe quando lhe dizem: "fique de pé para que eu o veja bem", e tem um caráter formal. É mais alto o tom da voz, que pode ser ouvido facilmente num cômodo contíguo se a porta estiver aberta. A vociferação pode ter por efeito a redução da "distância social"à "pessoal".

32

Numa "distância pública – 3,5 a 7,5 m – que pode ser "uma forma vestigial, mas subliminar de reação de fuga",[49] a voz é alta, mas não a todo o seu volume: a essa distância as palavras são escolhidas com certo cuidado. Numa "fase distante", a partir de 9 metros, essa distância é aquela que se cria automaticamente em torno dos personagens públicos ou que se aplica em ocasiões públicas. Perdem-se os detalhes relativos ao tom normal de voz, assim como os detalhes da expressão facial e do movimento: tudo deve ser exagerado ou amplificado para a compreensão entre uma e outra pessoa.

A leitura de Edward Hall, de que essas notas são uma parte, serviu-me para indicar que uma abordagem da socialidade e da proxemia, sugerida por Maffesoli, é compatível com uma análise das relações entre professores e alunos num sentido proxêmico. Nesse sentido, a pesquisa pretendida pode revelar como professores e alunos vivem o espaço escolar, ou seja, diria Hall: "como utilizam as pessoas seu aparato sensorial em diferentes estados emocionais durante atividades diferentes, em relações diferentes e em diferentes ambientes e contextos"[50] ou, ainda, diria M. Cecília Sanchez Teixeira, "como os sujeitos diretamente envolvidos nas atividades escolares, na qualidade de membros de diferentes grupos no interior da escola, sentem, reproduzem e apreendem a realidade da escola".[51]

Julguei importante juntar à leitura de Edward Hall outras mais que dissessem respeito às relações intersubjetivas, mais especificamente à comunicação pelos movimentos e gestos do corpo – a comunicação não-verbal. Informações dessa natureza poderiam ajudar-me na melhor compreensão de como se caracteriza esse "corpo sensível" referido por Maffesoli – esse corpo que serve a e que se serve – nesses pequenos corpos sociais que são os microgrupos de escolas. Um dos autores de que me vali foi Flora Davis,[52] que considera os estudos da comunicação não-verbal como embrionários, resultantes de consensos e controvérsias entre a psicologia, a psiquiatria, a sociologia, a antropologia e a etologia. Apoiando-se principalmente em pesquisadores da escola de Palo Alto, Davis trata de assuntos relativos à linguagem corporal-gestual das inter-relações.

Assim como Hall, Flora Davis também se refere à territorialidade para mostrar que o espaço comunica. Qualquer grupo de pessoas, em relação, assume uma "configuração": cada um exprime sua posição no grupo por intermédio do lugar que ocupa e, ao escolher certa distância, indica o grau de intimidade que deseja.[53] Particularmente interessantes são suas referências ao movimento corporal nos encontros humanos, os "marcadores" ou "realces cinéticos" que acompanham o verbal, e a "ressonância" ou "eco" – a capacidade de uma pessoa repetir as atitudes corporais de outras.

Sobre o rosto humano, Davis e Paul Ekman afirmam que, em toda cultura há "regras demonstrativas, que definem quais as expressões adequadas a qualquer situação. Essas regras podem determinar que uma expressão seja moderada, disfarçada ou suprimida inteiramente".[54] A autora mostra que um riso de prazer verdadeiro, para a maioria dos estudiosos, é mais difícil de explicar que um riso defensivo, e que o comportamento ocular é talvez a forma mais sutil de linguagem física. Parece que o olhar firme está diretamente relacionado com o agrado. Para a maioria das pessoas, diz Davis, "é mais fácil dizer 'você me agrada' com o corpo e com os olhos do que com palavras".[55]

Já o comportamento das mãos, além de ajudar a esclarecer a linguagem verbal pouco clara, também pode revelar, de modo involuntário, as emoções. Com a ajuda das mãos a pessoa adota diferentes posições: uma para falar, outra para ouvir, outra para perguntar, para dar ordens, para explicar.[56] Quando alguém gesticula, há uma consciência apenas periférica do fato. Somos propensos a observar muito mais o rosto do que as mãos da pessoa que fala. No entanto, diz a autora, as mãos são maravilhosamente articuladas: "setecentos mil sinais diferentes são possíveis com elas usando-se poses combinadas do braço, do pulso e dos dedos em movimento".[57]

Davis mostra o quanto é subestimada a importância do nariz como receptor de mensagens. As pessoas são tão relutantes em cheirar umas às outras que, praticamente, suprimem o olfato como sentido. Somos uma sociedade superdesodorizada: vivemos com medo do mau hálito, do suor, dos cheiros domésticos, dos odores genitais,[58] empenhando-nos, renitentemente, em substituir os odores naturais pelos industrializados – os perfumes, os desodorantes e afins. Segundo a autora, "muitas, senão todas as crianças, nascem com o sentido do olfato muito sensível e, simplesmente, aprendem a reprimi-lo mais tarde",[59] quando passam a não falar sobre cheiros ou a considerá-los um assunto constrangedor.

Uma vez que o enfoque pretendido das relações intersubjetivas na escola passa pelo enfoque do "contato" – a tatilidade real ou simbólica, na sugestão de Maffesoli – detive-me em leitura mais específica sobre o tato como sentido de proximidade e sobre a comunicação pela pele. Ainda aqui me pareceram valiosas as informações de Flora Davis, a que juntei outras, principalmente as de Ashley Montagu.[60]

Montagu faz, como ele próprio afirma, uma abordagem centrípeta da pele, diferentemente daquelas psicossomáticas ou centrífugas, que partem do estudo da mente em direção ao tegumento. Com base em observações de diferentes mamíferos, do contato pele-com-pele entre mães e filhos, o autor mostra que o "lamber" é "um dos elementos de gênese da capacidade de viver". O bebê está "destinado a crescer e desenvolver-se socialmente por meio do contato e, por toda sua vida, a manter contato com os outros.[61] O contato corporal, pois, é uma necessidade básica dos mamíferos. Escreve Montagu que "a imagem sensível que fazemos de nós mesmos como pessoas dotadas ou não de sensibilidade, sensuais ou frias, tensas ou descontraídas", é baseada em experiências táteis durante a infância e "reforçadas" por nossas experiências posteriores.[62]

Bastante pertinentes são suas referências aos comportamentos cutâneos demonstrativos de uma busca de alívio para o sofrimento – raiva, tensão, tédio, perplexidade. "O uso da pele como alívio de tensões assume muitas formas [...]: esfregar o próprio nariz, apoiar dedos dobrados sobre a boca, friccionar a lateral do pescoço, coçar a região infra-orbital do rosto, coçar os olhos fechados, cutucar o nariz".[63] Todos esses gestos, e outros, como torcer ou agarrar as próprias mãos – agarrar a si mesmo –, parecem destinados a confortar quem os realiza, a aliviar nos estados de alarme ou de sofrimento, ou a suprir necessidades de contato cutâneo. Provavelmente, em todas as culturas, há diferenças entre homens e mulheres quanto ao comportamento tátil.

Para Montagu, pessoas que não receberam estimulação tátil adequada na meninice têm uma impossibilidade crítica de estabelecer relações de contato com outras pessoas. E a gratificação dessa necessidade, mesmo mais tarde, pode servir "para dar-lhes a tranqüilidade de que precisam, a convicção de que são desejadas e valorizadas e, deste modo, envolvidas e incluídas numa rede de valores em conexão com outras pessoas".[64] Assim como existem famílias nas quais ocorre grande quantidade de contato tátil, em outras, dentro de uma mesma cultura, o contato é mínimo. Do mesmo modo, existem culturas caracterizadas por um *noli me tangere* como modo de vida e outras em que a tatilidade, "abraços, carícias e beijos são tão constantes que, para povos não-táteis, isto parece estranho e embaraçoso".[65] Montagu mostra uma relação importante entre a voz e o tato: uma voz tem qualidades táteis, podendo substituir o toque e ser tranqüilizante, carinhosa, reconfortante ou não.

A visão e a audição atingem seu ponto máximo de desenvolvimento num período posterior ao tato, paladar e olfato. Tanto as experiências de prazer quanto as de desprazer estão mais intimamente ligadas ao tato, ao olfato e ao paladar do que à visão e à audição. Os tabus que se aplicam à tatilidade interpessoal, diz Montagu, talvez "decorram de um medo intimamente vinculado à tradição cristã em suas várias denominações, exatamente o medo dos prazeres corporais. Dois dos grandes efeitos negativos do cristianismo foram fazer dos prazeres táteis um pecado e, ao reprimir tais sensações, fazer do sexo uma obsessão".[66]

O autor se refere, com particularidade, à qualidade tátil da visão. Uma pessoa "toca" a outra quando a olha nos olhos. "O contato ocular é evitado com desconhecidos, da mesma forma como o contato tátil é evitado, e a razão é a mesma nas duas circunstâncias; não se entra em contato físico com qualquer pessoa a menos que se tenha alcançado um certo nível de intimidade".[67] E parece ser o mesmo, o que, em condições naturais, acontece com gorilas e chimpanzés.

Se com a leitura de Davis pude extrair noções para a análise da linguagem corporal-gestual das inter-relações e, portanto, uma complementação teórica para a análise do comportamento proxêmico dos sujeitos no espaço escolar todavia, foi, com Montagu e sua abordagem da tatilidade que obtive mais ou melhores elementos para a compreensão dos múltiplos sentidos que o "contato" corporal pode assumir nesse estar junto da escola.

Considerando que o relacional e o ritual – a tatilidade da vida cotidiana – são alvos de Maffesoli para a análise da socialidade, leveime, ainda, numa fase teórica preparatória, à leitura de Erving Goffman.[68] Todos os seus trabalhos têm como tema comum a ritualidade das pessoas em situações de interação, e os materiais de conduta analisados são: os olhares, os gestos, as posturas e as afirmações verbais intencionais ou não-intencionais – os signos exteriores de orientação e compromisso, os estados da mente e do corpo. Interessam a Goffman as pequenas condutas e os pequenos grupos ou reuniões, que ele considera como "entidades móveis" ou "interações temporárias". A esse estudo Goffman denomina "uma sociologia das ocasiões".[69]

Segundo Goffman, "toda pessoa vive em um mundo de encontros sociais", e em cada um desses contatos "tende a representar o que às vezes se donomina uma 'linha', ou seja, um esquema de atos verbais e não-verbais por meio dos quais expressa sua visão da situação, e por meio dela sua avaliação dos participantes, em especial de si mesmo".[70] O autor define o termo "cara"[71] como o valor social positivo que uma pessoa reclama para si por meio da linha que as outras supõem que seguiu durante determinado contato. A cara de uma pessoa é algo que não se encontra em ou sobre seu corpo, mas "algo difuso, que há no fluir dos acontecimentos do encontro e que só se torna manifesto quando tais acontecimentos são vistos e interpretados segundo as valorações que expressam".[72] Goffman designa como "trabalho da cara" certos repertórios de práticas relativas a um fazer a cara, perder a cara, salvar a cara, corrigir a cara, manter a cara. A pessoa se constrói ou se fabrica, não por propensões psíquicas interiores, mas a partir de regras morais que lhe são impostas de fora.

Num de seus estudos sobre a interação, ele descreve as formas em que o indivíduo pode alhear-se à situação de encontro. Conforme diz, a participação conjunta parece ser uma coisa frágil, com pontos normais de debilidade e decadência, um estado precário e inseguro que, em qualquer momento, pode levar o indivíduo a alguma forma de alheamento. O indivíduo pode se descuidar do foco de atenção prescrito e dedicar sua principal preocupação a algo que não tem relação com aquilo que se fala no momento, nem com as outras pessoas presentes;[73] pode concentrar sua atenção em si mesmo, em maior medida do que deveria, como alguém que provoca uma resposta desejável ou indesejável dos outros;[74] pode chegar a preocupar-se, de forma consciente e num grau impróprio, com o modo como se desenvolve a interação, como interação, em lugar de intervir de forma espontânea no tema oficial de conversação;[75] pode ficar distraído por outro participante como objeto de atenção.[76]

Goffman se refere, ainda nesse estudo do alheamento, à situação em que uma conversação não atrai a participação espontânea de um indivíduo que, obrigado a participar, finge uma aparência de participação. "Dá a impressão de estar ocupado com a conversação, mas na realidade demonstra estar preocupado com a tarefa de oferecer essa impressão".[77] Os encontros de conversação em que os participantes se sentem obrigados a manter uma participação espontânea e não a conseguem "são encontros em que se sentem molestados e engendram moléstia nos demais".[78] Quando um indivíduo se sente preso de inquietude, "amiúde os outros também contraem a enfermidade".[79]

Ainda compondo uma bagagem teórica mínima para realização da pesquisa pretendida, juntei às leituras aqui referidas algumas outras, com que pudesse obter também noções sobre a natureza do prazer e sua relação possível com o movimento e o contato corporais.

Auxiliou-me, para tanto, uma leitura de Alexander Lowen.[80] Detive-me nas observações desse autor sobre a natureza do prazer como um processo biológico – como uma experiência corporal. Noutras palavras, busquei em Lowen informações sobre as manifestações corporais de prazer que possam ser observadas, considerando como foco dessa observação a corporeidade de alunos e professores e o seu comportamento proxêmico.

Lowen afirma que o segredo do prazer está escondido no fenômeno da excitação: "Há uma excitação contínua no organismo vivo que aumenta ou diminui em resposta aos estímulos procedentes do meio ambiente. *Grosso modo*, o aumento da excitação traz prazer e a diminuição, tédio e depressão".[81] Por constituir um sistema fechado, envolvido pela pele e contendo cargas internas ou excitação, o corpo vivo possui uma mobilidade que lhe é inerente. O corpo tem movimentos "voluntários" – efetuados conscientemente – e "involuntários" – que podem ou não ser percebidos pela pessoa. Entretanto, "movimentos voluntários são sobrepostos a movimentos involuntários".[82]

Lowen explica que as sensações de prazer ou de dor refletem a qualidade dos movimentos involuntários do corpo que, por sua vez, expressam o tipo ou o grau da excitação interna. "Há estados dolorosos de excitação assim como estados agradáveis. Cada um deles é manifestado por certos movimentos involuntários que permitem ao observador distingui-los".[83] O autor propõe uma análise dos movimentos subjacentes nas diversas sensações, por meio de um esquema – o "espectro prazer-dor": agonia–dor–aflição–boas sensações–prazer–alegria–êxtase.

Na agonia, diz Lowen, o corpo se contorce numa série de movimentos convulsivos; a dor é expressa por "movimentos espasmódicos e contorções menos convulsivas do que na agonia"; na aflição, que é uma forma suave da agitação da dor, o corpo se mexe ou se torce, mas "seus movimentos não são tão espasmódicos"; com "boas sensações" os movimentos do corpo são silenciosos e harmoniosos. Para Lowen, esse é o "estado básico de prazer", que pode ser expresso na frase "estou me sentindo bem".[84] À medida que cresce a excitação rumo ao prazer, os movimentos do corpo tornam-se "mais intensos e rápidos, conservando, contudo, sua coordenação e ritmo"; a alegria apresenta um aumento agradável da excitação "como se o corpo dançasse", com movimentos vivos e graciosos; no êxtase, a forma mais intensa de excitamento agradável – de que o orgasmo sexual é um exemplo –

"os movimentos também apresentam um caráter convulsivo mas são unificados e rítmicos".[85]

Conforme Lowen demonstra, a diferença entre os movimentos dos dois lados do espectro "é a presença ou ausência de coordenação e ritmo": nos estados dolorosos, os movimentos do corpo são "desordenados e espasmódicos", enquanto no prazer os movimentos são "suaves e rítmicos".

O movimento "é a linguagem do corpo". Assim, a observação das manifestações corporais de prazer, nas inter-relações de alunos e professores, seria também uma observação, como sugere este autor, "a partir da qualidade de movimento",[86] dessas pessoas.

Foi principalmente das leituras e dos autores até aqui referidos que me fiz acompanhar numa fase teórica, como dizia no início deste tópico, marcada por uma faina de pensar o que foi visto pelos outros. Certamente, esta bagagem não é aquela preparada e levada ao "campo" por um pesquisador apolíneo. Lembra Maffesoli que o pesquisador apolíneo conduz à perfeição linhas já estabelecidas de indagação, enquanto o pesquisador dionisíaco tem muitas indagações e poucas certezas: "sabe apenas qual a direção a tomar em busca do desconhecido".[87] Minha fase teórica, com essas leituras mais do que com outras, serviu para mostrar-me a direção – os rumos.

Notas

1. Da Matta, R. "O ofício de etnólogo ou como ter 'Anthropological Blues'". In: *A aventura sociológica*, E. Oliveira Nunes (org.), Rio de Janeiro, Zahar, 1978, pp. 23-35.

2. Maffesoli, Michel. *O conhecimento comum – compêndio de sociologia compreensiva*. São Paulo, Brasiliense, 1988, p. 15.

3. Li do autor, em 1988: *A sombra de Dionísio: contribuição a uma sociologia da orgia*. Rio de Janeiro, Graal, 1985; e *O tempo das tribos: o declínio do individualismo nas sociedades de massa*. Rio de Janeiro, Forense Universitária, 1987. Em 1989-90 li *O conhecimento comum*, já aqui citado; *A conquista do presente*, Rio de Janeiro, Rocco, 1984 e *Dinâmica da violência*, São Paulo, Vértice, 1987. De grande valia para a compreensão da sua obra como um todo foi a leitura de *Socioantropologia do cotidiano e educação: alguns aspectos da questão escolar*, de M. Cecília Sanchez Teixeira, que li em 1989, ainda sob a forma de tese de doutoramento, na USP-FEUSP.

4. Curso de Extensão Universitária, oferecido pela USP – Escola de Comunicação e Artes – no período de 16 a 30 de outubro de 1989.

5. Essas idéias de "presenteísmo", apresentadas no curso pelo autor, cf. nota 8, podem ser mais bem vistas no seu *A conquista do presente*, *op. cit.*, cf. nota 7.

6. Essa idéia de "corpo em rebelião" está contida principalmente em *A sombra de Dionísio*, *op. cit.*, cf. nota 7.

7. Sobre esse reencantamento do mundo, ver também a tradução de P. Carvalho, de um texto de Gilbert Durand: "A renovação do encantamento". In: *Revista da Faculdade de Educação*, São Paulo, USP, 15(1): 49-60, 1989.

8. Maffesoli, Michel. *A sombra de Dionísio*, *op. cit.*, p. 17.

9. Idem, *O tempo das tribos*, *op. cit.*, p. 193-4.

10. Notas de curso, cf. nota 8.

11. Idem, ibidem.

12. Idem, ibidem.

13. Maffesoli, Michel. *O tempo das tribos*, 1987, p. 199.

14. Notas de curso, cf. nota 8.

15. Idem, ibidem.

16. Maffesoli, Michel. *O tempo das tribos*, *op. cit.*, p. 35.

17. Idem, *loc. cit.*

18. Sanchez Teixeira, M. C., *op. cit.*, cf. nota 7.

19. Idem, ibidem, pp. 157-8.

20. Paula Carvalho, José Carlos de. "Pedagogia do imaginário e culturanálise de grupos: educação fática e ação cultural". In: *Revista da Faculdade de Educação*, São Paulo, USP, 1989, 15(2).

21. Sanchez Teixeira, M. C. "O concreto e o simbólico no cotidiano escolar. As abordagens de Michael Maffessoli e José Carlos de Paula Carvalho". In: *Educação e Sociedade*, nº 38, abril/91, pp. 91-9.

22. Idem, ibidem, p. 96.

23. Idem, *loc. cit.*

24. Idem, ibidem.

25. Paula Carvalho, J. C. "Sobre a gestão escolar do imaginário", mímeo., p. 12. As heurísticas de "fático" são apresentadas também em outros trabalhos do autor.

26. Jakobson, Roman. *Lingüística e comunicação*. São Paulo, Cultrix, 1988.

27. Malinowski, Bronislaw. "Phatic Communion". In: Laver, John e Hutcheson, Sandy, *Communication in face to face interaction*, Middlesex, Penguin Books, 1972, pp. 146-52.

28. Winkin, Yves. *La nouvelle communication*, Paris, Du Seuil, 1981.

29. Jakobson, Roman, 1988, *op. cit.*, p. 126.

30. Idem, *loc. cit.*

31. Malinowski, Bronislaw, op. cit., 1972, p. 147.

32. Malinowski, *op. cit.*, 1972, p. 148.

33. Winkin, Yves, *op. cit.*, 1981, p. 20.

34. Winkin, Y., *op. cit.*, 1981, pp. 17-8. Segundo Winkin, o modelo de comunicação verbal proposto por Jakobson não deixa de guardar uma analogia com o modelo telegráfico de Shannon.

35. Idem, ibidem, p. 24.

36. Idem, *loc. cit.* Estas são palavras de Scheflen, citadas por Winkin.

37. Sanchez Teixeira, M. C. *O concreto e o simbólico...*, p. 97. A autora se refere à "pedagogia da escuta", proposta por P. Carvalho, "uma abordagem que le-

vanta a anti-história, as pequenas histórias que ocorrem paralelamente à história oficial".

38. De E. Hall tomei como básica a leitura de *La dimensión oculta*, México, Siglo Veinteuno, 1986. *La danse de la vie: temp culturel, temp vécu*, Paris, Éditions du Seuil, 1984 e "Silent assumptions in social communication". In: Laver, John e Hutcheson, Sandy, *Communication in face to face interation*, Harmondsworth, Penguin Books, 1972, pp. 274-88. Apoiei-me, ainda, na leitura de Davis, Flora, *A comunicação não-verbal*, São Paulo, Summus, 1979.

39. Hall, Edward. *La dimensión oculta*, p. 6. Ver também, do autor, "Proxêmica". In: Winkin, *op. cit.*, 1981, pp. 191-221.

40. Ver, a propósito, "Silent assumption in social communication", cf. nota 36. E. Hall trata de variedades de hábitos espaciais de interação em contatos interculturais e os graus de proximidade espacial e diferenças relacionadas com o visual, o tátil, o cenestésico e o olfativo.

41. Hall, Edward. *La dimensión oculta*, *op. cit.*, p. 14.

42. Idem, ibidem, *loc. cit.*

43. Idem, ibidem, p. 23.

44. Idem, ibidem, p. 85.

45. Idem, ibidem, p. 142-3.

46. Idem, ibidem, pp. 143-4.

47. Idem, ibidem, p. 146.

48. Idem, ibidem, p. 149.

49. Idem, ibidem, p. 152.

50. Idem, ibidem, p. 222.

51. Sanchez Teixeira, M. C. *O concreto e o simbólico...*, *op. cit.*, p. 98.

52. Davis, Flora. *A comunicação não-verbal*, *op. cit.* Ver também sobre o assunto, Rector, Mônica e Trinta, Aluízio. *Comunicação não-verbal: a gestualidade brasileira*, Petrópolis, Vozes, 1986; e Corraze, Jacques. *Les comunications non-verbales*, Paris, Presses Universitaires de France, 1980.

53. Davis, Flora, *op. cit.*, p. 97.

54. Idem, ibidem, p. 61.

55. Idem, ibidem, p. 76.

56. Idem, ibidem, p. 89.

57. Idem, ibidem, p. 90.

58. Idem, ibidem, p. 128. A autora se refere aos norte-americanos. Com relação a brasileiros, suas afirmações não seriam, de todo, não pertinentes.

59. Idem, ibidem, p. 133.

60. Montagu, Ashley. *Tocar: o significado humano da pele*. São Paulo, Summus, 1988.

61. Idem, ibidem, pp. 59-60.

62. Idem, ibidem, p. 253.

63. Idem, ibidem, p. 263.

64. Idem, ibidem, p. 273.

65. Idem, ibidem, pp. 279-80.

66. Idem, ibidem, p. 297.

67. Idem, ibidem, *loc. cit.*

68. Com Erving Goffman, detive-me principalmente nos artigos que ele reúne em *Ritual de la interación*. Buenos Aires, Tiempo Contemporáneo, 1970.

69. Goffman, Erving, *op. cit.*, pp. 11-2.

70. Idem, ibidem, p. 13.

71. "Cara" tem aqui o sentido de "cara feita" ou "fachada".

72. Goffman, Erving, *op. cit.*, p. 14.

73. Idem, ibidem, p. 106.

74. Idem, ibidem, p. 107.

75. Idem, ibidem, p. 109.

76. Idem, ibidem, *loc. cit.*

77. Idem, ibidem, pp. 114-5.

78. Idem, ibidem, p. 116.

79. Idem, ibidem, p. 114.

80. Lowen, Alexander. *Prazer: uma abordagem criativa da vida*. São Paulo, Summus, 1984.

81. Idem, ibidem, p. 57.

82. Idem, ibidem, p. 59

83. Idem, ibidem, pp. 59-60.

84. Idem, ibidem, p. 61.

85. Idem, ibidem, pp. 60-1.

86. Idem, ibidem, p. 61.

87. Maffesoli, Michel. *O conhecimento comum*, *op. cit.*, p. 42. Ver também Edward, Hall. *Au-dèlá de la culture*. Paris, Éditions du Seuil, 1979, p. 123.

2

O quebra-cabeça da fase prática

Ainda não bem passada uma fase teórica, vivi o que R. da Matta chamaria de fase prática da pesquisa, quando as preocupações precisaram mudar das teorias mais universais e das metodologias mais gerais para os fazeres "mais banalmente concretos", uma espécie de antevéspera de pesquisa.[1] Foi quando, do "assento" no teórico, precisei me pôr de pé num chão apropriado à concretude nua de um paradigma contingente, feito de noções. Por me fazer uma antropóloga aventureira indo à aventura, precisei também me fazer uma caçadora, como diria Ginzburg[2] – com um "paradigma indiciário" – e me valer da suspicácia de quem vai ler o mato.

Com as perguntas que me fazia, com uma postura científica que não separa da objetividade a subjetividade, com um referencial teórico construído com o nocional e o elementar – no sentido etimológico mais estrito – me dispus a realizar uma pesquisa de campo.

Do campo e da coleta de dados

Em 1990, no início da pesquisa, as escolas de segundo grau existentes na capital de Mato Grosso somavam 25 unidades.[3] Entre essas, havia aquelas que se situavam no Centro ou em bairros próximos ao Centro – a maioria – e algumas em bairros periféricos da cidade. Havia aquelas pertencentes à rede federal – apenas duas – e à rede particular.

Entre as escolas particulares, quase todas localizadas no centro de Cuiabá, duas foram fundadas por congregações religiosas, sendo por estas administradas há cerca de cem anos. Enquanto uma delas há muitos anos já não era mais uma escola só para rapazes, a outra, pelo menos até o término do estudo, era conhecida como um colégio só para moças.

Planejara, de início, definir uma amostra que representasse o universo dessas 25 escolas. Pareceu-me, todavia, que o compromisso com a representatividade de uma amostra seria um compromisso com a exatidão de uma tarefa estatística, o que fugiria às pretensões do trabalho. Assim, a escolha de cinco escolas para delimitação do campo de pesquisa tem sentido a partir de razões práticas: na ocasião, eu vivia em Cuiabá e aquelas foram as mais fáceis de localizar ou mais próximas do local de minha vivência ou, ainda, as mais referenciadas nas atividades profissionais que vinha desenvolvendo numa universidade. A escolha do segundo grau e de classes de segunda série foi arbitrária, se não puder admitir que se deveu à mera intuição: suspeitei ser boa diligência me deter na observação dos grupos de segunda série, nem tão próximos do primeiro grau, nem tão próximos de envolvimentos com exames vestibulares.

O campo de pesquisa foi definido com cinco escolas assim nomeadas, categorizadas e situadas – bem como o número de salas de aula escolhido em cada uma delas – da seguinte maneira: 1) Escola E. 1º e 2º graus Liceu Cuiabano – Estadual/urbana: duas salas – matutina e noturna; 2) Escola E. 1º e 2º graus André Avelino Ribeiro – Estadual/periférica: uma sala noturna; 3) Escola Técnica Federal de Mato Grosso – Federal/urbana: uma sala noturna; 4) Colégio Coração de Jesus – Particular/urbana confessional/feminina: uma sala matutina; 5) Colégio Isaac Newton – Anglo Particular/urbana: duas salas – matutina e noturna.

Adotei como convenção para cada um desses grupos de alunos – essas sete salas de aula – um nome-código, que me facilitasse o trabalho. No relato aqui apresentado, os grupos ou salas são assim tratados: 1) Liceu-D e Liceu-N; 2) CPA-N; 3) ETF-N; 4) CJ-D e 5) Anglo-D e Anglo-N.

No período compreendido entre abril e dezembro de 1990, durante um tempo aproximado de três semanas para cada sala de aula, dediquei-me à coleta de dados necessários à investigação tanto quanto possível nos moldes de uma análise proxêmica, como é sugerida por Edward Hall.

O procedimento foi semelhante em todas as escolas e salas de aula consideradas. Numa primeira semana, colocava-me como observadora, cada dia num ponto diferente da sala, assistindo a todas as aulas com os alunos e acompanhando-os fora da sala – em corredores, pátios, quadras, cantinas, outras salas – ou fora da escola – nas suas imediações. A investigação numa primeira semana era feita tanto por meio de observações espontâneas, que eu registrava em notas e desenhos,[4] num diário de campo, quanto de observações sistemáticas, que registrava em fotografia.

A fotografia etnográfica é um recurso bastante utilizado por Hall nas suas pesquisas. Segundo ele, "se a fotografia não é senão um complemento para outras disciplinas que utilizam os métodos de observação (uma extensão da memória visual, em alguma medida), ela representa uma ajuda absolutamente indispensável no registro do comportamento proxêmico. Ela fixa as ações e permite ao pesquisador reexaminar quantas vezes o deseje".[5] Também segui, para confecção de uma série visual, a sugestão de John Collier,[6] para quem a fotografia tem um lugar prático no trabalho de campo, "não apenas para mostrar o que já encontramos através de outros meios", mas também para "ampliar nossos processos visuais".[7]

As observações sistemáticas efetuadas numa primeira semana se caracterizavam tanto quanto possível pelo registro padronizado dos aspectos verificados por observações espontâneas. Essa padronização era tentada mediante: 1) a obtenção de planos e/ou enquadramentos específicos, com foco em aspectos mais recorrentes; e 2) pelo uso de alguns indicadores predefinidos. Esses indicadores se definiram a partir de sugestões das leituras aqui referenciadas, principalmente as de Hall, Davis, Lowen, Goffman e Maffesol: ocupação de espaço interior e exterior da sala de aula; aproximações e distanciamentos entre as pessoas; posturas corporais; movimento da coluna vertebral; movimento[8] dos membros superiores e inferiores em diferentes posturas; movimentos das mãos; os olhares; a evitação; os alheamentos; os toques.

Numa segunda semana, o registro fotográfico incidia sobre aspectos estandardizados, os menores gestos, os deslocamentos, detendome ainda na observação de dados relativos à oralidade dos observados, numa maior proximidade com uns e outros, e em contatos – com alunos e professores – fora da sala de aula.

Numa terceira semana, às vezes antecipada ou postergada em dois ou três dias, passava a uma fase de entrevistas, primeiramente com alunos, depois com professores.[9] Para a escolha dos alunos a serem entrevistados procurei não me influenciar tanto pelas simpatias pessoais nascidas durante os primeiros dias de convívio com os grupos. Defini como informantes alunos de diferentes comportamentos: o distante e o próximo dos demais; o apático e o alegre; o loquaz e o silencioso; o inquieto e o estático; o tímido e o nervoso. A escolha dos professores foi feita a partir não só da observação de suas relações com os alunos, mas também de informações destes, colhidas nas entrevistas: os professores que, por diferentes motivos, são os mais e os menos queridos. Um roteiro de entrevistas foi elaborado para levantamento de informações relativas às suas relações interpessoais no espaço escolar, às suas percepções sensoriais – mormente sua tatilidade –, às suas experiências de prazer no cotidiano da escola.

Para as entrevistas com os alunos e professores, procurei me cercar de cuidados, alguns óbvios, do exercício da escuta mais que da fala, outros, relativos ao cumprimento de normas regimentais das escolas. Pela temática das entrevistas – a corporeidade, os afetos e desafetos entre uns e outros – os cuidados foram maiores. Com Devereux,[10] me dei conta de que o pesquisador é emocionalmente implicado em seu material, "com o qual se identifica", que "deve conhecer o seu valor de '*stimulus*' e se comportar em 'conseqüência' das situações de observação"[11] e que "o organismo observado ou manipulado pode, de fato, se estender até o interior do sistema de observação.[12] Por outro lado, foi também com Devereux que pude verificar – não só nas entrevistas mas em outras fases do trabalho de campo –, que as perturbações pela presença do pesquisador podem ser consideradas também como um dado cientificamente fecundo, indicando "a maneira como o sujeito observado reage aos estranhos e às situações inesperadas".[13]

Dos dados e da análise

Sobre a construção de uma análise proxêmica, Hall adverte: não há técnica de investigação por si só capaz de abarcar em toda a sua amplitude um tema tão complexo e multidimensional. Entretanto, meu intento foi, como fez o próprio Hall, levar em conta, mais marcadamente o "como" do que o "por que", o que equivale, de certo modo, a dizer que essa é uma análise descritiva.

Os dados coletados para essa análise compuseram um *corpus* duplo de dados: uma documentação sobre o não-verbal – o movimento, o gesto, o silêncio –, materializada numa série fotográfica, e uma documentação sobre o verbal – as vozes, a fala das pessoas, o grito – materializada nos depoimentos das entrevistas.

A organização e a classificação dos registros fotográficos e seu tratamento quantitativo foram uma etapa do trabalho, que teve como finalidade uma análise comparativa dos dados, levando em conta os pontos de convergência e divergência, as regularidades e principalmente as tendências sem, contudo, deixar de atentar para o vário e a exceção. Não tive a preocupação de trabalhar com estatísticas que dissessem dos números exatos ou precisos de vezes em que o tema de uma postura, de um gesto, de um riso foi verificado. Acreditei que a exigência quantitativa numa análise proxêmica com fotografia etnográfica não implicaria, necessariamente, que se atribuíssem valores numéricos a elementos analisados. Optei por estatísticas ou quantificações traduzíveis por palavras como "nunca", "raramente", "freqüentemente", "sempre", que poderiam ser, de longe, reconhecidas como 0, 12, 75 e 100%.

Na análise do *corpus* de dados, além de um tratamento quantitativo após sua decomposição em unidades de informação e reagrupamento destas em temas mais recorrentes, houve também um tarefa de interpretação. Essa interpretação não foi uma etapa final ou finalizante da pesquisa, mas uma atividade contínua, a partir das primeiras observações, primeiros registros e revelações de filmes, primeiras falas e depoimentos, permeando toda a faina do olhar e da escuta. Assim, "revelações" começaram a fazer sentido antes mesmo de correlações das películas com a química, na câmara escura, e já nas correlações entre a anotação de um diário de campo e de certos fatos persistentemente repetidos. Mais sentido se fez quando comecei a vê-los nas correlações entre a descrição-interpretação dos dados fotográficos e dos dados vivos das vozes desveladas por via do ouvido e do gravador...

Na pesquisa efetuada, não me pude desvencilhar da intuição. Esta, como se exigida por um modo de ver e ouvir o cotidiano das escolas consideradas, conduziu-me menos a demonstrar do que a simplesmente mostrar. É Michel Maffesoli quem propõe a noção de "mostração"[14] como complemento à clássica demonstração. Enquanto a demonstração se vincula à unidade, a "mostração" ambiciona registrar o "plurial" do cotidiano. Esse modo de apreensão da realidade não parece distante do que também sugere o autor, na palavra de P. Carvalho,[15] como " 'transdução' – 'raciocínio' e procedimento que, irredutíveis à dedução e à indução, une à tomada em consideração de uma realidade em seu 'evolver', isto é, sua instabilidade, a referenciação ao imaginário possível".[16]

Entrego-me agora à aventura de mostrar o que vi – na fotografia[17] – e ouvi – nas falas dos grupos – sem a preocupação de exaurir e de dizer exatamente, ou sem a ilusão de nomear a verdade para todo o sempre. A não ser que, tendo intentado "incorporar Nietzsche ao trabalho científico", como propõe Maffesoli, a verdade venha a ser entendida como

> uma multidão movente de metáforas, de metonímias, de antropomorfismos, em resumo, um conjunto de relações humanas poeticamente e retoricamente erguidas, transpostas, enfeitadas [...], ilusões que nós esquecemos que o são, metáforas que foram usadas e que perderam a sua força sensível, moedas que perderam o seu cunho e que, a partir de então, entram em considerações, já não como moeda, mas apenas como metal. (Nietzche, 1984, p. 94)

Notas

1. Da Matta, R. "O ofício de etnólogo ou, como ter 'Anthropological Blues'". In: *Aventura sociológica*. E. Oliveira Nunes (org.) Rio de Janeiro, Zahar, 1978, p. 24-5.

2. Ginzburg, Carlo. *Mitos, emblemas e sinais: morfologia e história*. São Paulo, Companhia das Letras, 1989. No ensaio que dá nome à obra, o autor sugere como procurar pistas em qualquer mato.

3. Os dados relativos à rede escolar de Cuiabá – seus nomes, situações e categorização – foram obtidos por intermédio da Universidade Federal de Mato Grosso/sub-reitoria acadêmica.

4. Em "A system for the notation of Proxemic behavior". In: Laver, John e Hutcheson, Sandy. *Communication in face to face Interaction*, Harmondsworth, Penguin Books, 1972, pp. 247-73. Edward Hall propõe um sistema proxêmico de notação, que não adotei por julgá-lo perigosamente taquigráfico.

5. Hall, Edward, *apud* Winkin, 1981, p. 204.

6. Collier, Jr., John. *Antropologia visual: a fotografia como método de pesquisa*. São Paulo, EPU, 1973.

7. Idem, ibidem, p. 10.

8. Devo a Cleomar Ferreira Gomes, professor de educação física, a sugestão de considerar como indicadores os movimentos conhecidos na fisiologia do esforço como os de flexão, extensão, contração, abdução, eversão, rotação, retroação, preensão, pronação e supinação.

9. No total foram entrevistadas 52 pessoas: 37 alunos – 17 rapazes e 20 moças –, 10 professores e 5 professoras. O número de entrevistados por sala variou entre quatro e sete alunos e entre dois e quatro professores. A maioria dos alunos tinha, por

ocasião da entrevista, entre 15 e 18 anos; mais da metade do número de professores tinha entre 23 e 31 anos de idade.

10. Devereux, Georges. *De l'angoisse a la méthode dans les sciences du comportement*. Paris, Flammarion, 1980; Ver também P. Carvalho, "Georges Devereux, O projeto etnopsiquiátrico e algumas ilações educativo-organizacionais". In: *Revista da Faculdade de Educação*, 14(*1*): 23-24, jan./jun. 1988.

11. Idem, ibidem, p. 56.

12. Idem, ibidem, p. 72.

13. Idem, ibidem, p. 370.

14. Maffesoli, Michel. *O conhecimento comum*. São Paulo, Brasiliense, 1988, p. 201.

15. Paula Carvalho, J. C., cf. nota 34 do seu Ensaio de Titulação, USP/FEUSP, 1991.

16. Idem, ibidem, p. 165, nota 197.

17. A série fotográfica considerada, por razões de natureza legal – permissão não solicitada ou concedida para uso da imagem dos sujeitos da pesquisa –, precisou passar por um processo de "desidentificação", por meio de montagens e computação gráfica, antes de ser aqui mostrada, na Segunda Parte.

SEGUNDA PARTE

O espaço, o ritmo
e as formas do rito escolar

[...] estava no cotovelo que o galho baixo daquela lixeira fez, mais rente ao trilheiro. Lá, eu vi que o animal raspou, meio que coçando o lombo nele, e uns pêlos amarelados ficou grudado no pau. Então, eu li que era baio, sem piscar!

SILVA FREIRE
A leitura

3

Uma visão de sobrevôo

Não seria preciso voar o céu de Cuiabá, pairando sobre as escolas aqui consideradas para avistar algumas semelhanças que elas têm entre si e as outras. Mas posso imaginar as asas...

A primeira semelhança está em que são espaços cercados por seus quatro muros, separando os vários lados de fora dos lados vários de dentro.

Telhados cobrem cada uma delas, separando-as de variedades imprevisíveis do teto maior, que está acima e além de qualquer escola ou avião, no que consiste sua segunda semelhança. Entretanto, a terceira semelhança está em que há sempre um espaço descoberto – um pátio – tendencialmente centralizado e separado, abertura pela qual se pode olhar o alto, e que do alto pode ser iluminado.

A quarta semelhança é que em todas elas o espaço sob o telhado é dividido em espaços menores – as salas – separados uns dos outros também por paredes lindeiras, do que não se pode ter grandes certezas num sobrevôo, já que os telhados tendem a esconder o que protegem. No entanto, pode-se entender que há um movimento de pessoas na interioridade-exterioridade desses espaços.

A quinta semelhança entre essas escolas é que o pátio se enche e se esvazia de pessoas, num ritmo tal que separa o tempo de estar pleno do tempo de estar vazio, ampliando este e encurtando aquele. A sexta semelhança está em que essas pessoas chegam tendencialmente juntas, deslocando-se de diferentes e às vezes bem separados pontos – os vários lados de fora da escola – "como se todos os caminhos tivessem a mesma direção"[1] e como se o tempo da marcha dos pés de muitas fosse o mesmo da rotação das rodas, nas motos e nos automóveis de algumas, nos ônibus da maioria. E uma sétima semelhança fica bem à chegada de qualquer escola – o portão – que parece ser um "limiar",[2] uma abertura por onde a entrada das pessoas não se faz de uma só vez ou sem uma quebra na cadência do passo, à vista do olho de um "guardião"[3] – o porteiro. Este, após a passagem das pessoas, fecha, tranca ou impede a entrada de quem não pode entrar.

Essas sete semelhanças, com as diferenças que lhes aparecem aderidas, não são as únicas e tampouco as mais importantes quando se quer analisar as escolas consideradas. Elas resultam de um avistar superficial de sobrevôo ou, mais bem posto, de uma visão da superfície-da-superfície, que serve aos propósitos da análise, aqui no seu começo.

Nesse avistar, presumo, com Eliade, que o espaço e o tempo vividos no interior das escolas são de todo "diferentes daqueles das aglomerações humanas",[4] que as envolvem, e que se trata de um espaço e um tempo "construídos"[4][5] e, como também diria Leroi-Gouhran, "domesticados"[6] pelas pessoas que deles participam. Presumo, ainda, que os vários lados de dentro da escola constituem um espaço e um tempo diferentes por comportarem certos "aspectos sagrados":[7] alguma orientação de caminhos, alguma prescrição de ritmos e movimentos de caminhar...

Soa estranho falar de uma dimensão sagrada da escola, quando os discursos competentes já tornam cediças as falas de uma "crise mundial da educação",[8] ou de uma "mistificação pedagógica"[9] das pedagogias da escola, de uma república "sem escolas",[10] ou das terceiromundistas "repúblicas da ignorância".[11] É estranho falar do sagrado quando a TV e o VT persistem em manter o "monopólio da fala" e as "verdades seduzidas"[12] ou quando as massas, que Drummond canta, "engolem uma komunicância interplanetária interpatetal".[13] Apesar dessas estranhezas, ou justamente por causa delas, nesta primeira parte da análise, preciso me deter em certos aspectos existentes ou subsistentes na escola, pelo menor, nas escolas consideradas, pensando o homem primitivo, arcaico ou "religioso" que se prolonga ainda no *Homo ciberneticus* do século XXI, em certos aspectos do seu comportamento, das "imagens exemplares" que sobrevivem ainda "na linguagem e nos estribilhos",[14] numa "dimensão oculta"[15] ou "muito além da cultura",[16] sem que se tenha "consciência dessa herança imemorial".[17]

Enxergar essas escolas com Maffesoli, como se enxergando espaços "tribalizados"[18] é também uma tarefa de apreender, no sentido conferido por Chateau, de pôr "dans le creux de la main" para "pinçar"[19] e, principalmente, apalpar os "pequenos nadas"[20] que materializam a existência e que se inscrevem nesses espaços.

Por essa apreensão, o avistar de sobrevôo, conquanto incitador de intuições, revela-se insuficiente. Como pôr a mão num solo, sem antes pôr-lhe o pé?

Viria a ser interessante avistar do alto e à distância as pessoas dessas "tribos" e fazer a contabilidade dos traços reveladores de sua similitude com selvagens africanos, no tocante ao seu trato com os deuses. Entretanto, assim como em Botswana, num certo filme,[21] os transtornos provocados por uma garrafa de "Coca-Cola" caída do céu no pátio de uma comunidade bosquímana não poderiam ser avaliados pelo displicente piloto do helicóptero, mas pelos próprios bosquímanos, também aqui, as coisas atiradas pelos deuses, "loucos" ou não, podem ser mais bem compreendidas por quem conheça o pasto, pelo estrume de seus bichos, e as linguagens, pelos estalos de língua de seus falantes. Eis por que os dados catados numa visão de sobrevôo são aqui acrescidos de outros, muito que certamente pisando o chão dos lados vários de dentro das escolas.

Notas

1. Canetti, Elias. *Massa e poder*. São Paulo, Melhoramentos; Brasília, Ed. Universidade de Brasília, 1983, p.12.

2 e 3. Eliade, Mircea. *O sagrado e o profano – A essência das religiões*. Lisboa, Livros do Brasil, s.d., p. 39. A caracterização do templo religioso e sua sacralidade, feita por Eliade, me sugerem uma analogia com a edificação escolar, razão pela qual certas expressões como "limiar", "entrada", "guardião" e outras são aqui tomadas de empréstimo do autor.

4 e 5. Idem, ibidem, pp. 40-2.

6. Leroi-Gouhran, André. *O gesto e a palavra, 2 – Memória e ritmos*, v. 2. Lisboa, Edições 70, 1983, p. 124.

7. Eliade, Mircea, *op. cit.*, p. 65.

8. Na expressão-título de Coombs, Philip. H. *A crise mundial da educação*. São Paulo, Perspectiva, 1976.

9. Idem Charlot, Bernard. *A mistificação pedagógica: realidades sociais e processos ideológicos na teoria da educação*. Rio de Janeiro, Zahar, 1979.

10. Idem, Illich, Ivan. *Sociedade sem escolas*. Petrópolis, Vozes, 1970.

11. Idem, Série de reportagens veiculada semanalmente pelo jornal *Folha de S. Paulo*, no período de outubro a novembro de 1991.

12. Idem, Sodré, Muniz. *O monopólio da fala: função e linguagem da televisão no Brasil*. Petrópolis, Vozes, 1977; *A verdade seduzida*. Rio de Janeiro, Codecri, 1983.

13. Andrade, Carlos Drummond de. *As impurezas do branco*. Rio de Janeiro, José Olympio, 1978, pp. 3-7.

14. Eliade, Mircea, *op. cit.*, p. 62.

15 e 16. Nas expressões-títulos de Edward Hall, "La dimensión oculta" e "Audèlá de la culture", referidos na Primeira Parte deste trabalho.

17. Eliade, Mircea, *loc. cit.*

18. Maffesoli, Michel, *O tempo das tribos*, *opus cit.*, p. 101.

19. Chateau, Jean. *Les sources de l'imaginaire*. Paris, Éditions Universitaires, 1972, p. 58.

20. Maffesoli, Michel. *A conquista do presente*, *opus cit.*, p. 58.

21 . Cf. Filme de Boet Troskie, *The Gods Must be Crazy* [Os deuses devem estar loucos]. Prod. e Dir. de Jamie Vys, 1980.

4

As percussões sagradas e os deuses iluminadores da escola

Consoante já foi visto do alto, com Eliade, há um limiar[1] – o portão – que é por onde posso passar do espaço exterior, da rua que se junta e se cruza com as outras do bairro, que se soma às outras na textura da malha urbana, ao espaço interior da escola. É nesse portão que percebo a diferença entre o modo de ser das pessoas para as quais é diariamente aberto e o meu modo de ser. Enquanto todas as pessoas conhecem as caras umas das outras, incluindo a do porteiro, estou diante desta soleira como uma criatura estranha: minha cara pode simbolizar tanto a de "adversários humanos" como a de "potências demoníacas e pestilenciais".[2]

Passo por um julgamento. É aí julgado o meu devotamento, pela reverência que faço e pelas insígnias que devo apresentar.

Ao mesmo tempo em que percebo o limiar escolar como um lugar de limite e de oposição entre um sagrado interior escolar e uma profana exterioridade, percebo-o também como um "lugar paradoxal onde esses dois mundos se comunicam":[3] minha fala com o porteiro é seguida da permissão de meu ingresso, já não com a cara de adversário humano ou demoníaco, mas ainda com a de estrangeira. Posso ainda enxergar, antes mesmo dos primeiros passos da passagem, um dos aspectos sagrados, o que já prelibava numa visão de sobrevôo. Uma escola, tal como um templo, é edificada para ser um lugar de vivência "daquelas" pessoas, ou seja, um

57

"mundo" delas, e o portão fechado indica sua oposição ao que não tenha a ordem e a organização que as tornam ligadas umas às outras como também ligadas aos seus deuses. Esse portão só é aberto "àquelas" pessoas, às que venham a seu serviço e a seu chamado, ou às que não representem o caos – a desordem, a desorganização.

A ordem e a organização de uma escola começam à passagem do portão com a quebra da cadência do passo e a assunção de um outro ritmo, assim como a orientação de seguir certos caminhos em direção aos vários lados de dentro. As direções, os ritmos, os movimentos organizam a vivência do espaço e do tempo nas escolas. Na organização que funda esses mundos, os grupos de pessoas parecem recriar no seu cotidiano o quadro rítmico paleontológico constituído por "percussões", longamente "repetidas",[4] um bater de pé juntado a um bater de mão empunhando pedra sobre pedra.

Esse quadro multimilenar, muito mais que uma curiosa operação técnica da espécie zoológica, além de ter marcado "a entrada dos Australantropos na humanidade",[5] marca hoje as "percussões" de um entrar e sair de espaços de convívio com limites sob a forma de portão, marcando, sobretudo, as repetições rituais criadoras de espaços, formas e tempos "simbólicos", na palavra de Leroi-Gouhran, que pertencem ao "domínio da imaginação", isto é, a "projeção sobre a realidade duma luz que ilumina humanamente o desenvolvimento meramente zoológico das situações humanas constituindo as roupagens de comportamentos sociais e interindividuais".[6]

É esse ritmo, essas percussões diárias que caracterizam a movimentação das pessoas no espaço das escolas aqui consideradas, vale dizer, as repetições rituais, o que passo a observar, a começar do portão, por onde agora passo...

A cadência do passo não é quebrada apenas à passagem do portão das escolas. Dou-me conta de que os lados vários de dentro têm a ver com outros muros ou paredes, que cercam e separam espaços menores – espaços dentro do espaço – tendo igualmente a ver com limiares.

Se a missão do porteiro é a de guardião da ordem e da organização – a sacralidade escolar – julgando a procedência e o devotamento do estrangeiro chegante e impingindo a conveniente postura e o conveniente ritmo do passo de passagem, os espaços dentro do espaço parecem carecer de guardiães outros, já que as passagens se repetem nesses diferentes e sucessivos pontos de chegada: há muitas salas e há muitas portas. Tanto ou mais do que alguns portões, as portas limitam a passagem ou exigem uma diferente postura, cadência de passo e reverência.

Como estrangeira, tenho passagem permitida com um apontar de direção que, necessariamente, devo seguir: a sala do diretor.

Vezes há em que o porteiro aponta uma ante-sala – a portaria – que é uma extensão do portão. Por também ser uma extensão do limiar, geralmente estende a importância da postura de espera, às vezes em pé, às vezes assentada. Numa escola confessional, uma espera longa me faculta observar que, desde a passagem por uma portaria, a sacralidade escolar é reiterada pelas marcas evidentes de uma sacralidade religiosa católico-romana. Escola e templo parecem homologar-se em detalhes como o apelo inscrito num painel de avisos: "Desde o nascer ao pôr-do-sol, louvemos ao senhor" encimado pelo retrato que ressuscita uma reverenda diretora religiosa. Parecem homologar-se ainda nas palavras emolduradas num quadro – "Centenário – 1872-1972 – Figlie di Maria Ausiliatrice" – posto acima da frase lavável e regularmente substituída: "És feliz! Nasceste pessoa humana e podes buscar a razão de tua vida. A rosa é bela, mas passará sem saber por que é bela e para quem é bela". Aos objetos que simbolizam uma sacralidade religiosa em sentido estrito se misturam outros, que simbolizam uma sacralidade escolar. A comunicação com um deus criador e seus representantes, presentificados ou realizados na louvação do senhor e na exaltação do fiel chegante, se mescla à comunicação com deuses outros, na fala presentificada pelo fio de um aparelho telefônico ou na exaltação ao usuário – "Economize energia" – sobre um comutador.

Formas simbólicas religiosas, mais estritamente católico-romanas, surgem também claras, porém menos recorrentes, numa escola não-confessional após a passagem pelo portão, fazendo surgir um aspecto do sagrado. Numa espera em pé, tanto ou mais longa que na escola confessional, me obrigo a ler e reler num mural, as letras graúdas e recortadas, sem o mesmo apuro da outra escola, um igual conteúdo: "O aluno é o coração da escola. Nós sabemos disso". E dentro do arco formado por esse grito, o sussurro de um "Quem estiver sem pecado, atire a primeira pedra".

Se minha entrada como estrangeira no espaço fechado das escolas é de início permitida pelo porteiro, com a indicação do caminho da sala do diretor, percebo que minhas reverências devem ser enfaticamente repetidas assim como rigorosamente julgadas por quem deve ter a última palavra. Isso me leva a também supor que a existência de um diretor, num espaço dentro do espaço escolar, é a existência de um guardião dos guardiães.

Essas suposições de chegante vão pouco a pouco sendo confirmadas, pelo menos na aparência, à medida que se vão manifestando certas percussões rituais, certas "hierarquias", com atribuições de um lugar[7] para cada coisa e cada corpo. Não necessito de muitos passos para estar diante de um corpo-grupo administrativo, de um corpo-grupo técnico das escolas e essas hierarquias. Seus lugares, como seus pontos de chegada, são próximos. Basta deter-me um pouco à entrada de uma sala de diretor e na interioridade de seu "lugar", já suposto como o de guardião dos guardiães.

Sob as insígnias que apresento, o diretor depõe a sua. É como se ministrasse um sacramento, credenciando credenciais. O diretor sacra. Nas salas de diretor em que entro, percebo que ele ministra punições, como se ministrasse remédios – de poções a amputações – para cura de enfermidades – dos flatos aos endemoninhamentos – que parecem representar perigos à ritmicidade dos corpos ou dos corpos-grupos de pessoas, à ordem e organização do espaço escolar, portanto, à sua sacralidade.

O diretor ordena e dá ordens e nada parece ter valor sem sua vista ou seu visto. O diretor tem o peso da mão e a percussão do seu sinete. Em todas as salas de diretor, vejo primeiro um corpo da cintura para cima, como se da cintura para baixo sua figura se completasse com uma cadeira, uma mesa e os papéis sobre ela postos – seu ministério sacramental. Naturalmente essas impressões se fazem por via de uma passagem e mais uma ou duas pela porta de sua sala. Muito poucas vezes vejo de perto, fora de seu lugar, um diretor de escola. Raramente posso vê-lo de corpo inteiro, indo com a marcha dos pés até outros espaços da escola. Entretanto, de seu lugar segue sua última palavra, em que corporifica sua presença de gestor. Outras pessoas podem clamar pelo concurso da sua palavra ou acorrer ao seu chamado e, então, à sua ordem, em seu nome ou em seu lugar, marcham, ministram e ordenam como gestores.

Às vezes, a última palavra de um diretor pode camuflar-se em primeira palavra, quando me indica o caminho de outra sala e me faz pensar que a permanência de um estrangeiro dentro da escola, qualquer que seja a empresa, depende do parecer ou do julgamento técnico – da gestão – de um *super-visor*, de um *co-ordenador*, de um *orient-ador*.[8] Todavia, a passagem por quaisquer dessas salas, além da serventia de tornar repetida a reverência e de enfatizar os fins de minha permanência, não parece ter outra que não a serventia de repetir e enfatizar o efeito de percussão da palavra do diretor. Nesse sentido, sua palavra, pela boca de quem visa, ordena ou guia, é a sua última. Esse caráter de última palavra de diretor torna-se um tanto menos obscuro quando, à primeira entrada numa escola, na ausência eventual de seu guardião maior, no cochilo de seu porteiro ou num modo qualquer de experimento, sigo diretamente à sala de um supervisor, coordenador ou orientador. A palavra destes não é a última: é aquela que o diretor sacra e ultima...

Não é fito maior deste incurso no espaço escolar a observação única de seu corpo-grupo administrativo e de seu corpo-grupo técnico, ou dos espaços e ritmicidades com que se disfarçam em mesas. Entretanto, tomo esses contornos como o que, de ordinário, aparece à vista de qualquer estrangeiro chegante. São contornos que persistem em fazer ver pelas saliências a corporeidade de seus gestores – sua ritmicidade sacralizadora do espaço.

A partir desses contornos, suspeito poder acompanhar, mais de perto e desimpedida de telhados, os corpos-grupos discente e docente, para analisar as percussões diárias de sua movimentação – essas sístoles e diástoles que parecem fazer circular a vida e sua dimensão sagrada – no espaço corporizado e "cosmizado"[9] da escola. Minha entrada e permanência tem o intuito principal de seguir o passo desses dois corpos-grupos.

Se já à chegada e passagem pelo portão, deparo com algumas ou mesmo com muitas pessoas que sugerem ser partes de um corpo-grupo discente, minha permanência não me faculta ver o que constitui a corporeidade desse grupo no referente à sua inteireza. Talvez pela extrema raridade do fenômeno, não encontro, em nenhum momento e em nenhuma das escolas, todas as pessoas que integram um corpo-grupo discente. No quadro rítmico de um dia letivo, um corpo-grupo discente é como uma legião[10] e cada uma de suas coortes[11] tem sua entrada-permanência-saída, numa seqüência que se homologa ao regime solar e, portanto, a uma ordem cósmica, vez que são separadas e nomeadas por turnos: o matutino, o vespertino e o noturno.

A ordem e a organização que marcam o espaço e o tempo escolar marcam também a separação entre as partes do corpo-grupo discente, de conformidade com algumas prescrições das quais sou informada já pela palavra de seus gestores: as pessoas que vão aqui e ali se juntando, quando alumiadas pelo Sol, têm uma ritmicidade diversa das que vou acompanhar, quando alumiadas pela lâmpada, que não desfaz a noite e nem de todo as sombras.

Não me detenho a observar as pessoas muito jovens, as crianças, que se juntam algumas em turnos matutinos, concentram-se nos vespertinos e nunca são vistas à noite: minha empreitada é a observação das pessoas que já não mais são crianças – os adolescentes. Entretanto, sobre a proximidade relativa de adolescentes e crianças nos turnos alumiados pelo Sol e de sua ausência no da noite, detenho-me em algumas conjecturas.

Pelas saliências que percebo na relação entre essa ritmicidade ordenadora e organizadora do espaço escolar – tornando um corpo-grupo discente separado em turnos – e o ritmo natural do Sol, percebo também a relação entre um aspecto da sacralização escolar e a sacralidade da Natureza pelos valores religiosos atribuídos ao Sol e a sua luz, por meio dos "cultos solares"[12] dos homens do passado. Nos cultos solares, diria Eliade, as trevas se opõem à vida, às formas e à inteligência e o "herói" de antigas mitologias como o Sol, "luta contra as trevas, desce ao reino da morte e sai vitorioso".[13] Também aqui a organização escolar repete, turno após turno, dia após dia, os encontros rituais de louvação a seus deuses e heróis solarizados. Possivelmente, por via da confusa rememória de uma religião roída pelos séculos, as pessoas que se juntam como corpo-grupo discente são chamadas alunos e o étimo sugere que são alumiados... Nessa mesma erosão, que pulveriza estrelas e que deforma ou transforma deuses, a luz dá lugar às idéias, às doutrinas e às disciplinas que os alumiam.

Deve ser por isso que os pequenos alunos – as crianças – são tendencialmente separados em turnos expostos à clareza meridiana. Tanto por representarem "uma antítese da humanidade verdadeira"[14] – a animalidade e a selvageria – quanto por representarem o "desabrochamento"[15] de uma humanidade – a sabedoria e a santidade – elas parecem, pelo pouco que vejo nestas escolas, carecer de uma alumiação que as proteja das trevas da ignorância e as separe da corrupção e da bestialidade... Deve ser por isso que o espaço sagrado da escola é onde, "do nascer ao pôr-do-sol", os deuses devem ser louvados, as flores humanas desabrochadas devem saber por que e para que são belas. Também deve ser por isso que o aluno é o coração iluminado e protegido de pedras e de pecadores.

Notas

1. Eliade, Mircea. *O sagrado e o profano: a essência das religiões*. Lisboa, Livros do Brasil, s.d., p. 39. Conf. notas 2 e 3 do Capítulo 3.

2. Idem, ibidem.

3. Idem, *loc. cit.*

4. Leroi-Gouhran, *op. cit.*, 1983, p. 117.

5. Idem, ibidem, p. 118.

6. Idem, *loc. cit.*

7. Maffesoli, Michel. *A conquista do presente*, *op. cit.*, p. 201.

8. Devo a M. I. Pagliarini Cox, amiga, professora, os dizeres para aqui transpostos: "[...] não precisamos recorrer a nada além das velhas lições de etimologia. Separando prefixos-radicais-sufixos por brancos na palavra-imagem e por silêncios na palavra-som, podemos despertar sentidos adormecidos[...]".

9. Eliade, Mircea. *O sagrado e o profano...*, *op. cit.*, p. 181.

10 e 11. "Legião" e "coorte", lembrando aqui o velho sentido etimológico "militar".

12. Eliade, Mircea, *op. cit.*, p. 163.

13. Idem, ibidem.

14. Charlot, Bernard. *A mistificação pedagógica*, *op. cit.*, p. 119.

15. Idem, ibidem. Essa noção de infância, que "desabrocha", uso-a com recorrência neste trabalho.

5

O ritual da alumiação: a aula

*Ou: os tempos seguem e parafraseiam-
se. Deu-se a entrada dos demônios.*

GUIMARÃES ROSA
Sagarana

É voltando ao portão e recomeçando o passo, que passo a seguir o corpo-grupo discente da escola no seu movimento ritual diário em que se juntam uns aos outros, juntando-se aos seus deuses alumiadores. A mesma ordem e organização que os separa em turnos, separa-os também em salas e em séries, que parecem classificá-los quanto ao conhecimento das regras rituais de comunicação com os deuses, às disciplinas sagradas de sua corporeidade, noutros dizeres, ao seu grau de desabrochamento, devotamento, alumiação...

É preciso primeiro um sinal, que deve ser ouvido em todos os espaços, nos espaços dentro de espaços, nos lados próximos de fora e nos lados vários de dentro da escola: um soar de sino, de sirene, de campainha. Longo ou breve, agudo ou grave, não importa. Importa que ele comporta uma orientação de caminhada para a sala – a sala de aula. O soar do sinal deve fazer cessar o vozerio e a alacridade da espera e harmonizar a cadência do passo. Sigo com um, com três, com vários deles, como se fosse um deles, na caminhada.

Caminho por planos muito claros, por corredores semiclaros ou clareados de artifício. Preciso subir ou descer escadas. Em algumas escolas, acontece na caminhada uma quebra, para um ato de acolhida. Todos os alunos, na acolhida, devem saudar e ser saudados por um representante do corpo-grupo administrativo, ou seja, do guardião dos guardiães. Na acolhida que presencio numa escola confessional, sua palavra é multiplamente sacralizada: um Deus maiúsculo e invisível, mas que a todos vê, dá acolhida pelos olhos das santas imagens erigidas no altar de uma capela e pela boca de uma guardiã, vestida como irmã viva da congregação. Sincretiza-se a sacralidade católico-romana com a sacralidade de deuses deformados ou transformados pela modernidade, presentes nos milagres eletrônicos do microfone, do ventilador, do amplificador num mesmo altar.

Em outras escolas, parte dos alunos mais jovens e um representante guardião repetem o ritual da acolhida. Se bem que não estejam assentados, à palavra do falante, obrigam-se a estar atentos e num plano abaixo daquele do que acolhe.

No ato da entrada, caminhada e acolhida, todos se tornam iguais – com-sagrados – e igualmente purificados. Essa purificação é reiterada com a passagem e permanência no espaço interior da sala de aula. O encontro em que os alunos, em comum, são alumiados pelos deuses é todo ele, nos vários lados de dentro da sala, purificado.

É preciso que a sala de aula seja ordenada e organizada por meio de predeterminada arrumação por representantes do corpo administrativo da escola. Essa arrumação se faz por uma certa disposição dos móveis, objetos e instrumentos para o ministério da aula – as idéias, as doutrinas, as disciplinas –, a alumiação. Pisos, paredes e móveis são, em quase todas as escolas, purificados por águas e sabões, tornando a atmosfera destituída dos miasmas e dos "odores funestos", ou impregnada do "simbólico cheiro de limpeza"[1] do pinho ou do eucalipto. A sala de aula é ainda caracterizada – arrumada – pela presença simbólica dos deuses: um crucifixo em altura superior à de qualquer cabeça é sobreposto ao calendário da parede, como se o tempo sagrado cristão se sobrepusesse a um tempo sagrado secularizado, lembrando um Deus maiúsculo universal, assim como uma cartografia do território maior lembra os heróis civilizadores. Deuses e semideuses locais e familiares se juntam a uma repetida louvação – "Obrigado, Senhor" – feita com dezoito mãos de pequenos alunos de um turno vespertino, e deixada como indicador de colorido devotamento em papéis grudados à parede.

Conforme a aula ou a lição, certas salas são diferentemente caracterizadas e a quadra é das primeiras que avisto, mesmo não em função. Nessas salas limitadas por paredes diferentes, as lições parecem relacionar-se à disciplina ou ao exercício das harmonias dos corpos. Para tais e tantas, pode haver uma vigilante lembrança do culto marial: "Quem ama Maria, contente será". Por ora, sobre a arrumação e a purificação da sala de aula, parece-me claro que todos os corpos-grupos de pessoas que constroem o espaço escolar – mormente o da sala de aula – são responsáveis pelos cuidados ou pela veneração das coisas sagradas.

A chegada, passagem e entrada pela porta da sala de aula, repete, como a do portão da escola, a ruptura do ritmo do movimento corporal. A fim de ser enfatizada, a repetição dessa ruptura se faz, por vezes, com pequena pausa anterior à assunção da conveniente postura na interioridade da sala. Para uma conveniente postura, há uma conveniente cadência de marcha, em que é transposta a soleira limiar, que separa as amenidades de fora das gravidades disciplinares de dentro. Um de cada vez, cada aluno repete a mesma marcha.

As regras rituais de entrada e ocupação-construção do espaço para a aula parecem severas quanto à movimentação e à gestualidade dos alunos, a partir da entrada pela porta: muitas vezes os retardatários precisam postar-se ou prostar-se à porta, no aguardo do julgamento sacrificial, ofertório que pode permitir ou não o ingresso. Os alunos chegantes para a função sagrada – a aula –, iguais pela purificação e pelo grau de devotamento, devem colocar-se em lugar que os iguale, em dois sentidos: a todos é atribuído igual lugar hierárquico no ofício da aula, ou seja, o lugar de alunos – os que são alumiados: de todos é exigida a observância às regras de conveniente ritmicidade corporal para a ordem e organização do espaço da sala, numa palavra, para sua sacralidade. Assim, cada aluno chegante tem a sua carteira, que é o seu espaço – seu lugar – no espaço mais amplo da sala.

Em suas carteiras, os alunos, tendencialmente, colocam-se assentados (Fig. 1)* uns atrás dos outros, em fila. Conformando uma fila, parecem um único corpo. Em algumas escolas, as salas de aula tendem a organizar-se nessas conformações corporais de três, quatro, seis corpos-filas, e é forte a impressão de que eles dão uma de pessoas que se voltam as costas.

Em certas escolas, nos momentos que precedem a lição, os alunos podem ter dificuldades para garantir a posse de uma carteira ou de um assento, se bem que não desconheçam o seu lugar de aluno. Escolas e salas existem, com sinais evidentes da destruição de muitos ob-

---

* A partir deste momento, são feitas entre parênteses as indicações de algumas fotomontagens, originárias da série fotográfica construída, que passam a nomear-se genericamente como "figuras".

Figura 1
É forte a impressão de que eles dão uma de pessoas que se voltam as costas.

jetos sagrados – carteiras, por exemplo –, no que penso as pegadas de invasores demoníacos e iconoclastas. Nessas escolas, e nessas salas de aula, nessa rearrumação preparatória para o rito da aula, o aluno deve desdobrar-se, deslocando-se em busca de um assento. É preciso assentar-se. Esta é uma das regras mais rigorosamente cumpridas.

A postura assentada parece garantir um cessar das agitações de caminhadas e paradas anteriores e exteriores à porta da sala. Estar assentado, segundo Chateau[2] é "ter uma base e uma constância", como também é tomar uma "posição de pensador" para se destacar por um momento da situação, a fim de dirigir a atividade psíquica numa outra direção, para a palma da mão ou para o pensamento representativo.[3] O estar assentado dos alunos parece também uma postura de cavalgar ou uma "posição de chegar à meta mais rapidamente do que seria possível de qualquer outra maneira",[4] o que tentarei verificar logo mais.

Até este momento, não pudera enxergar o que viesse caracterizar a corporeidade e a ritmicidade de um corpo-grupo docente. As pessoas que eu presumia serem partes desse corpo-grupo, ora pareciam ser partes do corpo-grupo administrativo, ora do corpo-grupo discente. Pareciam ter uma ritmicidade e uma missão ritual de gestores e de alunos. Via-os, talvez, como o olho queria ver, como a uns e a outros.

Agora, posso analisar saliências e reentrâncias nos contornos de sua missão ritual na sala de aula.

Um professor começa a caracterizar-se pela sua chegada. É aquele para quem as caras de todos os alunos se voltam, como se à chegada de um emissário. A cara e a movimentação desse emissário, nessa entrada-permanência-saída da sala de aula, e as caras e os movimentos dos alunos nesse encontro são alvo em que suspeito poder verificar as pistas sobre os deuses com os quais se comunicam ou que os fazem estar "juntos em comunhão".[5]

A entrada de um professor na sala de aula e seu encontro com os alunos é feita com movimentação e gestualidade, que caracteriza a transformação desse espaço num "centro"[6] do "mundo" escolar. Assisto à seqüência desses ritos fundadores numa escola não-confessional. O professor, à passagem da porta, saúda os presentes, deixa os livros sobre a mesa, põe-se de costas para esta e, de frente para os alunos e com as mãos postas, aguarda que todos estejam de pé, olhando fixamente para uma aluna à sua direita, que demora em aviar-se: os alunos – a maioria com as mãos juntas à altura do púbis – aguardam com ele. O professor recita a primeira parte de uma "ave-maria", os alunos "respondem" com a segunda parte, como os pecadores, após o que, todos juntos, fazem o "sinal-da-cruz", terminando os louvores, "em nome do Pai, do Filho e do Espírito Santo". Só então o professor se assenta, seguido dos alunos, e inicia a sua aula.

Esses ritos iniciais – percussões repetidas e reiterativas de entradas, penitências, acolhidas e glorificações – constituiriam aqueles do culto católico romano, que antecedem o rito da palavra – a leitura dos evangelhos. As leituras que o professor agora principia com os alunos – a lição – constituem outras notícias... Esta seqüência ritual, que presencio numa escola não-confessional, leva-me a pensar na fragilidade das fronteiras que separam o confessional do não-confessional em especificações de escolas ou, por outro lado, que essas fronteiras são, também elas, simbólicas. Seqüências outras, em salas, aulas e escolas parecem mostrar essas inconfessadas religiosidades.

Sigo a observar o ofício sagrado da lição. Atento agora, com maior cuidado, para o movimento corporal do professor e dos alunos – sua ritmicidade – na construção do espaço e da aula – sua ritualidade.

Nos procedimentos e serviços da aula, o professor parece cumprir regras rituais que prescrevem certas movimentações e gestos tanto de professor quanto de aluno. Assim, o professor pode determinar que os alunos permaneçam assentados em suas carteiras – em seus lugares –, ficando ele assentado em sua cadeira-e-mesa – em seu lugar –, à frente deles. Limita as movimentações de seu corpo àquelas que relacionam seus olhos e boca com seus braços e mãos, determinando que também tais limites se imponham os alunos. Esse quadro rítmico-espacial pode ser acompanhado em quase todas as salas, na quase totalidade das escolas consideradas, a despeito de não ser tão exemplarmente seguido por todos os professores e alunos ou na inteireza ritual de todas as aulas.

Algumas vezes o professor pode determinar que os alunos se desloquem das filas com suas carteiras e, assentados nelas, formem um grande círculo ou anel, que ele completa com o seu lugar – numa carteira de aluno – ou que ele acompanha de fora. Pode determinar, com maior recorrência, que os círculos sejam pequenos e vários e, sem completar nenhum deles, tanger um a um todos eles.

Essas con-formações – em "III", em "O" e em "ooo" – parecem ser prescritas por regras rituais mais severas, pelo que me indago se não se deveriam à fidelidade professada pelo professor a uma liturgia tradicional, ou se a dissidências religiosas que ele não confessa. Intriga-me uma constatação: os alunos, em muitos momentos rituais da aula, ou ritual de muitas aulas, tendem a deformar ou transformar essas conformações em outras tais como "H", "T", "8", "#"... Outra constatação parece, aqui, mais significativa, no que se refere às regras rituais da aula e ao descumprimento da determinação de o aluno estar no seu lugar. Há punições para o aluno irreverente, insidioso ou que desconhece o seu lugar, mesmo que assentado em sua carteira e em sua fila. Todo riso clandestino de um aluno tende a ser uma falta grave. Num dos primeiros atos cerimoniais de punição, que presencio, o professor se serve de sua cadeira como instrumento de pena, que coloca voltada para os alunos, ao lado de sua mesa e, como se inspirado em sagradas ordenações, recita, compassadamente, a frase ritual: "Esta cadeira é para o primeiro engraçadinho que estiver com vontade de rir, aí atrás; sentado aqui na frente será visto por todos e poderá rir à vontade!".

Nos procedimentos e serviços de aula, o professor apresenta a sua palavra, reveladora da fé nos seus deuses. Mas são deuses de uma religião, como dissera, roída pelos séculos, que transformaram a luz da iluminação divina em idéias, doutrinas, disciplinas. É teologia já demasiado marcada "pelo longo trabalho dos letrados", ou pela "influência dos autores de prestígio".[7] Assim, a palavra do professor é a de uma "religião do livro". Sua palavra só se torna palavra se sua mão e seu olho são postos sobre o livro – seu lecionário.

Talvez por isso, um professor precisa ter na mesa o livro, de jeito que, sempre à mão e à vista, possa sacrar a sua palavra. Levo-me a meditar sobre esse processo de realização ou corporificação do sagrado. Em todas as salas de aula, a mesa e a cadeira de professor são colocadas num plano mais elevado do que aquele onde se colocam as carteiras de alunos. Essa elevação – que tanto pode dar-se por via de um degrau, em forma de tablado, como por uma separação ou distanciamento, no mesmo plano do piso da sala – representa um altar pelo qual se instaura a comunicação com as divindades das alturas, a presentificação-realização dos heróis civilizadores – os "letrados" e "prestigiados" – e, portanto, as palavras autorizadas e iluminadoras da lição.

A cadeira e a mesa de professor servem de apoio ao seu corpo de professor: pode servir a partes menores, como pode servir à quase maior parte (Fig. 2). Servindo de apoio ao livro e ao corpo professoral, a mesa parece ser a base em que a palavra do livro é incorporada pelo professor, que se torna pleno de iluminação. Assim, o livro manuseado e lido pelo professor, como a substância assimilada de um Corão, de um Torah ou de uma Bíblia, exterioriza-se com a mesma substantiva luz, por intermédio de sua corporeidade.

Os procedimentos e serviços da aula são uma repetição reiterativa desse ato de incorporação-exteriorização da palavra professoral.

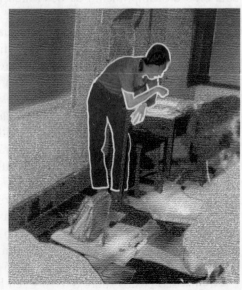

Figura 2
A mesa parece ser a base em que a palavra do livro é incorporada pelo professor.

Em todas as salas e aulas, o livro parece estender-se da cara do professor, da sua boca, dos membros que movimenta, das suas mãos, num quadro rítmico-espacial como aquele que há pouco analisava, quando o seu olhar de professor se volta prevalentemente para a escritura que o dedo e o olho acompanham e que os braços emoldura sobre a mesa: o livro se prolonga na sua oralidade, que é a articulação ordenada e organizada de "vocaliconsonantizações"[8] da lição.

Esse quadro rítmico-espacial não é exemplarmente seguido por todos os professores ou na inteireza ritual de todas as lições, o que eu também já dizia: o professor se levanta de sua mesa, transformando filas em grandes ou pequenos círculos, apesar da prescrição da postura assentada dos alunos. O que eu não dizia é que há procedimentos e serviços em que o professor, conquanto privilegie a postura assentada dos alunos, não permanece no assento de sua cadeira e atrás de sua mesa, mas desloca-se de um a outro ponto do plano elevado e separado de seu lugar. Essa movimentação corresponde aos procedimentos e serviços da lição com o quadro-negro.

Nesses procedimentos e serviços da aula, o professor pode deslocar-se com o livro, que se estende a partir do corpo que movimenta, prolongando o seu braço (Fig. 3) como se fosse a batuta de um maestro[9] voltada para os alunos, igualmente o seu público e a sua orquestra. O livro pode prolongar-se do braço e da mão e parecer mais a partitura de um instrumentista, de costas para o regente ou para o público (Fig. 4). Pode ser a extensão de sua mão, parecendo menos uma partitura do que um escudo protetor.

Observo que a ordem e a organização que tornam sagrados o espaço e o tempo em todas as salas de aula não se fazem inteiramente sem a presença do quadro-negro. A sua falta seria como a falta de uma das suas quatro paredes separadoras do espaço e do tempo exterior à sala. Um quadro-negro compõe, com a cadeira e a mesa do professor, dispostos no plano elevado por degrau ou por distância, o altar onde se faz a comunicação com o alto, ou seja, não é muito repetir – o ponto sagrado em que os deuses se fazem presentes. O quadro-negro é o solo onde eles podem pisar. Se, pela boca do professor é possível ouvir o eco de suas vozes sagradas, pela escritura da palavra das sagradas escrituras é possível divisar-lhes as feições divinas.

O livro se estende ao quadro-negro. Um professor pode num tempo anterior ao do seu incurso na sala de aula, ter já incorporado a luz da alumiação dos alunos. Todavia, a exteriorização dessa substân-

Figura 3
O livro prolonga o braço do professor, como se fosse a batuta de um maestro.

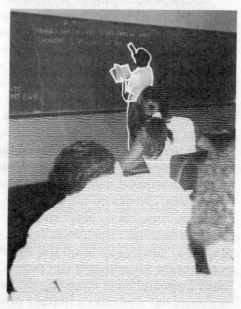

Figura 4
O livro pode parecer mais a partitura de um instrumentista, de costas para o regente ou para o público.

cia da palavra professoral não será de todo clara se não puder materializar-se – estender-se – num quadro-negro. A clareza da alumiação dos alunos parece condicionar-se a um emprenhamento ocular, além de auricular.[10] Pela aparência, o quadro é um prolongamento – também num sentido de reiteração – da própria sala de aula.

Tenho notícias da existência de quadros-negros que não são negros e numa das escolas consideradas, o negro é marinho. Apesar de ignorar, na minha ignorância estrangeira, o ato histórico ou sagrado de sua criação, arrisco-me a afirmar que um quadro-negro, no rito da palavra, simboliza as trevas ou as sombras das pequenas e das grandes ignorâncias. Talvez seja mesmo uma extensão emoldurada dos próprios alunos, se vistos como um corpo único, que desabrocha das trevas ou que precisa ser cultivado – alumiado. E se o negro do quadro-negro é a negritude medonha da ignorância, da morte, da desordem, do caos, o contraste do giz, como na pena de um Cruz e Sousa,[11] seriam "formas alvas, brancas, formas claras" ou as branquitudes meridianas da sabedoria.

O quadro-negro tem, na pista dessas considerações, as mais sagradas serventias para os procedimentos e serviços da aula. O professor e os alunos precisam cumprir as muitas regras de suas usanças rituais. E uma das mais sagradas é a serventia de poder conter a linguagem divina ou consagrada dos heróis e dos sábios: a linguagem dos cantores vivos ou mortos, como a de uma *lira* de Gonçalves Dias; a linguagem dos astrônomos e suas teorias sobre os mistérios do Universo; a linguagem dos físicos e suas estranhas fórmulas, como as que fazem a mágica da dilatação dos corpos. Tanto pode ser a linguagem dos saberes práticos, como a dos saberes plásticos ou, ainda, a linguagem dos saberes filosóficos.

Observo que a palavra do livro – incorporada pelo professor e exteriorizada ou estendida por meio de sua corporeidade-gestualidade no oralizar e no escrever – se estende ao quadro-negro, como se fosse a presentificação da palavra consagrada, ou seja, como se fossem as linguagens dos deuses letrados e prestigiados. Entretanto, as linguagens da palavra do livro, no corpo e na palavra do professor e, na materialidade de seu prolongamento no quadro-negro, são linguagens-sobre-linguagens divinas e não as linguagens mesmas dos deuses. Assim, no quadro-negro, por meio de metalinguagens, a palavra sagrada se faz linguagem. Essa noção que aqui me ocorre sobre metalinguagem serve-me apenas para observar esses aspectos dos procedimentos e serviços da aula com o instrumento do quadro-negro.

Em alguns momentos, o quadro-negro não pode garantir o trato conveniente de uma linguagem sagrada e a palavra do livro, que se estende nele, não pode realizar-se como uma alumiação. A palavra do professor sobre a reprodução humana é um exemplo que presencio. No sagrado dever de lembrar os alunos, o professor precisa apresentar a palavra do livro sobre o ato primordial de criação dos homens, ou seja, precisa materializar no quadro-negro a linguagem dos saberes práticos do corpo (Fig. 5). Então, o professor recorre a outros instrumentos, como a televisão e o videocassete, indicadores como outros já vistos, de certa reverência às religiões secularizadas. Por meio de linguagens paralelas – ou de paralinguagens – o professor alumia os alunos, protege-os das trevas escondidas do corpo, "cosmifica" o corpo como um templo, fazendo materializar-se (Fig. 6) num quadro-negro *hi-tech*, o símbolo sagrado da vida, saído dos testículos de Adão. Enxergo nessa lição que a metalinguagem é garantida e, mesmo que transladados os alunos para uma outra sala, a sacralidade é preservada-estendida.

Outras vezes, em outros procedimentos e serviços da aula, a palavra do livro se estende ao quadro-negro por uma sobreposição de linguagens. Num exemplo, a mão do professor aponta na carta geográfica o símbolo de um espaço maior – o país –, que igualmente poderia ser o espaço do mundo: a palavra do livro se estende à carta, que é emoldurada – ordenada, organizada – pelos limites do quadro-negro. Os alunos vão se juntando em torno dessas linguagens sobrepostas e desse triplo símbolo de criação do mundo: o da sala, o do país, o do Universo.

Desde as primeiras lições a que assisto, percebo, nos procedimentos e serviços com o quadro-negro, atitudes de reverência, como se no trato com um objeto corporizado-humanizado, se não com um

Figura 5
O quadro-negro e os saberes práticos do corpo.

Figura 6
Um quadro-negro *hi-tech* e o símbolo sagrado da vida...

semideus. As pistas são salientes quando analiso a movimentação, a gestualidade de professores e alunos diante desse instrumento sagrado. Em alguns momentos, o quadro-negro se transforma em corpo e não consigo distinguir muito bem as feições (Fig. 7), se as de professor ou as de aluno: o professor deixa nele uma inscrição, como se fora uma extensão da palavra do livro, e se assenta numa carteira, como se fora um aluno; determina que seja formado um anel ou círculo, na dimensão daquele que via há pouco, formado por alunos, professor e quadro-negro; as pessoas olham a inscrição como se olhassem no olho ou na boca de qualquer outra delas; ninguém se assenta à sua frente, tomando o seu lugar ou cassando-lhe a palavra. Parece ser um aluno, como conformação de círculo; parece ser um professor, como sua extensão. Quando olho um professor e um aluno (Fig. 8), que olham juntos para o quadro-negro, a impressão é a de que olham apontando para uma pessoa, como se a um outro professor, principalmente se a mesa de professor é partilhada, como se esse lugar não mais fosse só de professor.

Afirmava, ainda há pouco, menos afirmando do que me indagando, que o quadro-negro é um prolongamento – no sentido de reiteração – da própria sala de aula. Nesse sentido, o espaço plano-verticalizado é onde a ordem e a organização da sala de aula – sua sacralidade – devem se repetir. Ora, não se chega, não se entra, não se ocupa um quadro-

Figura 7
Em alguns momentos, o quadro-negro se transforma em corpo.

Figura 8
Quando um professor e um aluno olham juntos para um quadro-negro, a impressão é a de que olham uma pessoa.

negro sem determinada ritmicidade. Isso equivale a dizer que existe uma conveniente postura e uma conveniente gestualidade na proximidade e no trato com um quadro-negro.

Todo o corpo se movimenta, do pé que cadencia aos dedos que pinçam o giz, como se saídos de um *vade-mecum* por todos consagrado, as seqüências gestuais que observo em quase todos os professores, em quase todas as salas e aulas, são a execução de uma mesma dança ritual. As variações decorrem, suponho, da fé que professa o oficiante da lição ou da luminescência incorporada dos livros sagrados. Registro algumas seqüências como exemplares. O professor se prepara: divide o espaço do quadro-negro em setores, como se cada risca de giz fosse o passar de uma a outra página de um livro branco, revelado em negativo, ou de um retrato das trevas a serem alumiadas, após o que se concentra na lição que vai incorporar. De costas para os alunos, inicia a inscrição da palavra professoral (Fig. 9): todo o seu corpo se movimenta, do pé que cadencia aos dedos que pinçam o giz, acompanhando a linha da circunferência e das retas que ele desenha. Um a um (Fig. 10), com o passo e sem compasso, ele segue ordenando e organizando todo o espaço dividido do quadro-negro: todo o espaço dividido em filas, como riscas que se prolongam até a lição inscrita, é ordenado e organizado – consagrado.

Muitas vezes, essa setorialização do espaço do quadro-negro é feita no ato mesmo da escritura (Fig. 11) e cada risca de giz marca o movimento mais amplo de voltar-se para os alunos (Fig. 12), como se a servir-lhes bocados de palavra no gesto da palma da mão. E há outras vezes, menos recorrentes, mas reveladoras desse prolongamento, em que, nos procedimentos e serviços de aula, o professor determina que um microgrupo de alunos se desloque até o espaço do quadro-

Figura 9
Todo o corpo se movimenta, do pé que cadencia aos dedos que pinçam o giz.

Figura 10
Com passo e sem compasso, o professor segue organizando todo o espaço dividido do quadro-negro.

Figura 11
... e cada risca de giz marca...

negro. Num ofício concelebrado da lição, alunos que vão ao quadro, como se já sabedores das regras daquele *vade-mecum* con-sagrado de professor, eles próprios, constroem os limites que os separam com riscas de giz, construindo o espaço ordenado e organizado e, portanto, setorializado do quadro-negro. É como se o espaço plano-horizontal da sala de aula se verticalizasse no solo do quadro-negro e, de repente, eles pudessem ir em busca de bocados da palavra – da lição – marchando no compasso das próprias mãos.

Figura 12
... o movimento mais amplo de voltar-se para os alunos, como se a servir-lhes bocados de palavra.

O corpo inteiro do professor movimenta-se nessa incursão-inscrição-extensão no quadro-negro e, em tal movimento, observo certas flexões-contrações-contorções. São variações posturais e gestuais que marcam a sacralidade que ele incorpora e precisa exteriorizar na sua palavra, no quadro-negro. É quando o professor precisa acender bocados de luz – certas idéias – da lição que vai dar. O movimento e jogo gestual de corpo inteiro (Fig. 9) sugerem essa reiteração: diferente do que se volta, "ereto e independente"[12] para os alunos (Fig. 12), o professor precisa apoiar-se em alguma coisa, que pode ser um agarrar da mão esquerda no trapézio-moldura do quadro-negro, um apoiar do pé direito no degrau-altar de seu ofício e o recitar reiterativo de uma frase ritual: "Existem dois lugares no meu círculo trigonométrico em que o co-seno vale meio!".

O movimento e o jogo gestual de corpo inteiro sugerem a reiteração da ordem e da organização por setores – bocados – do espaço. Diferente daquele que se assenta numa cadeira, atrás de uma mesa, o professor acocorado-assentado nas próprias pernas (Fig. 13) não tem a "distinção" ou a "dignidade"[13] daquele que se coloca e permanece acima ou no mesmo nível dos alunos – assentados nas carteiras. Mas tem a altura do que fica em pé, pela grande elevação que alcança a sua força no final de um setor: mesmo que a mão esquerda agarre um apoio, a direita chega ao derradeiro algarismo de seu cálculo sagrado.

Figura 13
A mão esquerda agarra um apoio, a direita chega ao derradeiro algarismo de seu cálculo sagrado.

Se observo na movimentação do professor, na sua gestualidade enquanto exterioriza a lição no quadro-negro, as marcas de uma dança ritual e, nesta, as marcas de uma reverência ou devoção reiterada, na movimentação dos alunos observo as formas que sugerem uma homologação com aquelas que acompanho na palavra professoral. Em todas as salas de aula procuro seguir os contornos dessa reverência ou devoção.

Na seqüência de movimentos em que um aluno passa do acocorar-se ao ajoelhar-se (Fig. 14), enquanto copia a lição inscrita no quadro-negro, parece saliente essa devoção. O ajoelhar-se, se visto com Canetti, deveria ser "interpretado como súplica de uma graça",[14] diante de alguém forte e poderoso. Se assim o vejo, o aluno está diante de quem concede essa "graça" ou diante da própria "graça" que se presentifica ou se realiza. Seu ajoelhar-se, que é simultâneo a um apoiar-se com os braços sobre a mesa do professor, é seguido de movimentos com que alterna um olhar o alto e um olhar a página que a mão escreve, o que me levaria a ampliar a interpretação: a "graça" que o aluno "suplica" é a lição que vem do quadro-negro, com os bocados que ele incorpora pelo olho e pela mão.

Em alguns procedimentos e serviços da aula, o professor pode determinar que um aluno – seja para delegar-lhe a palavra em con-

Figura 14
O acocorar-se, o ajoelhar-se e o elevar-se diante do sagrado.

celebração, seja para tomar-lhe a palavra-lição de catecúmeno – faça, ele próprio, essa incursão-inscrição-extensão no quadro-negro. A seqüência de movimentos e gestos que acompanho, numa dessas ocasiões me desperta a atenção: a aluna mostra um acocorar-se parecido com o do aluno (Fig. 14) e, mais ainda, com o de um professor (Fig. 13). O crescer do quadro-negro diante dos três acocorados parece o mesmo; a reverência parece a mesma. Já não parece figurar entre as instruções con-sagradas de um catecismo, nem constar de um *vademecum* de professor, o elevar-se (Fig. 14) por meio de uma prótese-escada feita de carteira.

Tanto o movimento corporal-gestual da aluna quanto o do aluno, nessas últimas seqüências, apresentam certos detalhes que me interessam considerar. São detalhes que, de comuns, escapam ao olho, quando o olho quer ver as saliências ou as "características mais vistosas"[15] do corpo ou dos gestos focalizados. Nas suas reentrâncias ou interstícios, o movimento corporal-gestual da aluna e do aluno parece conter indicadores de uma reverência e devoção um tanto conflitantes com aquelas, voltadas aos deuses alumiadores presentificados na palavra do quadro-negro.

Nas variações posturais da seqüência – acocorada, e em pé (Fig. 14) – a aluna está sorrindo e, mais do que isso, oralizando enquanto copia. O verbal de sua oralidade se junta ao não-verbal de sua gestualidade. Vejo e escuto nessas pistas que a aluna se relaciona com um emissor-receptor de mensagem que não está à sua frente. Não é o professor, já que este está ausente da sala, não é um deus descido do céu nesse ponto de "abertura" para o alto.[16] Sua escritura é feita como se à tessitura de um "ponto de meia",[17] uma teia ou um favo. É maquinal ou, talvez dissesse Guattari,[18] "maquínica", pelos seus "traços de animalidade". O giz que risca é mais "pinçado"[19] do que pensado e sua mão é tanto seu "instrumento de comunicação"[20] quanto seus pés, ou seus glúteos. Também nas posturas acocorada e ajoelhada do aluno, as pistas me conduzem tanto ao assento feito das suas pernas quanto às pernas de quem se assenta logo atrás. Ele chega mais perto da divindade generosa que lhe "concede" uma "graça" e, por isso, tem de estar mais baixo: a "divindade", no momento, não é outra senão a aluna, emissária por delegação, e a sua cópia é a que ele copia daquela que é tecida maquinal ou maquinicamente pela aluna. Mas tem a postura de quem também concede uma graça: seu corpo, de pé, seria uma impostura ao olho de outro mortal copista que clamaria às suas costas...

As sacralidades clandestinas

> *Quidam ludunt, quidam bibunt,*
> *quidam indiscrete vivunt.*
> *Sed in ludo qui morantur,*
> *ex his quidam dedudantur,*
> *quidam ibi vestiuntur,*
> *quidam saccis induuntur.*
> *Ibi nullus timet mortem,*
> *sed pro Baccho mittunt sortem.**
>
> CARMINA BURANA
> *Orff*

As pistas, se bem que poucas, ficam mais claras se considero que essas duas últimas seqüências de movimentos corporais-gestuais acon-

---

* Se não bebem, jogam dados, / ou cometem outros pecados. / Vários devem, ao jogar, / sua roupa empenhar: / ficarão bem trajados / ou com trapos camuflados, / ninguém aqui teme a morte, / todos, por Baco, tentam a sorte.

teciam no espaço da mesma sala e numa fração ritual da mesma aula. Do registro desses movimentos fugazes, apalpando o já palmilhado, posso rever esses alunos movimentando-se e de novo se aproximando uns dos outros, como de fato acontecia. Percebo o riso, a frase oralizada, a "reverência" e a "devoção" desses movimentos e gestos como indicadores de uma comunicação só perceptível por quem está também próximo deles.

Nas observações e nos registros que vinha fazendo da corporeidade-gestualidade de professores e alunos, colocava-me no ponto de vista de quem permanece mais distante do quadro-negro, entre um canto, nos fundos da sala, esgueirando-me em alguns casos a meio caminho da sala e, só com uma certa ousadia ou como nos casos em que me detenho agora, chegava a atingir o piso con-sagrado ao professor e a seu ofício. Além de me restringir a esse ponto de vista, restringia ainda o registro àquele do que mais me aparece à frente, ou seja, aos aspectos "mais vistosos" da sala e da lição. E o "mais vistoso" para o olho de quem está atrás, principalmente quando os alunos se ordenam e se organizam em corpos-filas separados e o professor está voltado para o quadro-negro, é a configuração de um grupo de alunos que se dão as costas.

Virando a cabeça para a direita ou para a esquerda, como qualquer desses alunos, eu vinha olhando os outros pelas suas meias-caras. Mesmo assim, foi possível – daí a importância paradoxal do ponto de vista de quem está nos fundos – ver o riso que é quase sempre considerado clandestino e, como tal, já o dizia anteriormente, é sempre merecedor de penas.

A clandestinidade do riso parece estar na perigosa relação de comunicação em que ele se dá. A comunicação que se instaura entre um professor e os alunos tem como mais "vistosa" característica a de ser uma alumiação dos deuses, incorporada-exteriorizada por um emissário. É a sua cara e a cara do quadro-negro o que mais tendencialmente aparece à frente da sala de aula. Qualquer riso de alunos no ritual da aula precisa ser a cópia do riso do professor, ser uma forma de reverência ou devoção à graça que ele emite e, portanto, ser parte ritual dos procedimentos e serviços da lição. Mesmo que nos procedimentos e serviços da lição os alunos se coloquem em con-formações diferentes, de grandes ou pequenos círculos, que as filas não sejam exigidas e os alunos dêem "livre curso à sua espontaneidade"[21] – própria de adolescentes que "desabrocham" –, seu riso pode ser considerado clandestino, representando uma reverência ou devoção a divindades bem diversas das que se presentificam na sala de aula. O riso clandestino pode mascarar a comunicação dos alunos, uns com os outros e, mais, uma forma de alheamento da palavra professoral.

A análise das últimas seqüências aqui mostradas (Fig. 14), considerando a sua concomitância e, sobretudo, as suspeitas provocadas por algumas pistas, leva-me agora a acompanhar professores e alunos, deslocando-me para diferentes pontos de observação no espaço-tempo da sala de aula. Passo a vê-los de muito perto. E vê-los de perto, invertendo uma idéia de Hall e suspeitando mais da "confiança na vista" do que de uma "confiança no nariz",[22] é chegar até os limites dos mundos cosmizados[23] de seus corpos, invadindo, de certo modo, seus mundos pessoais – sua sacralidade – uma vez que seus limites corporais não se restringem à pele que os envolve, mas estendem-se a ela, a modo de territórios defendidos contra a invasão demoníaca do estrangeiro.

Deslocar-me dos fundos da sala de aula, um mundo que é deles – seu espaço sacralizado – colocando-me de pé, com um objeto estranho na mão, provoca, nos primeiros registros, movimentos corporais-gestuais bastante reveladores. Nossas reações de invasor e invadidos estão "mais perto do mundo animal do que deixaria supor a tradicional oposição entre inteligência e instinto",[24] ou seja, "sentimos a distância do mesmo modo que os animais".[25]

Tão "zoológicas" quanto "culturais",[26] algumas claras, outras sutis, as reações corporais-gestuais podem ser diversas: os alunos podem ter um comportamento de fuga ou de enfrentamento. Na fuga, um aluno pode esconder-se atrás do livro, mergulhar no livro ou voltar-me as costas. Pode usar as costas do outro como toca ou transformar-se em filhote, ou pode ficar à espreita (Fig. 15). E um professor pode mostrar-sem-mostrar os dentes, enquanto espreita... Essas reações corporais-gestuais, porque são "humanizadas",[27] pouco a pouco, vão se desfazendo até que se consiga distinguir-lhes as pupilas.

Registrara anteriormente, que as con-formações em filas parecem ser prescritas por regras rituais severas. Intrigava-me, no entanto, a constatação de que os alunos, em muitos momentos rituais, ou no ritual de muitas aulas, tendem a deformar ou a transformar essas con-formações em outras, a despeito de as regras prescritivas da postura assentada serem tendencialmente cumpridas. Posso melhor observar essas muitas deformações ou transformações, tomando-as como reveladoras de uma tendência à demarcação e ocupação de uma parte do espaço disponível – no caso, o da sala de aula – em relação àqueles demarcados e ocupados por outras pessoas, quando essas par-

Figura 15
O aluno pode usar as costas do outro como toca, ou pode ficar à espreita.

tes não são impostas ou determinadas, ou são relativamente determinadas. Alguns professores tendem a não opor resistência a essa tendência dos alunos, desde que seja assegurado o respeito a certas regras rituais prescritivas e proscritivas.

Nessa ordem e organização do espaço da sala de aula, os alunos mostram uma ritmicidade que, suspeito, podem conflitar-se com a ritmicidades escolar, o que pretendo observar, como já dizia, pelos contornos de reentrâncias, interstícios ou detalhes cada vez menos "vistosos".

Observo, agora me situando em diferentes pontos de vista, que certos alunos costumam colocar-se e permanecer em grupos de três: uns podem estar na linha fronteiriça do espaço ocupado-sagrado pelo professor e sempre assentados, ombro a ombro; outros podem estar no meio da sala e, outros, ainda, junto à parede dos fundos. Estes, quase sempre os mesmos, remanescentes de filas, costumam fazer-se e desfazer-se em grupetes, num canto dos fundos, o "fundão", como chamam. Há aqueles que persistem em desfazer uma fila rente à parede da esquerda ou da direita da sala, apoiando nela o encosto da carteira, o ombro ou as costas. Há os que sempre formam uma díade, e os que se colocam sempre solitários, invariavelmente no mesmo canto ou parede (Fig. 16).

Em qualquer das salas de aula consideradas, os trios do meio e dos fundos, os grupos temporários dos cantos, os grupos de filas deformadas dos lados e as díades constantes têm em comum o fato de representarem uma dupla ameaça aos procedimentos e serviços da lição. Todos assumem "configurações",[28] que se caracterizam pela

Figura 16
Há demarcações de espaço: uns se assentam sempre à frente da sala; outros, no meio, nos lados, nos fundos. E há os que se assentam, solitários, sempre no mesmo canto.

proximidade corporal e a iminência do movimento. Noutros termos, esses alunos têm a grande possibilidade de instaurar contato, no restrito sentido etimológico. A distância entre uns e outros é tal que a oralização pode fazer-se em voz baixa. Um olhar pode falar mais que a boca. O movimento do braço e da mão do aluno, tocando pela extensão do caderno a aluna, é um grande perigo. É perigoso o guiar do corpo de um e de outro para se verem cara a cara: essa comunicação entre mundos corporais pode fazer perigar o contato com o mundo dos espíritos.

Deve ser por conta desses perigos que escuto de quase todos os professores a repetição, em diferentes vozes, da mesma jaculatória: "Entre na fila! Organiza.", "A senhora não vai ficar aí, não! Arranje uma fila!", "Fulano! Sente-se aqui!", "Você aí, pentelho! De azul!", "Lá fora, sim; cá dentro, não! Para você não sair pela janela!" "Pss! (Palma) Ó! Gente! Ó! Psss!" "Não me façam me arrepender de ter deixado entrar!"

O que essas vozes me sugerem, pela sua exaustiva repetição, é que deve haver entre as regras rituais da aula algumas relacionadas com uma "interdição"[29] do movimento do corpo, sem o que não haveria uma alumiação do espírito. Passo então a observar professores e alunos nos movimentos de aproximação e distanciamento corporal, com a suspeita de ver no seu comportamento proxêmico a subjacência desses preceitos.

Em alguns procedimentos e serviços da aula, o professor se desloca de sua mesa ou, mais recorrentemente, do quadro-negro, para chegar até a carteira do aluno.

As seqüências de movimentos e gestos que observo parecem ser modelares. O professor é chamado por uma aluna. Ele se levanta e caminha em direção à fila à sua direita, e para diante dela. Permanece naquilo que Hall chamaria de distância "pessoal",[30] uma espécie de "bolha protetora":[31] poderia tocar e ser tocado pela aluna se ambos estendessem os braços. O professor, entretanto, pondo-se ao lado da aluna, apóia a mão direita na parede e, com a esquerda, toca a página do caderno da aluna.

O registro dos movimentos de aproximação de professor-aluno é um fato muito recorrente, que tomo nesta análise como pista das mais inquietantes. Quando chamados ao lugar do aluno, os professores tendem a tocar cadernos e livros durante a fala (Fig. 17). O toque do corpo do aluno pelo professor é um gesto raro, por vezes o casual e inevitável toque de mãos, enquanto, de pé, sublinha uma escritura sobre a carteira do aluno.

Mais recorrentes do que as aproximações de professor-aluno são as aproximações aluno-professor. Observo que os alunos tendem a se deslocar mais de suas carteiras até o lugar do professor do que chamá-

Figura 17
Os professores tendem a tocar cadernos e livros durante a fala.

87

lo. Raramente as aproximações aluno-professor são feitas a chamado deste. E os alunos sempre levam um caderno, um livro, uma escritura até a mão e o visto dos professores. É como se sua escritura, sua leitura, seu cálculo – suas idéias, doutrinas, disciplinas – carecessem de um "toque real"[32] para a "cura" dos erros em que laboram... É como se a palavra professoral fosse a última palavra de um gestor, homóloga àquela de um diretor de escola, ou como se esta fosse uma escola de pensamento.

Nessas aproximações aluno-professor, os alunos tendem a estabelecer uma distância "íntima".[33] O professor pode estar assentado em sua mesa, ou nestas imediações, estar de pé, e a intimidade pode se caracterizar pela maior possibilidade do contato corporal entre um e outro. A aluna que inclina o corpo (Fig. 18) em direção ao corpo do professor tem sobre seu ombro a mão da outra aluna. Poderia também tocar o corpo do professor em vez de o encosto de sua cadeira. Numa distância "íntima", os estímulos olfativos se intensificam e o hálito das pessoas é facilmente sentido. Entretanto, posso atentar para certos procedimentos defensivos do professor. O território é defendido da invasão – profanação – das alunas quando ele demarca seus limites com a mão na beirada da mesa. Os próprios alunos respeitam tais limites com a pressão às vezes de um cotovelo ou de um punho nessa

Figura 18
O território do professor é defendido da invasão-profanação das alunas pela demarcação com a mão.

beirada. Os procedimentos defensivos que "suprimem a intimidade"[34] são quase sempre muito sutis. Eles se revelam, por exemplo, quando, na postura de pé, o professor prende uma das mãos na cintura ou a esconde atrás de si mesmo.

Em alguns momentos ou lições, o professor caminha, fora de seu espaço, pelo espaço onde os alunos estão sentados. Aí também são revelados certos procedimentos defensivos de seu território corporal quando, aproximando-se dos alunos, a mão que limita o contato pode estar atrás de si, num quase triturar de dedos (Fig. 19), amassar de papel ou num quase rasgar de bolsos. Algumas vezes a mão do professor pode não estar presa ao corpo, mas valendo de escudo protetor de sua "bolha" e território corporal.

Em alguns momentos rituais da lição, quando o professor se aproxima dos alunos, o corpo e a mão não chegam nem precisam chegar a uma "distância pessoal" do aluno. São momentos de muita gravidade cerimonial, em que o professor não está defendendo seu território sagrado ou fugindo de um ataque, mas apontando com o braço o território corporal do aluno (Fig. 20): sua mão se prolonga no dedo que aponta a "bolha protetora" do aluno. Percebo nesse dedo, assim como Canetti,[35] a "flecha" de uma ordem ou na "pinça" que imagino com Chateau[36] o instrumento de punição capaz de "romper" a "bolha protetora" do território do aluno. Essa é a distância em que um professor e um aluno não podem se tocar corporalmente. É o que Hall chamaria de distância "social"[37] e que, no espaço ordenado e organizado da sala de aula, corresponde à distância que separa – elevan-

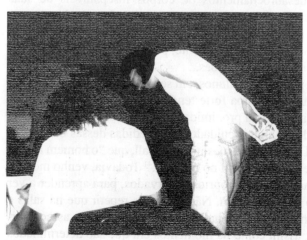

Figura 19
A mão que limita o contato pode estar atrás, num quase triturar de dedos.

Figura 20
A mão do professor se prolonga no dedo que aponta a "bolha protetora" do aluno.

do – o espaço con-sagrado do professor, com sua mesa e cadeira, seu quadro-negro, seu lecionário, seu *vade-mecum* e seu ofício – seu altar – do espaço con-sagrado dos alunos.

De pé e olhando silenciosa e atentamente para um ou para alguns alunos, a essa distância que, segundo Hall, "produz um efeito de dominação",[38] o professor vê e julga movimentações, deslocamentos, risos e gestos puníveis que possam surgir. Pode ocorrer que o lecionário e o ofício do professor sejam reveladores de sua dissidência com idéias, doutrinas, disciplinas tradicionais, ou de sua fé em modernizadas alumiações. Nesse caso, o professor pode guiar como um "animador"[39] esses gestos, risos, deslocamentos e movimentações como naturais desabrochamentos de corpos inseparáveis de suas almas. Tanto com um juiz quanto com um animador, os alunos também podem ver um professor de pé e, mais do que isso, ver da cabeça aos pés. Silenciosa e astuciosamente, podem prever juízos, resistir a penas, julgar limites e animações...

Observo na maioria dos alunos, em seu comportamento proxêmico, o que me parece ser uma forte tendência às distâncias corporais menores, vale dizer, a uma proximidade de pele com pele. Venho até aqui me cercando de alguns cuidados nas medidas dessas distâncias, pensando, com Devereux,[40] e mesmo com Hall, que "o homem aprende a ver, e o que aprende influi no que vê".[41] Todavia, venho me cercando muito mais de meus próprios observados, para aprender a ver com eles aquilo que eles vêem. Não é demais repetir que há salas e aulas ou momentos rituais da aula em que são exigidas as con-formações de filas, assim como há momentos em que são determinados os grandes ou pequenos círculos. Também não é demais frisar o fato de que as filas, mais do que os grandes e pequenos círculos, são conformações que os alunos tendem a deformar ou transformar. É justamente a observação do comportamento proxêmico dos alunos que permite compreender como se dá essa deformação-transformação, o que, nas suas maiores saliências, já antes registrava, permitindo juntar as pistas de como se dá também essa tendente aproximação de pele com pele.

Se a ordem e a organização do espaço por via de uma higienização-arrumação em filas de carteiras, como registrara de início, representam uma necessidade de purificação-sacralização da sala de aula, o comportamento proxêmico dos alunos no ritual da aula deve corresponder a uma necessidade de purificação postural-gestual por via do interdito do movimento do corpo e de "uma perpétua faina sobre o movimento do pensamento".[42] Assim, a punição de um aceno ou de um riso clandestino não seria a punição pela mera contração de um palmar ou de um orbicular, mas a punição pelas "imagens" que sobrevêm e "atraem a vontade".[43] Daí, não seria incoerente uma analogia entre as regras prescritivas da distância entre os territórios dos corpos-filas – e entre os territórios dos alunos assentados – e as regras proxêmicas proscritivas de antigos monastérios. Certamente, aqui já não são os preceitos tão "pacomianos": os irmãos já podem se falar no escuro e não precisam "cobrir os joelhos quando estão sentados em assembléia".[44] Entretanto, precisam manter, em algumas salas de aula, em alguns procedimentos e serviços, em algumas lições – ainda que tendencialmente – a distância de "um côvado".[45]

Essa tendente distância de um côvado corresponde, na escala proposta por Hall, à distância "pessoal" que aqui observo entre estes alunos (Fig. 21), assim como à distância que já antes tomava como modelar nas aproximações professor-aluno. Na distância "pessoal", a sensação cenestésica de proximidade – da temperatura corporal – restringe-se ao que cada um dos participantes pode fazer ao outro com suas "extremidades".[46] E as regras rituais da aula, a julgar pelo comportamento proxêmico de professores e alunos, são as que determinam o que deve ser feito principalmente com as "extremidades". Tão sagrado quanto o que é feito com a cabeça, deve ser o que é feito com os pés e as mãos; tão sagrado deve ser o contato de seu território corporal com os dos outros quanto é sagrada sua "abertura"[47] ao contato com os territórios dos deuses – as idéias, as doutrinas, as disciplinas, os saberes. O lecinonário do professor e seu *vade-mecum* professoral

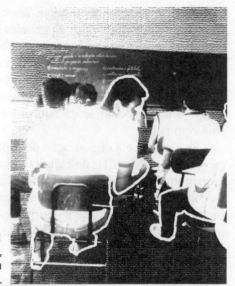

Figura 21
É preciso manter entre os alunos, ainda que tendencialmente, a sagrada distância de um côvado.

tanto levam em conta os procedimentos e serviços da aula quanto os relacionam com essas determinações. Mesmo o professor, dentre os animadores, tem um lecionário. Mesmo que sua fé não separe corpo de "extremidades", tende a se guiar mais por "extremidades" do que por suas cabeças quando na sua palavra professoral.

Essas considerações sobre comportamento proxêmico, sua relação com as "extremidades" assim como a relação destas com as regras rituais prescritivas da aula são feitas quando passo a observar os movimentos de aproximação aluno —> aluno. Os primeiros registros já me levavam a compreender, com Hall, que a percepção do espaço entre as pessoas é "dinâmica", ou seja, "está relacionada com a ação", com aquilo que possam fazer no espaço que ocupam, "e não com o que alcançam olhando passivamente".[48] Assim é que acompanho os movimentos de aproximação-distanciamento dos alunos, em diferentes momentos da aula, detendo-me à observação daquilo que podem "alcançar" com as extremidades.

Acompanho primeiramente as aproximações aluno —> aluno. Em muitos momentos, mesmo assentado ao lado de outro, numa distância "pessoal", o aluno movimenta-se de modo tal a criar uma distância "íntima" com o outro. Um deles projeta o ombro: a cara, o riso e o olhar podem dirigir-se ao outro; o olhar e a voz de um, mais o olhar e o ouvido do outro podem se juntar na página do livro

Figura 22
O olhar e a voz de um, mais o olhar e a voz de outro, podem se juntar na página do livro.

(Fig. 22). Um deles pode criar essa intimidade por meio da carteira trazida para perto do outro.

Mais recorrentes que essas são as aproximações aluno —> aluno, quando assentados em fila. Os movimentos têm alguma variação: pode ser que o de trás esconda a cara[49] projetada para as costas do outro, mostrando a página que sua mão estende ao olhar do outro (Fig. 23). O aluno assentado à frente pode esconder a boca[50] com o dorso da mão. Há ocasiões em que se desloca de seu lugar e se acocora numa outra ponta da fila ou, o que menos acontece, diante do lugar que esteja só, de um outro aluno que esteja só (Fig. 23).

Observo nas aproximações aluno —> aluno em distância "íntima", mormente em díades e assentados lado a lado, que eles tendem a tocar-se pelos ombros e braços, conquanto pareçam reagir de modo defensivo quando, incidentalmente, se tocam pelos antebraços, mãos ou pernas. Também observo, sobretudo em grupos de três ou mais rapazes, que é incomum a criação de uma intimidade tal que faça supor a participação de um mesmo espaço olfativo. Por outro lado, é costumeiro ver entre rapazes a criação e a permanência de uma distância "social" (Fig. 24).

Dentre todos esses movimentos de aproximação aluno —> aluno, vistos em momentos rituais de aula e, portanto, considerados clandestinos pelas regras mais consagradas, constato que um deles foi apanhado em falta e julgado insidioso... Curiosamente, foi o único,

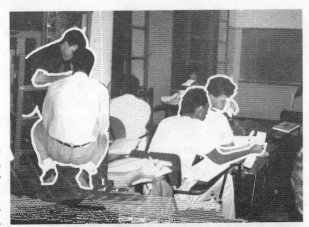

Figura 23
Ao aproximar-se do outro, o aluno pode esconder a cara ou o corpo inteiro, acocorando-se.

Figura 24
É costumeiro entre rapazes a criação de uma distância "social".

dentre todos, que foi apanhado ao sair da fila e induzir o outro ao erro. Mais curioso ainda é que, dentre todos os atos clandestinos não apanhados pelo professor, um deles (Fig. 23) é considerado proscrito, punível com advertência ou execração. É o ato por todos conhecido como "cola".

Acompanho agora os movimentos de aproximação aluna —> aluna. Percebo entre elas uma tendência bem mais acentuada às distâncias menores. É como se suas "bolhas protetoras" fossem mais próximas à própria pele quando se aproximam. Observadas quando se assentam lado a lado, sua distância "pessoal" é aquela que Hall caracteriza como "fase próxima".[51] A carteira que uma aluna traz para perto da outra não precisa estar tão perto: mais do que um rapaz pode estar perto de outro, o corpo da moça tende a estar mais próximo da outra. O braço e antebraço de uma pode tocar a outra sobre um livro, em que se junta o olhar de uma e outra; as pernas não têm medo de se esbarrar ao embalo da leitura. As caras de um trio se projetam em direção a um ponto comum e isso pode bastar para suprimir algum constrangimento.

Também reveladores são os movimentos que criam intimidade quando as alunas estão assentadas em fila. A aluna volta a cara para a que está atrás, suas mãos e pernas se estendem à frente como se a sair do assento. Uma aluna não se espanta se a mão da outra pousa sobre seu ombro. E muito mais persistentemente, uma se acocora diante da outra (Fig. 25), com uma diferença: a moça pode dar a impressão de se dependurar na carteira da outra, o que não faria, certamente, um rapaz.

Venho acompanhando nos movimentos de aproximação aluna —> aluna muitas das marcas em que Hall descreve a distância "íntima" e sua fase "próxima". Nessa distância, registro momentos de riso mais vivo, de cumplicidade, de uma aluna escondendo-se no ombro da outra (Fig. 26): o riso de ambas tem o mesmo tom. Segredo e cumplicidade aparecem quando uma aluna se acocora junto a outras que estão assentadas. Segredo e cumplicidade são divididos por três ou quatro delas, ou mais (Fig. 27). Não é preciso, nessa distância, terem

Figura 25
A aluna que se acocora pode dar a impressão de se dependurar na carteira da outra.

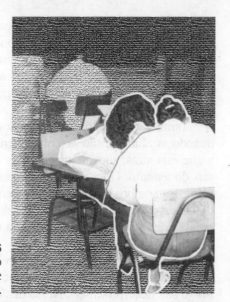

Figura 26
Uma aluna, em momentos de riso mais vivo de cumplicidade, pode esconder-se no ombro da outra.

Figura 27
É possível que uma sinta o hálito da outra, já que as cabeças e os cabelos se confundem.

muita voz e muito ouvido. É possível que uma sinta o hálito da outra, já que as cabeças e os cabelos se confundem, e que sintam o calor radiante de suas caras e de sua maledicência...

É por conta dessa intimidade, penso, que volto a escutar, com mais veemência e menos condescendência, alguns brados de esconjuro: É por isso que eu digo pro povo que vou continuar pegando no pé. – Façam o favor de acordar e sintonizar no meu canal. – Entendeu, fofinha?. – Shsss!.

Esses brados de esconjuro, assim como as jaculatórias já antes analisadas, são também "dinâmicos",[52] no sentido de estarem sempre relacionados com a ação de o professor apontar. É um apontar da extremidade de dedo em direção à "bolha protetora" do aluno. É a ameaça de rompê-la ou a punição mesma, pelo fato de o aluno ter rompido a do próximo ou a própria. Mais do que isso, parece representar a palavra de um guardião do espaço sagrado da sala de aula, que agora se revela na palavra professoral, no que parece ser, igualmente, a palavra de um guardião dos espaços corporais dos alunos.

O comportamento proxêmico dos alunos é julgado pelo professor e isso pode ser analisado no sentido proxêmico de seu brado: um "venha-aqui", um "sente-ali", um "vá-para-lá", um "cá-dentro-não", um "chega" e um "psiu!" têm a mesma e sagrada função ritual de "vou continuar pegando no pé".

Compreendo, nessas ruminações de caçador, que o professor é um guardião de guardiães, uma vez que cada aluno tem já do seu corpo um guardião. Dizem os etólogos que até os viventes inferiores os têm.

Quando acompanho os movimentos de aproximação aluno —> aluna e aluna —> aluno posso observar a presença ou a espreita mais insistente de uma gestão escolar da corporeidade. Todas as escolas consideradas têm o que costuma ser chamado de regimento. Já na passagem pela sala do diretor pude ver a importância conferida ao regimento escolar: ele estava em todas as mesas de diretor, entre as escrituras de seu sagrado ministério, e lembro-me até de que sua mesa parecia uma parte de seu corpo. Ora, esse regimento, espécie de código de posturas, parece também equivaler a um código de posturas proxêmicas, sem o que o espaço escolar não se ordena nem se organiza, ou seja, se sacraliza, e sem o que a palavra de um diretor não seria a última.

Em todas as salas de aula, dou-me conta da observância dessas ordenações. Os procedimentos de punição parecem estar previstos num regimento e os mais severos são ordens com o sinete – a assinatura – de um diretor. Certos movimentos de aproximação aluno —> aluna e aluna —> aluno são previstos num regimento, e tanto professores como alunos me poderão dizer disso com suas próprias vozes, brevemente. Por ora, na observação, detenho-me mais em dados não-verbais de seu comportamento, em aspectos que podem ser registrados pela fotografia etnográfica.

Os movimentos de aproximação geralmente acontecem em momentos rituais da aula, em que as filas se deformam ou se transformam. Uma seqüência é quase modelar: o aluno se aproxima da aluna; seus assentos se fazem em distância "pessoal", mas suas cabeças se projetam, criando uma distância "íntima", enquanto a mão do aluno está sobre a página que olham em comum; a voz do aluno é ouvida por outras alunas, que se juntam à díade inicial, criando maior intimidade (Fig. 28). O grupo de moças se forma como se ali não houvesse um rapaz.

Às vezes, uma aluna se aproxima de um aluno, que já está próximo do outro, formando um trio: a distância pessoal dos assentos e a distância íntima, feita pela projeção das cabeças e mãos, não os diferenciam de outros trios de rapazes. Muitas vezes observo um aluno e uma aluna assentados em díade: ele arrasta a carteira de uma fila, que não é a sua, para perto da carteira da aluna e assim permanecem, calados, numa leitura comum, e a distância entre eles é comparável àquela entre dois rapazes. Muitas vezes um aluno se acocora diante da aluna enquanto ouve dela uma anedota, que poderia ser a mesma contada por outra aluna, bem perto do ouvido do outro.

Esses movimentos de aproximação aluno —> aluna e aluna —> aluno não constituem comportamentos proxêmicos puníveis, isto é, não seriam mais puníveis se todos fossem rapazes. Parece difícil entender um regimento ou um comportamento proxêmico regido por ele, sobretudo no que tange ao contato físico e à proximidade dos as-

Figura 28
O grupo de moças
é formado como
se ali não houvesse
um rapaz.

sentos de rapazes e moças. É como se demônios regessem a "pletora da adolescência"[53] desses alunos e suas extremidades, de tal sorte que elas se relacionassem menos com seus cérebros do que com suas pélvis assentadas. Suponho que todo esforço para compreensão do comportamento punível de alunos com alunas exige que se leve em conta sua duração, sua repetição e sua situação no espaço da sala de aula.

Alguns movimentos de aproximação aluno —> aluna e aluna —> aluno são comportamentos puníveis: um aluno não deve se deslocar de seu assento e de seu lugar, repetidas vezes, para a proximidade do assento e lugar da mesma aluna; a aluna não deve justapor seu assento e lugar e assim permanecer em todos os momentos rituais da aula; ao aproximar-se do assento e lugar da aluna, o aluno não deve "se basear"[54] em parte menor de seu próprio assento e lugar (Fig. 29); o assento e o lugar da aluna, próximo do da aluna, não deve estar recostado na parede dos fundos da sala (Fig. 30).

Essas pistas que se juntam fazem supor que a gestão da corporeidade dos alunos de seu comportamento proxêmico é uma gestão também dos "receptores sensórios"[55] que requerem distâncias menores. O olfato, o paladar e principalmente o tato exigem distâncias menores dos corpos. Esses são os sentidos mais corporais. As percepções que possam ocorrer no espaço sagrado da sala de aula, que sejam as originárias do corpo são marcadas de suspeita. Como afirma F. Davis,[56] revendo Birdwhistell, "cheiros ruins e sabores ruins, tudo o que tenha conexão com o inusitado e o pegajoso suscita o maior desgosto. Mas

Figura 29
Ao aproximar-se do assento e do lugar da aluna, o aluno não deve "se basear" em parte menor de seu próprio assento e lugar.

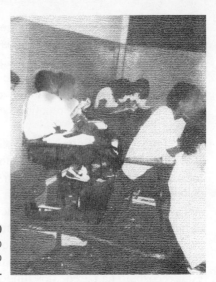

Figura 30
O assento e lugar do aluno, próximo ao da aluna, não deve estar recostado na parede dos fundos da sala.

os cheiros bons, os sabores e os contatos agradáveis também são alvo de desconfiança".[57] O ritual da aula, a corporificação de deuses alumiadores, que promovem uma comunhão dos alunos em torno da palavra professoral, celebra uma incorporação das iluminadas substâncias das idéias. As percepções derivadas do cérebro e da mente é que são "boas, claras e indiscutíveis",[58] numa palavra, sagradas. Na esteira dessa lógica, a audição e a visão, que não requerem distâncias menores ou intimidades corruptoras, são os sentidos consagrados como aberturas à alumiação.

O templo da sala de aula precisa celebrar a ascensão de um senhor. É a elevação-separação da mente, com a separação-flagelação do corpo. As manifestações que observo nos alunos, de uma tendência à proximidade de pele com pele, são também tendencialmente exorcizadas. Basta ouvir as percussões repetidas dos brados e esconjuros.

A comunhão que acontece no ritual da aula é um estar-junto de professores e alunos para os prazeres do alimento con-sagrado do espírito – a mente – ou da inteligência, da sabedoria. Esse alimento pode ser mirado, apreendido e abocanhado pelos olhos e pelos ouvidos e, se as mãos ou a boca participam do repasto, o fazem como instrumentos de um senhor que não é o corpo. Aqui convém um reparo. Não são as sensações produzidas por toques, odores e sabores, em si, que são demoníacas. Nem o seriam, por mera "conexão" com o desagradável do "inusitado-pegajoso" ou com o agradável do "insuspeito". O demônio que espreita os corpos que se tocam é a "conexão" entre os sentidos – os que requerem a proximidade – e a "pletora sexual". O regimento das escolas prevê esses endemoninhamentos, assim como as punições ou as curas.

Nas salas de aula consideradas – e rigorosamente em todas – professores e alunos me dão mostras de saber da existência, tanto de uma pletora quanto de um regimento reinantes. Durante os procedimentos e serviços da aula é preciso redobrada atenção aos indicadores, estes sim, detalhes menos "vistosos" do que possa parecer uma "conexão" entre proximidade tátil-olfativo-cenestésica e a "pletora sexual" dos alunos.

As aproximações aluno —> aluna ou aluna —> aluno, até aqui registradas como comportamentos proxêmicos puníveis, constituem também exemplos de como são marcadamente disfarçadas. É como se os participantes se distanciassem, se excluíssem, se apagassem no espaço da sala de aula ou como se os movimentos se fizessem atrás de máscaras que preciso decifrar. E os pequenos detalhes dos movimentos só me parecem "bem-feitos" quando as caras[59] não o são.

Certas aproximações aluno —> aluna ou aluna —> aluno revelam alguns indicadores de galanteria, namoro ou sexualidade que parecem ter um significado universal.[60] Podem iniciar-se, numa seqüência, com um movimento giratório-oscilatório do tronco e da cabeça, que às vezes faz oscilar também a carteira do aluno ou a cabeleira da aluna (Fig. 31); a aluna pode estar criando proximidade com um aluno que está em distância "pessoal" com ela, ou com outro que se encontra logo atrás; ele pode estar se dirigindo indiretamente à aluna que, não o encarando, sorri com o polegar entre os dentes, enquanto a outra fala por ela, logo atrás.

Algumas vezes esses movimentos são um jogo de sutilezas e evidências num exemplo particular de que os contornos devem ser seguidos pelas saliências e reentrâncias. Um aluno desloca-se de seu lugar até o lugar da aluna (Fig. 32); assenta-se no braço da carteira dela com apenas uma parte do glúteo e da coxa esquerda, apoiando o pé direito no piso. Apóia, então, a mão esquerda no encosto da carteira enquanto inclina a cabeça em direção à dela; ele parece ler o livro que ela ainda tem à frente, embora ela não faça o mesmo; a aluna sente o toque do tronco do rapaz em seu ombro e reage com uma flexão da coluna e inclinação da cabeça para o lado oposto ao dele, contraindo-retraindo o corpo. Essa reação dela, conquanto possa ser

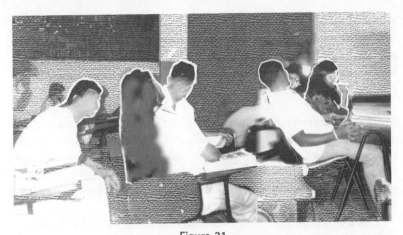

Figura 31
Indicadores de galanteira, namoro ou sexualidade podem aparecer com um movimento giratório-oscilatório do tronco e da cabeça... às vezes também da carteira do aluno ou da cabeleira da aluna.

Figura 32
A aluna sente o toque do tronco do rapaz em seu ombro e reage, contraindo, retraindo o corpo...

interpretada como um procedimento de supressão da intimidade criada pelo rapaz – uma evitação –, pode ser traduzida como hesitação.

Em quase todas as salas e aulas, há sempre um aluno e uma aluna assentados em carteiras juntas ou da mesma fila, e é difícil precisar quem está se aproximando de quem. É preciso observá-los de diferentes pontos de vista, em diferentes momentos rituais, em diferentes lições. Parecem pouco ligados aos demais, parecem estar sempre disfarçando uma confabulação ou uma ligação que não têm com a lição.

Não seria preciso repetir que alguns desses comportamentos proxêmicos – de rapazes e moças – são julgados puníveis, ou que alguns desses pares de adolescentes são, de fato, punidos. Entretanto, os alunos punidos tendem a ser aqueles que não conseguem fazer ou salvar as caras, o que significa também que a cara do demônio – a pletora sexual – tem muitos disfarces. Se algumas vezes movimentos e gestos são discursos "silenciosos" e "ocultos",[61] em outras, como diria M. C. Sanchez Teixeira,[62] com Maffesoli, são também "corrosivos" e "resistentes".[63] Em todas as salas de aula consideradas tenho observado esses comportamentos proxêmicos de "resistência" e "corrosão". Registro, por ora, um exemplo de aproximação aluno —> aluna em que são claros – nas saliências – os indicadores de uma conexão entre uma proximidade tátil e uma provável proximidade sexual.

Um mesmo aluno, que em outro momento se aproximava da aluna com gestos de galanteio, tem estado agora muito próximo dela numa distância "íntima" condenável em qualquer regimento das escolas consideradas. E esses alunos foram lembrados do olho vigilante e do sinete do diretor, flagelados pelas ameaças de castigo pelo supervisor, acutilados pelas advertências de alguns professores e mesmo de alguns outros alunos. Algumas vezes, eles podem ser vistos assentados juntos até mesmo na proximidade do lugar do professor. Em muitos momentos rituais, todavia, eles se colocam pudica e respeitosamente mais para o fundo da sala: os assentos estão justapostos, o aluno envolve as costas da aluna com seu braço direito (Fig. 33), delimitando o território, como um espaço ocupado em comum, uma única "bolha protetora"; a moça se volta para o rapaz, apoiando ambos os braços na carteira dele...

Observo-os em outros momentos, em modulações dessa distância "íntima", que não registro. Depois de numerosos juízos, penas, reincidências, e quase caírem em desgraça, são agora "aquele caso", "aquele casal", "aqueles nossos alunos que vão se casar". E as alvís-

Figura 33
O aluno envolve a aluna com seu braço direito, delimitando o território, como um espaço ocupado em comum, uma única bolha protetora...

saras dessa "hierogamia"[64] os tornam sacralizados e seu comportamento proxêmico aceito, apagado ou absorvido pelas próprias regras rituais. Sua proximidade pele com pele, punível pelo excesso de calor da pletora sexual,[65] torna-os cobertos com uma aura que se confunde com a luz da lição.

Outras pegadas vou juntando nessa análise do espaço escolar, agora percebendo que o ritual da aula é também um espaço de conflito. Se há uma gestão do comportamento proxêmico dos alunos, por meio de uma sacralização das percepções visuais e auditivas, há também uma corrupção por meio de uma tendência ao movimento corporal, à extensão das extremidades e às percepções táteis. Mas penso com Maffesoli que o espaço escolar e da sala de aula é também um espaço de "harmonia", que "é fruto da conjunção de paixões e lutas".[66] São os contornos desse "antagonismo harmônico",[67] ou dessa "lógica contraditorial",[68] o que pretendo observar na interioridade sagrada do espaço escolar, a partir de agora.

Para esse intento, passo a seguir os contornos, primeiramente do que constitui um conflito entre as alumiadoras percepções derivadas da mente e as corruptoras percepções derivadas do corpo, no comportamento proxêmico de professores e alunos. Interessa-me analisar os contornos ocultos e "corrosivos"[69] desse conflito entre as percepções "boas, claras, indiscutíveis" e "agradáveis"[70] dos receptores de distância e aquelas dos receptores imediatos. Entretanto, é nas "harmonias" – ambição maior nesse incurso – que pretendo tatear a relação possível entre as boas, claras, indiscutíveis e agradáveis lições do livro e as boas, claras, indiscutíveis e agradáveis proximidades.

Ato de contrição: a atenção

Todos os brados, jaculatórias e esconjuros que mais ouvi, em quase todas as salas e aulas consideradas, poderiam traduzir-se num som entre fricativo e sibilar: "Psss!" "Shss!". É sempre uma ordem emitida pelo professor, a vários ou a todos os alunos, cobrindo, às vezes, a boca com um dedo indicador. Com o indicador, o professor aponta, como já antes comentava, e ameaça romper a bolha protetora do território de um aluno. Como são vários ou todos, ele aponta para si próprio, como se dissesse: "Fechem a boca, assim!". Quando não aponta com o indicador, esse som pode significar o silvo de uma perigosa serpente ou a sagrada sabedoria de sua palavra professoral. Todos os alunos devem voltar-se em direção ao espaço que o professor ocupa, sua corporeidade-gestualidade, seu trato com os instrumentos sagrados – o livro, o quadro-negro, a carta – ou a seu trato com a oralidade. Se os alunos estiverem em pequenos círculos, devem mover suas cabeças para acompanhá-lo com os ouvidos e com os olhos. Com os ouvidos, talvez, se estiverem copiando a palavra que ele dita ou a palavra estendida ao quadro-negro. Quer tudo isso dizer que a atenção é a reverência maior feita a um professor. Todos devem estar assentados, mesmo em deformações ou transformações de filas. Mesmo que o professor seja um "animador", os alunos em pé incomodam. A palavra do aluno deve ser a que ele concede ou a que ele ordena. Um aluno atento é aquele que tem os receptores sensórios de distância prontos para as percepções do livro, que está vendo e ouvindo.

Essas considerações poderiam constar do lecionário de quase todos os professores observados e, em poucas linhas resumiriam o que até agora registrei de sua missão ritual. Tento agora analisar os aspectos que caracterizam as boas, claras, indiscutíveis e agradáveis percepções de sua palavra professoral.

É preciso aqui ordenar e organizar as pistas que vou juntando, para que não as perca, nem a fé em meus próprios deuses. E algumas delas me levam já a enxergar que as percepções boas, claras, indiscutíveis e agradáveis são tanto dos alunos quanto dos professores, mesmo que alunos, professores, territórios e receptores sensórios sejam conflitantes ou de distância. Confesso que, já nas primeiras observações, tive impressões visuais e auditivas "agradáveis" e "desagradáveis" como se fosse algum aluno ou professor, além de percepções olfativas, gustativas, cenestésicas e táteis com intensidade variada. Julgo necessário deixar claro, primeiro, que as observações são feitas de diferentes pontos de vista, lados e distâncias e, segundo, as percepções "agradáveis" e "desagradáveis" não são propriamente as minhas. São aquelas dos celebrantes do ritual, ou seja, aquelas decifráveis pelas pistas dos corpos em movimento.

É de uma concretude fugidia a observação do movimento dos corpos: em alguns gestos o movimento já aconteceu num piscar de olhos. Como Davis, sinto que "há algo de sobrenatural"[71] em analisar o movimento. No caso destas observações da corporeidade-gestualidade de professores e alunos, a capacidade "sobrenatural" que não tenho – de acompanhar uma variação superabundante de gestos – é compensada pela natureza do objeto observado, que é a sua repetitividade. Assim, esses registros não são feitos sem outros tantos conflitos.

Dizia anteriormente que, na gestão do corpo e do movimento, na sacralização dos prazeres espirituais-cerebrais da visão e da audição, o ritual da aula é também a celebração de um conflito. Se a tendência dos alunos ao movimento, à proximidade tátil e aos excessos da plétora da adolescência constitui um dos motores desse conflito, penso ser boa diligência analisar, na corporeidade dos alunos, o que possa considerar os constituintes corporais-gestuais dessas prazerosas e sagradas percepções.

Acredito, principalmente com Lowen,[72] que as sensações-percepções agradáveis e desagradáveis de uma pessoa possam ser por ela mostradas no seu corpo inteiro, por meio de seus movimentos. Segundo Lowen, [...] "as sensações de prazer ou de dor refletem a qualidade dos movimentos involuntários do corpo. Estes, por sua vez, expressam o tipo e grau de excitação interna. Há estados dolorosos de excitação assim como estados agradáveis. Cada um deles é manifestado por movimentos involuntários que permitem ao observador distingui-los".[73]

Sem pretender me desviar pelos meandros da "bioenergética", subindo além das próprias chinelas, bem que interessada no que propõe Lowen – e até me apropriando de suas noções –, suponho que um modo de examinar "estados agradáveis e desagradáveis" da corporei-

106

dade dos alunos será o de examiná-los nos seus "estados" de atenção ou participação no ritual da aula, nas suas posturas mais recorrentes.

Entre todas as seqüências que tenho observado nas salas de aula consideradas, uma delas (Fig. 34 – A/B/C/D) pode ser representativa da postura mais recorrente e da gestualidade mais comum de um aluno em "estado" de atenção ou de participação no ritual da lição.

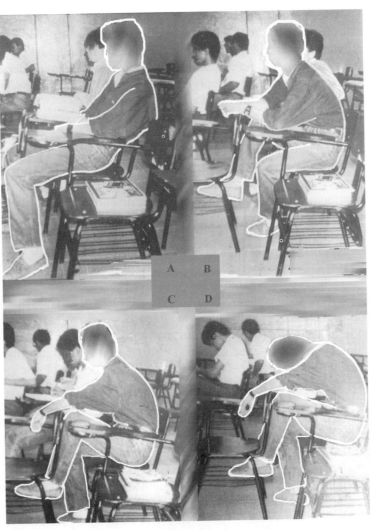

Figura 34
Estados agradáveis: A/B, e estados desagradáveis: C/D, no ritual da lição...

Trata-se de um registro de observação que faço com intervalos regulares, durante sua permanência na postura assentada, atento à palavra professoral oralizada e estendida ao quadro-negro.

A) Observo que o aluno – mais próximo de meu ponto de vista – está assim assentado desde a chegada do professor. Parece relaxado: as pernas estão igual e levemente flexionadas, abertas, num ângulo não inferior a 90°, e envolvem as pernas da carteira vazia à sua frente. A pelve é projetada para a frente. Ele está recostado em sua carteira, com parte da região dorsal apoiada: seus ombros não estão encolhidos e os antebraços se apóiam levemente, o direito na própria carteira e o esquerdo na carteira do seu lado esquerdo, onde deixou cadernos e outro objeto pessoal; tem uma caneta entre os dedos, embora não a esteja movimentando.

B) O aluno flexiona o tronco, retrai a pelve e projeta a cabeça – os olhos e os ouvidos – para a frente. Também estende os braços, apoiando ambos os pulsos e mãos na borda do encosto da carteira vazia à sua frente. Movendo o tronco e os braços para a frente – sem deixar de olhar nesta direção – move também as pernas num ritmo que harmoniza a parte superior e a inferior do corpo: a perna esquerda se retrai, num ângulo de 90°, mas a coxa direita se eleva; se o pé direito se apóia na estante da carteira vazia à sua frente, a esquerda se apóia no piso, apenas com a borda externa do pé, o que tende a conservar uma abertura da coxa.

C) Observo, agora, que o aluno inclina mais a coluna. Inclina a cabeça, desviando o olhar, da sua frente para baixo: estende mais o braço esquerdo, apoiando então o antebraço, deixando os dedos da mão semi-relaxados; o braço direito se flexiona e o antebraço e a mão se apóiam no braço de sua carteira. Depois de feitos esses movimentos da cintura para cima, são feitos os de pelve e dos membros inferiores: agora ele levanta a perna esquerda e flexiona, apoiando o pé na estante da carteira da frente, enquanto a sua direita ele abaixa, deixando fletida e retraída, num ângulo inferior a 90°, apoiando o pé no piso. Sua pelve continua retraída e agora as coxas estão próximas.

D) O aluno tem uma postura que se caracteriza por uma curvatura pronunciada da coluna, uma inclinação maior da cabeça, quase tocando o braço da carteira. O braço esquerdo se estende: parece haver certa tensão muscular neste braço, o que também parece confirmar-se pelo friccionar dos dedos. Os movimentos da cintura para cima não parecem se harmonizar com os dos membros inferiores, já que estes continuam na mesma posição registrada antes.

Essa seqüência mostra as variações do movimento corporal e gestual de alunos em "estado" de atenção, ou seja, nos procedimentos e serviços da aula em que, conclamados ou "animados", estão na postura mais recorrente – assentados e voltados para a frente da sala de aula. Detalhes me fazem supor que as configurações que aqui apresento em "A" e "B" (Fig. 34) tendem a ser as de uma grande maioria de alunos em "estados agradáveis" de participação no ritual da lição, ou seja, ainda, em "estados agradáveis" de alumiações pela palavra professoral – oralizada e prolongada no quadro-negro: as sagradas "excitações" auditivas e visuais.

Também são detalhes que me levam a supor que as configurações vistas em "C" e "D" (Fig. 34) tendem a ser as de uma grande maioria de alunos em "estados desagradáveis" de participação em que as sagradas "excitações" auditivas e visuais começam a transformar-se "aflições" que, para Lowen, são "uma forma suave" ou menos espasmódica da "agitação da dor".[74] Destacar essas configurações como representativas de estados "agradáveis" ou "desagradáveis" pode aqui ser também representativa de um gosto duvidoso por padrões matemáticos. Não é o caso. O rigor que separa "A" e "B" de "C" e "D", segundo Ginzburg seria "não só inatingível, mas também "indesejável",[75] já que me valho de reentrâncias e pistas. Assim, as configurações são representativas pelas saliências. Estas, sim, parecem rigorosas e quase matemáticas, enquanto as reentrâncias são flexíveis. Esse rigor oximorônico, reinterpretando o "rigor flexível" de que trata Ginzburg[76] é um ponto de partida para observar detalhes. É, pois, quando volto às conflitivas separações de estados "agradáveis" e "desagradáveis" da sala de aula.

Registro configurações corporais-gestuais em todas as salas de aula das escolas consideradas, que são representativas de "estados desagradáveis" em que os alunos só ouvem enquanto lêem ou só lêem enquanto ouvem. Eles podem ler uma cópia do livro do professor, ou a cópia de uma parte que se distribui a cada um. Há "estados desagradáveis" em que os alunos só escrevem enquanto o professor fala e escreve; outros, em que os alunos só escrevem enquanto o professor dita; outros, ainda, em que só escrevem enquanto seguem a cópia que um dos alunos faz no quadro-negro, delegada que foi a tarefa pelo professor.

Todos esses registros são representativos para apenas dois desses grupos de alunos. Entre os demais grupos, mesmo que reconheçam serem muitas e desagradáveis as percepções, dois deles vêm me assegurar que sua fé ou seu agrado não depende da lição de qualquer professor. Essas observações, faço-as agora, depois de muitas confidências e maledicências dos próprios alunos. Ainda aqui tratarei desse assunto, pelas mesmas vozes que tenho escutado. Aqui e agora cabem muitas pistas e algumas evidências.

Umas delas já pode ser observada. Há algumas configurações corporais-gestuais que parecem mais representativas do próprio espasmo. É como um ato de contrição ou de penitência. É muita tensão e contração. Se é provável um "rigor flexível",[77] esse "estado desagradável" seria "convulsão".[78] Entre as configurações pensadas em "C" e "D", esse "estado desagradável" seria "D". É quando observo todos os alunos de qualquer sala nos momentos em que só escrevem. Não há nada para ser visto à frente, no quadro-negro, nem dos lados, nem na cara do professor, nem na cara de outro aluno. Cada aluno está dolorosamente só. E, misteriosamente, ninguém deve estar ausente. Esses "estados desagradáveis" de máxima atenção e tensão tendem a caracterizar os momentos rituais de avaliação, às vezes um julgamento e uma punição, às vezes uma execração. E é quando o professor mais aponta com seu dedo, ameaçando ou rompendo proteções e "bolhas protetoras".

Numa avaliação todos se equalizam: os alunos do período matutino se parecem com os do noturno; as alunas de uma sala de aula se parecem com as de outra; o aluno de uma fila se parece com o de outra, assim como um se parece com o outro na mesma fila.

Sendo configurações em que a corporeidade-gestualidade mostra máxima atenção e tensão, o aluno se volta para si mesmo. Enquanto um braço conduz a mão que escreve, o outro braço procura apoio numa perna; a mão apóia a cabeça, massageia um ponto de tensão (Fig. 35) ou de espasmo (Fig. 36); mas a perna também precisa de apoio na estante da carteira ou sobre a outra perna. É talvez por isso que um "estado desagradável", pensado em "D", pode fazer com que o corpo apresente uma configuração fetal (Fig. 37). Talvez não precise consultar os prógonos e epígonos de Freud para verificar nessa configuração, além de um voltar para si mesmo, um voltar para certa "bolha protetora" primeira, a um apoio "tranqüilizador, reconfortante e agradável",[79] nesse mais desagradável dos estados.

É nessas configurações corporais-gestuais de "estados desagradáveis", quando não parece ocorrer uma "relação total entre a mente e o corpo",[80] que me parecem ocorrer os "sintomas", ditos por Lorenz, de "domesticação"[81] ou, reinterpretando Paula Carvalho, dos sintomas de uma "gestão escolar"[82] do movimento corporal.

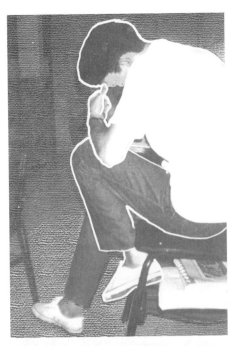

Figura 35
Enquanto um braço conduz a mão que escreve, o outro procura apoio numa perna e a mão apóia a cabeça...

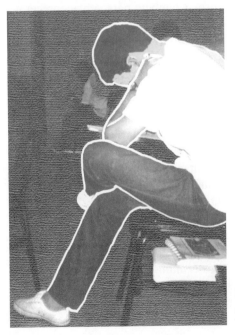

Figura 36
...ou massageia um ponto de tensão ou de espasmo...

Figura 37
Um estado desagradável pode fazer com que o corpo apresente uma configuração fetal.

Se o espaço sacralizado da sala de aula é o espaço de conflito, encontro nesse mesmo comportamento dos alunos formas de "corrosão" da gestão que observo. E essas formas também parecem acontecer no ritual da lição, nos comportamentos ou configurações corporais-gestuais dos "estados agradáveis" de convívio ou de participação.

Ato de expansão: a festa escondida do corpo

Um movimento que começo agora a observar tem, pelo menos nas primeiras saliências, um caráter de clandestinidade. Observo, na postura também assentada dos alunos, uma relação com tendência à aproximação ou à criação de intimidade, ou seja, ainda, às percepções imediatas da tatilidade. Já venho juntando pistas que, só agora – pensada a representatividade das seqüências "A" e "B"/"C" e "D", nas condições propostas anteriormente de um "rigor flexível", posso considerar como movimentos corporais-gestuais mais próximos de "B" (Fig. 34), o que seria um movimento de expansão ou de distensão ou, ainda, de procura de contato ou de pele.

Observo que esse movimento é muitas vezes iniciado nos momentos rituais em que os alunos poderiam ser punidos, por exemplo, quando os procedimentos e serviços da aula exigem o trato com o instrumento do quadro-negro.

Registro essa expansão a partir de movimentos em que vários alunos se aproximam uns dos outros. Nesses momentos, eles lembram mais um "cavalgar"[83] e aqui a "cadeira" pensada por Canetti, como derivada de um animal de quatro patas, dá ao assentar o sentido de uma corrida até o outro: os alunos estão presos da cintura para baixo, mas se liberam pelas extremidades. Às vezes esses movimentos de aproximação assumem estranhas configurações, como se as corporeidades estivessem mesmo sob a mira ou o mando de uma entidade demoníaca ou de um deus dos excessos e dos ruídos (Fig. 38).

Há seqüências que começam com um movimento giratório do corpo do aluno em torno do próprio eixo, como se quisesse começar uma dança; se ele não pode seguir se movimentando, por causa do olho do gestor, apóia o cotovelo e o antebraço nos joelhos e olha para nada (Fig. 39), ou para si mesmo. Se pode seguir movimentando-se, ele se põe de pé e perambula pela sala para ir até o outro. Esses momentos de expansão em que o aluno pode mudar da postura assentada para a de pé, e mais, ir até o outro, tendem a ser aqueles correspondentes aos chamados intervalos de aula. É quando a palavra é passada a outro professor e, por isso, são momentos de curta duração. Entretanto, observo que há no ritual letivo, entre duas aulas ou lições, um intervalo maior, que nos turnos diurnos é chamado de recreio.

Figura 38
Às vezes os movimentos de aproximação assumem estranhas configurações, como se as corporeidades estivessem mesmo sob a mira ou o mando de uma entidade demoníaca ou de um deus dos excessos e dos ruídos...

Figura 39
Se o aluno não pode seguir se movimentando, por causa do olho do gestor, ele apóia o cotovelo e o antebraço nos joelhos e olha para nada, ou para si mesmo.

É nos momentos que precedem o recreio que posso focalizar outros aspectos da organização escolar – os lados vários de dentro –, o que caracteriza o pátio e outros bem diferentes e separados espaços de vivência dos alunos. É quando descubro o que vem preencher o pátio da escola e as diferenças entre um comportamento proxêmico sacralizado pelo ritual da lição e outro, também ritualizado por uma sacralidade tendencialmente diferente.

Nesses intervalos, os movimentos de expansão e distensão tendem a ser mais amplos. Se há uma palavra, certamente não professoral, para uma versão de recreio é festa. Um pátio tende a ser o lugar da dança, no sentido de ser o espaço que se enche de movimento.

Observo que os alunos vivem o espaço do pátio de um modo tanto mais "humano" quanto mais "zoológico" do que o do espaço da sala de aula no ritual da lição. Isso será verdade se puder, com Lorenz, compreender por "humanos" aqueles que "brincam".[84] É no pátio das escolas que acompanho alunos mais "humanos" porque "zoológicos" ou "trabalizados".

Os alunos se deslocam para fora de suas carteiras e de seus lugares para fora do espaço da sala de aula, alcançam as sacadas, correm por escadas e rampas e chegam ao espaço sem telhados do pátio. Alunas que alcançam a sacada (Fig. 40) se colocam uma ao lado da outra como pássaros, que bem poderiam estar pousados nos fios que se estendem paralelos, logo abaixo. Comparo essas alunas e esses pássaros imaginários com aqueles alunos avistados junto à parede do prédio (Fig. 41). Todos se comportam como as aves observadas pelos etólogos: à esquerda todos se enfileiram assentados e à direita todos estão em pé.[85] Há, certamente, algumas diferenças entre um

Figura 40
Alunas que alcançam a sacada se colocam, uma ao lado da outra, como pássaros...

Figura 41
Todos se comportam como aves:
à esquerda, enfileiram-se assentados e, à direita, todos estão em pé.

turno diurno e um noturno, o que eu já começara a perceber à chegada nas escolas consideradas. Entretanto, essas diferenças parecem estar no ritmo com que fazem a natureza da dança e da festa. Há uma tendência de os alunos dos turnos diurnos se juntarem, em blocos, assentados no chão (Fig. 42), como alguns mamíferos. Aqui, quatro moças se assentam no chão fazendo uma roda. Acolá, um trio faz uma fileira, imitando garças recostadas num peitoril.

Os alunos, às vezes, formam pequenos grupos no pátio, continuando as mesmas ligações da sala de aula, mostrando-as mais claras nesses momentos.

No intervalo maior do recreio observo que os alunos são expostos a maior número de estimulação sensória. Como observadora, sinto uma variedade de odores, cheiros de corpos, perfumes; ouço assovios, gritos; percebo sabores, cores, formas e movimento. Muito movimento. Principalmente nos turnos diurnos e nas escolas ditas confessionais. Sobre sabores e cheiros, há que se registrar a afluência dos alunos às cantinas escolares, principalmente nos turnos diurnos. No período noturno observo que os alunos, muitos deles, saem da in-

Figura 42
As alunas dos turnos diurnos tendem a se juntar, em blocos, assentadas no chão, como alguns mamíferos.

terioridade da escola, fugindo à vigilância do guarda – o guardião – e muitos permanecem em bares e quiosques vizinhos. Isso será assunto para um outro momento. Por ora, preciso comentar que rumores e turbulências do espaço exterior são percebidos no interior das escolas. As cantinas escolares, mesmo em turno noturno, são um ponto de convergência de alunos, alguns simplesmente para o encontro com colegas de outras salas.

Em diferentes pontos do espaço do pátio posso ver o comportamento proxêmico de alguns alunos e alunas. Se no espaço sacralizado de sala de aula as aproximações aluno —> aluna e aluna —> aluno são marcadamente disfarçadas, como registrava anteriormente, aqui, principalmente nos turnos noturnos, rapazes e moças têm o concurso das sombras para esconder as caras.[86] Observo alguns movimentos característicos de criação de intimidade, provavelmente indicadores de sexualidade. Isso me faz crer que o pátio escolar – a festa – tende a apagar pelas sombras o conflito entre a já referida gestão das percepções sensoriais de proximidade – o tátil-cenestésico, sobretudo – e a também referida tendência ao movimento corporal, à extensão das extremidades e ao contato, no seu sentido mais vernáculo.

Preciso aqui me valer bem mais do "rigor flexível", próprio do ler por pistas, para analisar essas aproximações de rapazes e moças. Primeiro para conseguir ler nas sombras, nos escondidos ou nos apagados, esses sinais de sexualidade; segundo, para conseguir enxergar que esses sinais não deverão ser os únicos indicadores dessa tendência ou necessidade de tocar pele com pele, nem os únicos indicadores da festa, que é o que estou tateando.

O contato, em seu sentido mais amplo, vou encontrando aqui e ali, nos movimentos de aproximação entre rapazes e moças, que estão longe do árbitro do olho de gestores escolares ou mais próximos da gestão de seus próprios perceptores. O aluno inclina o tronco e a cabeça em direção à aluna (Fig. 43). Assentada ao seu lado, ela faz do ombro dele o encosto da cadeira e o braço da cadeira é a perna do rapaz; as caras se tocam e estas não estão vestidas, como os troncos, e para "fazer as caras", pela presença distante de outros alunos, basta ter um caderno e uma caneta na mesa feita dessas pernas. Outro aluno faz do braço de uma carteira, trazida da sala de aula para o pátio, um assento justaposto ao da aluna: seu braço envolve o pescoço, os ombros e um braço dela como se esse ombro e esse braço fossem um braço de cadeira; um braço da aluna se apóia na perna do rapaz, como se fosse o braço da carteira que ocupam. Outro aluno, no piso e na pa-

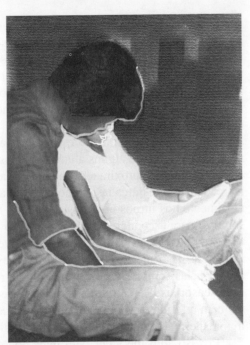

Figura 43
O aluno inclina o tronco e a cabeça em direção à aluna; ela faz do ombro dele o encosto da cadeira. O braço da cadeira é a perna do rapaz...

rede, combina um estar deitado e um estar assentado (Fig. 44). A moça, inclinando-se para o lado do aluno, está assentada numa postura que "expressa frugalidade":[87] flexiona e prolonga o tronco e a cabeça em direção ao aluno; as caras se tocam e o rapaz toca com a mão o rosto e a cabeça da aluna.

Essas peles que se tocam talvez tenham a tumescência da pletora sexual. Talvez a sensibilidade tátil desses alunos e alunas possa estar "relacionada de perto ao desenvolvimento de comportamento sexual" ou ter "algo desta qualidade".[88] Entretanto, uma "qualidade" dessa tatilidade ou desses toques pode ser enxergada sem nenhum talvez: é a "qualidade" de uma "satisfação simbólica" da necessidade de "intimidade, aceitação e reconforto"[89] e – neste espaço da festa – da necessidade de brincadeira.

Para perceber essa "qualidade" e outras mais do comportamento proxêmico, sensorial ou sexual, é preciso voltar ao espaço da sala de aula.

Dou-me conta de que, muitas vezes, a duração, o ritmo ou o tempo da festa e da brincadeira faz com que se prolongue o espaço do pátio ao espaço da sala de aula. Como dizia antes, os intervalos cor-

Figura 44
O aluno, no piso e na parede, combina um estar deitado com um estar assentado; a aluna flexiona e prolonga o tronco e a cabeça em direção ao aluno.

respondem a momentos de saída de um professor para a chegada de outro. Mas existem intervalos maiores, que os alunos costumam chamar de janelas. Elas ocorrem quando não se realiza o ritual da lição, pois o professor não chega e todos devem aguardar que chegue mais tarde o professor da outra lição.

Agora, nesses intervalos, acompanho o comportamento proxêmico dos alunos, detendo-me aos detalhes das "qualidades" possíveis dessas tatilizações. É possível fazer alguns registros de aproximações aluno —> aluna e aluna —> aluno numa distância íntima. Essas aproximações são variadas e a capacidade do olho do observador é limitada. Há aquelas com o toque de pele, que têm a duração de um abraço, que acontecem regularmente durante um certo período. Há aproximações com toque ou afago, que têm a duração do riso de uma caçoada. Entretanto, um mesmo par, que regularmente é visto num pátio, num momento de recreio, pode ser acompanhado, agora, de ângulos diversos (Fig. 45). Nem preciso detalhar todas as tumescências ou considerar as máscaras para entender que, nesta janela ou neste espaço, o tempo é marcado pelo ritmo de um baile de poucas máscaras.

É preciso considerar que a pletora sexual não é a única tumescência nem o único excesso, quando se trata da tatilidade aqui referida e

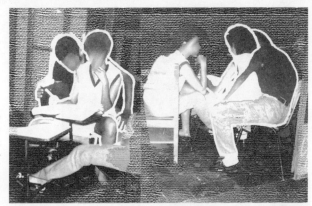

Figura 45
Um mesmo par de alunas pode ser acompanhado de diversos ângulos...

dessas janelas. Participo melhor desses "estados agradáveis" acompanhando alguns "pequenos nada"[90] de um excesso de festa.

Alunos e alunas costumam trazer estranhos objetos para o interior da sala de aula nesses momentos: podem ser artigos de maquiagem, óleos, águas-de-cheiro, pomadas e ungüentos; podem ser adereços ou amuletos – amarrados, tatuados, enfiados, pendurados – em cabelos, orelhas, pescoços, nucas, pulsos, cinturas, coxas, tornozelos; podem ser roupas diferentes daquelas que devem mostrar, ou bem diferentes de seus uniformes. Também podem ser vistos trazendo guloseimas – caramelo, chocolate, pipoca, pirulito, picolé, goma de mascar, bocaiúva, pitomba, goiaba, suspiro, francisquito, peta, bolo de queijo, bolo de arroz... E até bebidas, que costumam trazer em embornais de matéria plástica. Mesmo os alunos menos afeitos a festas ou a brinquedos, costumam trazer algo que os divirta, como tricô, crochê, ou revistas.

Às vezes a sala de aula se transforma em quadra – que é uma outra sala, para outra lição – e brincam: a bola também tem cara, já que está escondida e amarrada num saco de matéria plástica, que lhe serve de máscara. Dois alunos brincam de cobra-cega, brincando de mascarar a máscara... Outros põem-se a dançar uma dança um pouco diferente do siriri e do cururu que andei observando entre a gente das comunidades mais distantes e exteriores às escolas: a julgar pelo nome da dança, a "lambada" deve provocar-lhes estranhos estímulos cenestésicos e táteis...

Algumas alunas se juntam a fazer mexericos, que é uma forma de brincadeira, de jogo ou de diversão. Começam com um comentário jocoso sobre a cara-desse-e-daquele, e vão se juntando mais e

Figura 46
As moças vão se juntando mais e mais nessa curiosidade e maledicência...

mais (Fig. 46) nessa curiosidade e maledicência. Não acredito que esse jogo seja só para crianças ou só para moças: um rapaz quase mergulha e cai sobre as alunas no movimento que faz para saber do que é feito esse novo jogo, do que tanto riem ou o que é tão jocoso.

Antes, quando dizia de paralinguagens e metalinguagens, dizia que uma sala de aula pode estender-se a outras e, mais recentemente, que pode até transformar-se em quadra. Tento seguir alguns grupos de alunos para ver essa confusa relação entre a sala de aula e as outras salas. Não para desfazer confusões entre linguagens, mas para ver as homologias entre a festa desta sala e a que se estende a outras salas.

Alunos em grupos, nessas janelas, passam sua dança, seu jogo e, portanto, sua tatilidade para outros territórios. É difícil acompanhar o fogo e o fôlego de alguns mais agitados e a agitação silenciosa dos mais tranqüilos. Consigo ver adolescentes quase adultos transformando-se em crianças ou mostrando as crianças que ainda podem ser, dando saltos para "pular carniça" (Fig. 47), deitando-se no chão para "contar casos", dando as mãos para fazer ciranda.

Podem estar movendo pedaços de um jogo de dominó como se as coisas fossem pessoas, ou empurrar pessoas como se fossem pequenas peças. Nada é mais sério do que brincar. É observando um certo aluno (Fig. 48) que começo a entender do que é feita essa seriedade. Igual a muitos que venho observando, ele transgride regras. Engana o olho dos gestores e não está vestido segundo as sagradas regras do regimento. É um meio-aluno. Da cintura para cima, já não

Figura 47
Adolescentes quase adultos transformam-se em crianças ou mostram as crianças que ainda podem ser, dando saltos para "pular carniça".

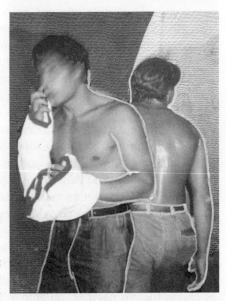

Figura 48
...É um meio-aluno. Da cintura para cima, já não tem a única parte que vestia do uniforme; da cintura para baixo, tem uma roupa de festa...

tem a única parte que vestia do uniforme; da cintura para baixo, tem uma roupa de festa. Talvez tenha vindo mesmo de uma festa, ou talvez não tenha havido festa nenhuma e a roupa seja a de uma festa velha. Se a "potência da proxemia" pensada por Maffesoli,[91] seria essa "potência criativa do *Homo ludens*", pensado por Lorenz,[92] o que liga este aluno aos outros está nesta festa. É o que o "torna próximo".[93] Nesta festa, esse aluno joga descalço e precisa menos de calças do que de sua pele e de seus músculos. Parece ter a viscosidade do suor de suas mãos quando toca e se deixa tocar por outras mãos, a substância que o liga aos outros e a Dionísio.

As muitas caras de Dionísio

Essa sacralidade que descubro nos movimentos de expansão e distensão, nas percepções boas, claras, indiscutíveis e agradáveis da tatilidade dos alunos pôde ser registrada nos grandes deslocamentos, nas mudanças posturais maiores. Foi o que vi no espaço aberto do pátio – pelos seus claros e claros-escuros – ou pelas frestas dos intervalos, bem dentro do espaço fechado de sala de aula.

Dizia, antes dessa festa, que as percepções prazerosas tanto podem ser de alunos como de professores, mesmo que seus territórios e receptores sensórios sejam conflitantes. Meu intento, agora, é enxergar como se dão esses conflitos e mascaramentos no espaço da sala de aula, no ritual da lição, na relação entre professor e alunos. É verificar como se configura a "harmonia" da qual diria Maffesoli,[94] entre uma tendente soberania da proximidade, pelos alunos, e uma tendente gestão da corporeidade, pelos professores.

Tendo até agora acompanhado os grupos de alunos nos seus movimentos, posso dizer que meu contato com eles já é com tato. Eles reconhecem meu cheiro e eu já distingo o timbre de suas vozes. Já me contaram casos, "acontecências" de suas vidas. Por outro lado, tenho-me tornado próxima dos professores, que me quiserem contar de suas crenças. Talvez possa dizer que, entre nós, tem havido em certa medida, aquilo que Maffesoli considera um "co-nascimento", o que não quer dizer que todos os contatos tenham sido pacíficos. Houve muito de "atração" e de "repulsão", além de abraços. Essa não seria uma pista do que seja a harmonia?

Essa parada para a auto-referência serve para indicar que tenho, além de visto, escutado alunos e professores e as referências que fazem uns dos outros. Esses pequenos e grandes segredos serão assunto para a Terceira Parte deste trabalho. Entretanto, me valem de um modo particular, aqui mesmo e ainda agora, quando passo a examinar seus "estados de excitação" ou suas "sensações de prazer".[95] Além de levar em conta seus "movimentos voluntários e involuntários" que o olho enxerga, suspeita e registra, considero também as informações catadas de suas falas sobre o próprio corpo e sobre o que os move.

Se há uma tendente gestão de seus movimentos de extensão e distensão, observo-os, também, mais recorrentemente, resistindo às regras prescritivas sobre o que devem fazer com as extremidades. Daí, pude registrar algumas recorrências de comportamentos puníveis, marcados por silenciosos e astuciosos prolongamentos até o outro ou os outros. Entretanto, há um comportamento de resistência, talvez com mais astúcia e mais eficácia, que pode ser visto nas caras dos alunos. Acredito, com Goffman, que as caras são feitas, construídas, não tanto por "propensões psíquicas interiores", mas também "por regras que lhes são impostas de fora".[96] A cara – ou fachada – de que trata Goffman é feita com a ajuda do corpo inteiro – sua gestualidade – e da oralidade. Entretanto, nesta análise, apóio-me em detalhes que podem ser vistos diretamente nas caras, bem menos com a ajuda de partes de seu corpo do que com seu silêncio. Assim, ponho-me a ver os meio-alunos na postura e nos procedimentos mais recorrentes do ritual da aula. E, mais recorrentemente, os alunos estão assentados, e ouvem/olham-lêem/escrevem. Por último, falam...

Observando a cara dos alunos nos momentos rituais em que estão ouvindo/lendo, é possível afirmar, com quase inumeráveis registros, que as mãos precisam lhes servir para alguma coisa. Os dedos são, muitíssimas vezes, mirados, escondidos, esfregados, acariciados ou chupados; servem também para cutucar a acne, que incomoda, na testa ou na bochecha (Fig. 49).

Figura 49
Os dedos, muitas vezes, são mirados, escondidos, esfregados, acariciados ou chupados; servem também para cutucar a acne, que incomoda, na testa ou na bochecha.

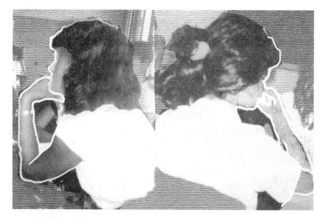

Figura 50
O polegar pode sustentar um lado do maxilar; os outros dedos, fechados, ajudam a sustentar o outro lado ou tapam a boca...

Às vezes as mãos servem, com os dedos abertos ou fechados, para apoio a um lado da cara: é preciso pôr o cotovelo sobre o braço-mesa da carteira. Quase todos os cotovelos que observo, principalmente os direitos, têm calos. O polegar pode sustentar um lado do maxilar (Fig. 50), e os outros dedos, fechados, ajudam a sustentar o outro lado ou tapam a boca. Dois alunos podem estar fazendo algo diferente com as mãos: ele esfrega a tampa da caneta no queixo, e ela, num estranho ritmo, consegue coçar a cara e roer a unha do dedo mínimo.

Morder, chupar e esgravatar a unha tem variações e não consigo contar o número de vezes que observo um aluno mordendo, chupando ou esgravatando uma caneta: eis como um dedo pode se estender ou se prolongar em coisa (Fig. 51).

As mãos servem à cabeça, quando ela pende para trás e para o lado e o aluno precisa aprumá-la, ou quando, além de pender, o pescoço coça (Fig. 52). E acontece de a coceira se espalhar pelo pescoço abaixo e a mão não alcançar (Fig. 53). Quem se assenta numa carteira, rente à parede, pode coçar e sustentar a cabeça, apoiando o cotovelo com mais conforto...

Os gestos da mão ajudando a cara são intrigantes. Observo que um aluno ressoa em outras mãos e caras: um aluno morde uma caneta ou faz com o braço e a mão um pilar da cara e, de repente, vários alunos vão repetindo o mesmo gesto. E há estranhas variações (Fig. 54): um aluno chupa a caneta, o outro coça o lado da cara, o outro morde um dedo e um outro segura o pescoço. Uma aluna faz malabarismos com uma caneta sobre um teclado de dentes inferiores, enquanto a de trás alterna caneta e dedo na boca; a do lado apóia a

Figura 51
Morder, chupar e esgravatar a unha, ou a caneta: eis como um dedo pode se estender ou se prolongar em coisa...

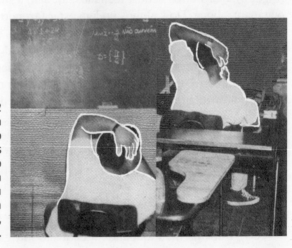

Figura 52
As mãos servem à cabeça quando ela pende para trás e para o lado e o aluno precisa aprumá-la, ou quando, além de pender, o pescoço coça...

metade da cara. Um aluno acaricia o queixo e a boca; uma garota, à sua frente, embala o livro num dos joelhos; e a outra, mais à frente, faz um caracol no cabelo.

As caras de ler – e apenas ler – sobre a carteira são menos recorrentes do que as de ouvir/ver-ler no quadro-negro. Também aqui são muitas as variações de ajuda do braço e da mão. Observo que as caras

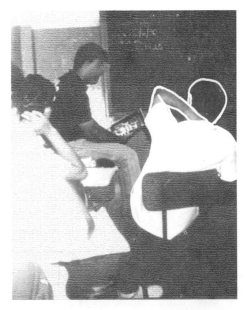

Figura 53
E acontece de a coceira se espalhar pelo pescoço abaixo e a mão não alcançar...

Figura 54
O gesto de mão com cara de um aluno ressoa em outras mãos e caras: um morde a caneta e, de repente, vários deles vão repetindo o mesmo gesto.

de ler e ler/escrever são feitas, prevalentemente, em momentos relativos a avaliações ou juízos do professor. Nesses momentos, a mão costuma ser um apoio para a testa, para o pescoço (Fig. 55), ou para coçar-apoiar a cabeça.

Há muitos modos de entender essas caras. Se penso como Montagu, muitas dessas caras, com as mãos que as ajudam, mostram "carência de experiências táteis".[97] A ajuda da mão para automanipulação – chupar dedos, dedo do pé, polegares, "toques nas orelhas, nariz ou

127

Figura 55
Em momentos de avaliação ou juízes do professor, a mão costuma ser um apoio para a testa ou para o pescoço.

cabelos" – são "substitutivos para satisfazer privações táteis".[98] Posso entender também essa privação tátil como privação da pele que está mais próxima, da que não se aproxima ou, simplesmente, como carência de contato já que, "latente"[99] antes da puberdade, a sensibilidade tátil aí reaparece com dobradas necessidades. Para Lowenfeld, citado por Montagu, "os dedos funcionam como antenas ou sensores que testam os arredores para atividades motoras subseqüentes".[100] Coçar pode ser tensão, raiva ou hesitação, que não deve aparecer na cara, e a mão precisa ajudar – no queixo, no nariz, na nuca – para distender e disfarçar. Penso até que a caneta é uma "pedra de preocupação"[101] que é manuseada, agarrada, mordida para um efeito calmante.

Quanto ao eco, a ressonância, a combinação dos gestos mão-cara que observo, suponho, com Davis e Scheflen, que devem tratar-se de caras "congruentes",[102] ou seja, de pessoas que "estejam de acordo", portanto, partilhando também da feitura de suas caras. Se quem ouve "também se mexe em sincronia com o discurso de quem fala", como querem mostrar os especialistas em cinética, como Condon,[103] posso juntar outras pistas mais. Se as extremidades, voltadas para as caras, expressam carências agora patentes na adolescência, é bem provável que essas peles careçam tocar e ser tocadas, como é bem provável que as "excitações" visuais e auditivas não estejam suprindo essa carência. Se as repetições das mesmas caras, em espelho, expressam "acordo" ou "harmonia", aquilo que pequenos grupos ou grupos inteiros de uma sala de aula mostram com suas caras "ressoantes" e "combinantes" não parecem ser percepções visuais e auditivas tão boas e agradáveis.

Todas essas ruminações me levam a verificar, nesses estados de tensão – contenção, retração –, uma "aceitação silenciosa" e uma "resistência corrosiva". É como se essas "antenas" dos alunos, nesse pouco movimento de ouvir/ver, não se "ligando" a "atividade motora" que seja boa e agradável, se voltassem para "os arredores" das próprias caras para corroê-las. Esse discurso de bocas que roem dedos, unhas e prolongamentos "antenas" é produzido num silêncio "corrosivo" e quase imóvel de "corpo duro" ou de "corpo mole". Se é preciso reverência à sagrada palavra professoral, essas caras precisam fazer-se caras de atenção.

Acompanhando as caras de um e vários alunos, uma após outra, num mesmo grupo e nas lições de um mesmo professor, posso também ver, com M.C. Teixeira Sanchez, a "corrosão"[104] dessa atenção silenciosa. Muitas, muitíssimas vezes, observo que é difícil digerir as percussões rituais ou a sacralidade tediosa da lição. E aqui também, pouco posso contar ou registrar o número de bocejos nesses grupos. É preciso fazer do braço e da mão, nesse tédio, nesse sono, um pilar para o próprio tronco (Fig. 56), bater a boca com leves e disfarçados golpes de punho cerrado, ou juntar esses dois pilares de braços para redobrar a resistência, executando as duas únicas "tarefas" possíveis e simultâneas: cruzar as mãos e "orar", enquanto as polpas de dois potentes polegares sustentam o frontal e escondem a cara. Vez ou outra um aluno mais afoito se espreguiça (Fig. 57): meio que símio e acrobata, tenta agarrar um galho ou trapézio para voar e fugir...

Nem sempre o pilar da cara consegue suster o peso. É quando as caras, numa ou noutra lição, numa ou noutra escola, são extremamente iguais; o pilar da cara não se agüenta e se escorrega, e a cara quase cai (Fig. 58). O aluno tenta esconder a cara na página, que não lê, mas surge o comichão e o peso insuportável da cabeça e da cara; ele se contrai, se retrai, se tensiona, se esfrega, mas acaba deixando a cara cair (Fig. 59). Isso tudo pode ser visto numa só seqüência de gestos de aceitação – resistência que acontece numa primeira quarta parte do ritual de certa lição.

Anteriormente mostrara, com Hall, o "efeito de dominação" produzido por um professor – de pé – olhando silenciosa e atentamente

Figura 56
É preciso fazer do braço e da mão um pilar para o próprio tronco... Dois polegares podem sustentar o frontal e esconder a cara...

Figura 57
Vez ou outra um aluno mais afoito se espreguiça: meio que símio e acrobata, tenta agarrar um galho ou trapézio para voar e fugir...

um aluno numa distância "social". Mas dizia, igualmente, que os alunos também, nessa mesma distância, poderiam enxergar um professor, da cabeça aos pés, e prever juízos, resistir a penas, julgar limites e animações, mais e melhor, silenciosa e astuciosamente. Dizia da existência de professores juízes e animadores. Volto agora àquelas

Figura 58
O pilar da cara não se agüenta e escorrega, e a cara quase cai.

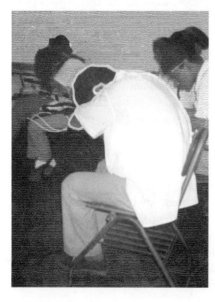

Figura 59
O aluno se contrai, se retrai, se tenciona, se esfrega, mas acaba deixando a cara cair.

pistas de caçador, para juntar a outras, tanto aquelas contadas de referências, auto-referências e segredos, quanto aquelas catadas de observações da caminhada. Interessa-me ver agora, primeiramente, as caras de falar/indicar com um quadro-negro – e apenas falar/indicar – que são as mais recorrentes entre as caras que os professores têm e, sobretudo, na postura de pé. É assim que eles se movimentam – se "mexem" – para obter a atenção dos alunos e para que estes se "mexam" em "sincronia" com sua palavra professoral.

As mãos dos professores ajudam a cadenciar a sua palavra e podem talvez estar despertando "estados agradáveis" ou "percepções prazerosas" dos alunos. Entretanto, os gestos feitos com as mãos de um ou dois desses professores podem estar mostrando mais as próprias caras, como se essas "antenas" não se ligassem aos "arredores" do espaço da sala de aula, ou seja, às caras dos alunos e seus "estados de excitação". Poucos professores despertam "percepções prazerosas" quando seu movimento se limita apenas a gestos de acompanhar a cara ou de marcar sua palavra professoral.

Antes já registrava que os professores tendem a se conservar em distância "pessoal" com os alunos e que, ao se aproximarem, tendem a tocar livros e cadernos dos alunos; também registrara que os alunos tendem a se deslocar até o espaço ocupado pelo professor, levando-lhe cadernos e livros para serem tocados. Vejo, agora, que alguns professores – muito poucos – tocam os alunos com a sua mão. Tão pouco acontecem esses toques, ao menos à minha vista, que os registros conseguidos são também minguados. A mão de um ou dois desses professores colocando a mão na cabeça ou no ombro de um aluno pode indicar um momento de exceção, revelando um toque que faz parte dos procedimentos e serviços da aula – uma "animação". Nem sempre esses são também os professores tocados – os que se deixam tocar. Nem sempre o toque é uma troca.

Se passo a analisar o toque e o movimento do professor – a sua cara de falar/indicar, feita da cabeça aos pés –, é porque me dou conta de que essa "sincronia" entre um estado agradável de alunos e professores acontece no espaço da sala de aula, sobretudo quando há um movimento que aproxima alunos e professores. Para melhor compreender como se dá essa aproximação e essa sincronia, preciso observar os professores que, segundo me segredam os próprios alunos, despertam "sensações prazerosas" ou "estados agradáveis" de atenção. É com eles de certa forma que passo a observar os professores que tocam e se deixam tocar.

Um professor pode tocar os alunos pela gestualidade, que ajuda na modulação da voz como se fosse um ator ou cantor. Ou pode tocá-los pelo riso fácil para compor seus pequenos e grandes gestos.

É um professor também que fala e aponta, fazendo junto com os alunos (Fig. 60). É o que cede o lugar, a voz e a vez para o movimento dos alunos. É o que se acocora diante dos alunos (Fig. 61) e deixa

Figura 60
Professor que "toca" é aquele que também fala e aponta, fazendo junto com os alunos.

Figura 61
... É um professor que se acocora diante dos alunos e deixa que sintam seu hálito e sua pulsação...

que sintam seu hálito e sua pulsação. E o que se deixa abraçar, que se deixa invadir (Fig. 62). É um professor que costuma estar no pátio à hora da festa dos alunos. É aquele que está sempre rodeado de alunos

133

(Fig. 63), que dizem que ele é "igual à gente" sem precisar compreender o que é ser "igual".

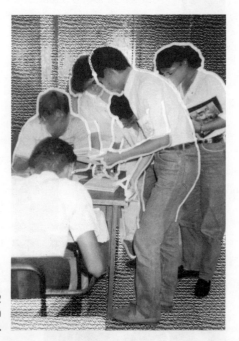

Figura 62
...É um professor que se deixa invadir...

Figura 63
...É um professor que está sempre rodeado de alunos que dizem que ele é "igual à gente"..

Um professor pode tocar os alunos por estímulos aparentemente banais, como uma cara bonita, um perfume que faz a cara, a cor que faz a roupa, o tique nervoso, o olhar sedutor... É até um professor que seduz, ou que transgride para não enxergar as transgressões. Pode ser até desanimado e desanimador, mas conivente com a animação e com a festa.

* * *

Quando escuto de novo um sinal – de sino, sirene ou campainha – posso observar a extrema relatividade dos "estados prazerosos" vividos no interior da sala e no ritual da aula. Vejo nas reações de quase todos o eco e a ressonância dos mesmos gestos da saída, que são movimentos frenéticos de corpo inteiro. Os alunos se preparam, alguns se arremessam, outros correm e todos juntam corpos e riso pelos corredores, pelos mesmos caminhos por onde antes passaram. O passo agora é diferente. É como se o portão não tivesse guardião para apontar o ritmo que devem seguir nos vários lados de fora do espaço escolar. A porta (Fig. 64) parece sempre estreita quando se trata da saída da escola...

Figura 65
A porta parece sempre estreita quando se trata da saída da escola...

Notas

1. Corbin, Alain. *Saberes e odores: o olfato e o imaginário social nos séculos* XVIII e XIX. São Paulo, Companhia das Letras, 1987, p. 233.

2. Chateau, Jean, *op. cit.*, p. 58.

3. Idem, ibidem.

4. Canetti, Elias, *op. cit.*, p. 437.

5. Maffesoli, Michel, cf. Primeira Parte.

6. Eliade, Mircea. *O sagrado e o profano...*, *op. cit.*, p. 44.

7. Idem, ibidem, pp. 171-2.

8. A aglutinação de "vocalizar" + "consonantizar" é apenas um recurso para mostrar o sentido de ordem e organização das regras prescritivas e proscritivas da norma culta da linguagem verbal – a oralidade.

9. Canetti, Elias. *Massa e poder*, *op. cit.*, p. 439. O autor trata da gestualidade padronizada de um maestro.

10. Sobre analogias entre esperma/fala e fecundação, ver: Derrida, Jacques. *Margens da filosofia*. Porto, Rés, s. d. p. 13, nota 2.

11. Sousa Cruz e. *In: Cruz e Sousa/Poesia*, Rio de Janeiro, Agir, 1960, p. 16.

12. Canetti, Elias. *Massa e poder*, *op. cit.*, p. 432.

13. Idem, ibidem.

14. Idem, ibidem, p. 439.

15. Ginzburg, Carlo, 1989, *op. cit.*, p. 144. Ver Primeira Parte.

16. Eliade, Mircea. *O sagrado e o profano...*, *op. cit.*, p. 40.

17. Simples referência a um conto de Dalton Trevisan – "Ponto de Crochê". In: *Novelas nada exemplares*.

18. Guattari, Félix. *Revolução molecular: pulsações políticas do desejo*. São Paulo, Brasiliense, 1985, p. 169.

19. Chateau, Jean, 1972, *op. cit.*, p. 80.

20. Idem, ibidem, p. 81.

21. Charlot, Bernard, *op. cit.*, 1983, p. 169.

22. Hall, Edward. *La dimensión oculta*, *op. cit.*, p. 55.

23. Eliade, Mircea. *O sagrado e o profano...*, *op. cit.*, p. 181.

24. Leroi-Gouhran, *op. cit.*, 1985, p. 30.

25. Hall, Edward, *op. cit.*, p. 141.

26. Leroi-Gouhran, *op. cit.*, p. 15.

27. Idem, ibidem.

28. Davis, Flora. *A comunicação não-verbal*, *op. cit.*, p. 97.

29. Foucault, Michel. "O combate da castidade". In: Ariés, Ph., e Béjin, André (orgs.). *Sexualidades ocidentais*. São Paulo, Brasiliense, 1985, p. 37.

30. Hall, Edward, *op. cit.*, p. 146.

31. Idem, ibidem.

32. Montagu, Ashley, 1988, *op. cit.*, p. 260.

33. Hall, Edward, *op. cit.*, p. 143.

34. Idem, ibidem, p. 145.

35. Canetti, Elias. *Massa e poder*, *op. cit.*, p. 352.

36. Chateau, Jean. *Les sources de l'imaginaire*, *op. cit.*, p. 102.

37. Hall, Edward, *op. cit.*, p. 143.

38. Idem, ibidem, p. 146.

39. Tomo essa noção de Charlot, Bernard, 1983, *op. cit.*, p. 119 e segs.

40. Devereux, Georges. *De l'angoisse à la méthode*. Ver Primeira Parte.

41. Hall, Edward, *op. cit.*, p. 85.

42. Foucault, Michel, 1989, *op. cit.*, p. 33.

43. Idem, ibidem.

44. Rousselle, Aline. *Pornéia – sexualidade e amor no mundo antigo*. São Paulo, Brasiliense, 1984, p. 184.

45. Idem, ibidem.

46. Hall, Edward, *op. cit.*, pp. 146-7.

47. Eliade, Mircea. *O sagrado e o profano...*, *op. cit.*, p. 40.

48. Hall, Edward, *op. cit.*, p. 140.

49 e 50. Goffman, Irving. *Ritual de la interactión*. Buenos Aires, Editoral Tiempo Contemporaneo, 1970. Ver Primeira Parte.

51. Hall, Edward, *op. cit.*, p. 146.

52. Hall, Edward, *op. cit.*, pp. 146-7.

53. Sobre a "pletora da adolescência", ver Rousselle, Aline, *op. cit.*, 1984, p. 88; Ver ainda, sobre a "pletora sexual", Bataille, Georges. *O erotismo*. Porto Alegre, L & M P, 1987, pp. 88-101.

54. Cf. Chateau, Jean, *op. cit.*, 1972, p. 58.

55. Hall, Edward, *op. cit.*, p. 56 e segs.

56. Davis, Flora, *op. cit.*, 1979, p. 140.

57. Idem, ibidem.

58. Idem, ibidem.

59. Ver Goffman, Irving, *op. cit.*, 1970.

60. Mallinowski, B. *A vida sexual dos selvagens*, Rio de Janeiro, Francisco Alves, 1982, p. 88 e segs.

61. Cf. Hall, Edward, *op. cit.*, p. 13.

62. Teixeira Sanchez, M. C. Sócio-antropologia no cotidiano e educação: alguns aspectos da questão escolar. São Paulo, FEUSP, 1988, (mimeo.). Ver Primeira Parte.

63. Idem, ibidem, p. 218.

64. Eliade, Mircea. *O sagrado e o profano...*, *op. cit.*, pp. 154-5.

65. Bataille, G., *op. cit.*, 1987, p. 88 e segs.

66. Maffesoli, Michel. *A conquista do presente*, *op. cit.*, p. 102.

67. Idem, ibidem, p. 105.

68. Maffesoli, Michel. *O tempo das tribos*, *op. cit.*, p. 199.

69. Cf. Teixeira Sanchez, M. C., *op. cit.*, 1988.

70. Davis, Flora, *op. cit.*, 1979, p. 140.

71. Davis, Flora, *op. cit.*, p. 160.

72 e 73. Lowen, Alexander, *op. cit.*, 1984, pp. 59-60. Cf. Primeira Parte.

74. Lowen, Alexander, *op. cit.*, 1984, p. 60.

75. Ginzburg, Carlo, *op. cit.*, 1989, p. 178-9.

76. Idem, ibidem, p. 179.

77. Idem, ibidem.

78. Lowen, Alexander, *op. cit.*, 1984, p. 101.

79. Sobre as necessidades táteis do filhote humano, ver Montagu, *op. cit.*, 1988, pp. 211-2.

80. Lowen, Alexander, *op. cit.*, 1984, p. 101. Um estado desagradável como aquele que separa espírito de corpo ou que produz um conflito entre um e outro.

81. Sobre os sintomas de domesticação dos movimentos e das formas selvagens, ver Lorenz, Konrad. *A demolição do homem: crítica à falsa religião do progresso*. São Paulo, Brasiliense, 1986, p. 92.

82. P. Carvalho, J.C. "Sobre a gestão escolar do imaginário", *op. cit.*

83. Canetti, Elias, *op. cit.*, 1983, p. 437.

84. Sobre o *Homo ludens* – que brinca – ver Lorenz, *op. cit.*, p. 63.

85. Os dados de etologia de que aqui me valho são trazidos de diferentes fontes, sobretudo por intermédio de Hall, Edward, *La dimensión oculta*, *op. cit.*

86. Ver notas 49 e 50, nesta Segunda Parte.

87. Canetti, Elias, *op. cit.*, p. 438.

88. Montagu, Ashley, *op. cit.*, p. 216.

89. Idem, ibidem.

90. Maffesoli, Michel. *A conquista do presente*, *op. cit.*, p. 58.

91. Maffesoli, Michel. *O tempo das tribos*, último capítulo: "Da proxemia".

92. Lorenz, Konrad, *op. cit.*, p. 65.

93. Maffesoli, Michel. *O tempo das tribos*, *op. cit.*, p. 199.

94. Idem, ibidem.

95. Lowen, Alexander, *op. cit.*, 1984, pp. 59-60.

96. Goffman, Erving. *Ritual de la interacción*, *op. cit.*, p. 46.

97. Montagu, Ashley, *op. cit.*, 1988, p. 216.

98. Idem, ibidem.

99. Idem, ibidem, p. 213.

100. Idem, ibidem, p. 216.

101. Idem, ibidem, p. 263.

102. Davis, Flora, citando Scheflen, *op. cit.*, 1979, p. 99.

103. Idem, ibidem, citando Condon, *op. cit.*, 1979, p. 106.

104. Teixeira Sanchez, M.C., *op. cit.*, p. 218.

TERCEIRA PARTE

As vozes que
o corpo cala

> *Procuro deixar... como se eles estivessem na beira de um rio, ouvindo o riacho correr...*
>
> PROFESSOR J. L. U.
> *Liceu, N*

6

Um falar sobre o estar junto

Como se saindo pelo portão, mas ainda permanecendo aquém dele, acompanho alguns alunos e professores. Isso é feito enquanto caminho, não com a cadência do passo, mas com aquela de suas falas – das vozes que escuto e registro.

Por meio dessas muitas falas, vou "visitar" os espaços também cercados de suas casas. Posso ver em que se transformaram os quintais da infância deles. Muito chão foi cimentado e muita árvore foi derrubada. Conheço um aluno que teve, em plena Amazônia, um pedaço inteiro da floresta para brincar e hoje tem apenas o pátio da escola, com a sombra teimosa de uma cajazeira. Mas há um que só tinha o cheiro do Tietê e o barulho da periferia paulistana e, hoje, sente uma floresta inteira no gosto das mangas de seu quintal cuiabano.

Nessa entrada em suas casas posso ver como se movimentam nas suas relações com a família, com a parentela e a vivência, também aí, de sua corporeidade. Eles me contam como descobriram o seu corpo. Uma aluna diz que começou essa descoberta ouvindo o grito e o eco de um chamado do irmão – Andréia! – e entendeu que esse nome fazia seu corpo ficar diferente dos outros, do de outras crianças. Há muitos adolescentes que dizem ter começado essa descoberta diante do espelho – e há espelhos de muitas dimensões – onde não gostam de ver o tamanho do nariz, de glúteos, de seios, de panturrilhas. E há outros que escondem de espelhos as formas do espanto, dos prazeres conflitivos de sua sexualidade desvelada. Conheço um rapaz que se encanta com o perfil de seu corpo nu e sua ereção refletida no espelho, e se diz ainda virgem. E há aquela moça que já teve um filho e afirma serem dolorosos os reflexos desse drama familiar em sua figura.

Professores me trazem com suas memórias muitos fatos de quando eram adolescentes como os seus alunos de agora. Um deles é um índio, que se lembra do uniforme da escola dos salesianos como a única roupa que tinha para vestir, e das pescarias que precisou substituir pelos serões com a matemática para garantir sua bolsa de estudos. Um outro muito franzino não se esquece de sua chegada num internato, como calouro, e ter sido obrigado a tirar a roupa e requebrar num desfile de "misses" imposto por um bando de ruidosos e corpulentos veteranos, e de ter ganho um humilhante apelido – o lagartixa. E há aquela professora que durante toda a sua infância e adolescência foi aluna numa única escola, esta mesma onde trabalha há mais de vinte anos como professora, e a mesma e única escola onde, agora, sua filha também é aluna.

Entre as falas que venho ouvindo e registrando, muitas são reveladoras das relações que cada um deles, alunos e professores, têm tido com o próprio corpo e com o corpo dos que estão mais e menos próximos. Nesta Terceira Parte, todavia, não terei a ambição de analisar essas vozes que dizem de corpos, de espaços e de tempo relativos à infância, às origens, ao passado. Em outras palavras, meu intento agora é reavivar nas falas dos observados uma constelação de traços de seu viver cotidiano fazendo sentidos no interior da escola e sendo por ela marcados. Isso não quer dizer que a concretude desse cotidiano não contenha mostras de passado. Caras, gestos e posturas são aqui e agora considerados como repetição ou redundâncias originárias de um momento anterior ao da escuta e do meu estar com eles na interioridade escolar. Será esse, entretanto, o passado menos remoto, ou seja, espaço e tempo o mais próximos possível daqueles que falam e agem na sua convivialidade.

Alunos e professores têm me mostrado, nesse falar sobre sua corporeidade e a do outro, uma diversidade de sentidos de prazer e desprazer que podem vivenciar no seu estar junto na escola. É essa corporeidade-sensorialidade relacionada com o espaço escolar e com as distâncias entre uns e outros o assunto que trago para esta última parte do trabalho. Aqui, principalmente pelas vozes de meus sujeitos, tento reavivar aquilo que na parte anterior, principalmente pela "fala" do movimento de seus corpos, foi possível analisar. Se as vozes ouvidas serviram para conduzir o olho na observação da linguagem silenciosa de sua corporeidade, aqui servirão, prevalentemente, para mostrar o nível de consciência possível dessa linguagem, bem como, ambição talvez maior, a consistência possível ou a justeza da observação até então realizada.

7

Anatomia e fisiologia da sala de aula

Na Segunda Parte deste trabalho pude constatar que, na maioria das salas de aulas, uma das regras mais rigorosamente seguidas pelos alunos era a de estarem assentados. Pela ordem de importância, em seguida vem a regra de suas carteiras estarem colocadas em conformação de fila. Também observava, repisadas vezes, que as filas são conformações que os alunos tendem a deformar ou transformar, principalmente quando, em algumas salas ou com alguns professores, os procedimentos e serviços da lição não têm a rigidez de um lecionário ou *vade-mecum* professoral.

Na escuta que tenho dos alunos, ou seja, nas entrevistas, pergunto-lhes sobre a arrumação da sala, os aspectos materiais atinentes à disposição do mobiliário escolar, o conforto e o desconforto sentidos pelo corpo, bem como os aspectos relativos ao "funcionamento" da sala. O intuito é ouvi-los falar sobre as mudanças que fariam no espaço e no ritmo, imaginando-se, eles próprios, os gestores dessa arrumação. As respostas da grande maioria dos alunos mostram referências às formas de estar juntos na interioridade da sala:

> Acho que como elas são, em fila, porque se ficar tudo assim desbragado [...] ficava desorganizado [...] Deveria ser uma atrás da outra, pra ser mais organizado. Tem que ver com o aluno, que não pode tirar. Tem que botar na cabeça que tem

que sê aquilo, né? organizado, uma atrás da outra. [...] Organização enche o saco, mas se não for organizado, ninguém vai aprender. Ninguém vai aprender a ser organizado. (A.N.D./M., 15 anos, Liceu, D.)

Em fila mesmo. É. Porque não tem outro modo pra colocar. [...] Se fosse assim, grudado, até que conservavam. (L.U.A./F., 16 anos, CPA, N.)

(Pausa.) Ficariam. Porque eu sou uma pessoa que clamo por organização e fila é sinônimo de organização. (A.D.A./F., 16 anos, CJ, D.)

Na sala fica difícil mudar alguma coisa né? [...] Colocaria aquelas mesinhas... mesa-e-cadeira... em fila. Seria melhor em fila. (V.A.L./M., 20 anos, Liceu, N.)

Colocaria em fila. Só que muito espaço, assim... mais espaço. De um metro... Não ficava muito calor. (E.R.A./M., 16 anos, CPA, N.)

Primeiramente eu colocaria carteira atrás de carteira... Tudo em fila, certinho, e com uma boa distância... pro quadro... ficar livre pro professor. (C.R.I./F., 18 anos, Anglo, N.)

Essas falas representam aqueles, mais que uma boa metade dos alunos ouvidos, que vêem nas filas um sinônimo de organização, que pensam na carteira como algo que não se pode tirar do lugar, que deveria ser mesmo "grudada" no piso. Para esses alunos, o estar assentado em fila não parece ser o motivo de um estado desagradável: quando muito aumentariam a distância entre uns e outros, ou entre eles e o quadro-negro, para amenizar o calor ou para o lugar do professor "ficar livre".

Existem, todavia, aqueles que não concordam que "fica difícil mudar alguma coisa" na sala:

Não gosto de fila... Todo dia. Até na hora do recreio a gente faz. Odeio isso... Mudaria isso. (M.C.O./M., 18 anos, Liceu, D.)

Em fila eu acho um estilo, assim, meio ditador: tudo alinhado, tudo certinho, ninguém olhando pra cara de ninguém. [...] um ar de proibido. [...] Em círculo. [...] Ficaria mais fácil. (C.E.C./M., 20 anos, CPA, N.)

Colocava em roda. Em círculo. O professor eu colocava no círculo. [...] Fechava no quadro, né? e o professor ficava ali. (C.D.M./F., 18 anos, Liceu, N.)

Colocaria tudo redondo, assim, as cadeiras. Um círculo, assim, vazio no meio. Todo mundo ia ver um ao outro. (L.U.E./F., 19 anos, CPA, N.)

Primeiro um círculo. As carteiras em círculo. [...] Eu gosto de um ao lado do outro. Do lado. Acho que isso é uma troca maior. (R.U.I./M., 17 anos, Anglo, D.)

Esses alunos, que vêem na conformação em fila um "estilo ditador" e "odioso", reinventam a roda no "tudo redondo" – o grande círculo – como outra forma ou disposição para um melhor modo de estar junto da sala de aula. O ficar-um-atrás do-outro eles substituem pelo pôr-se um-do-lado-do-outro e pelo ver-se-um-ao-outro. Entretanto, seja nessa apologia do círculo, seja na das filas, quase todos os alunos mostram em suas falas uma crença em que essas conformações garantem a ordem e a organização do pequeno mundo da sala, garantindo uma distância modelar entre seus mundos corporais e, ainda, um modelo de estar junto agradável ou prazeroso. A maioria, portanto, mostra não se dar conta de que, como os gestores da sala de aula, estão propondo uma mudança da regra, que determina sua submissão à fila pela regra que os faz conformar-se com o círculo. Apenas dois dos que escuto mostram uma proposta de mudança na sala em que o estar junto agradável ou prazeroso é uma abolição da conformação, ou seja, uma abolição à fixidez da arrumação:

Dependendo, elas estariam em fila, em círculo, em grupos de quatro. Dependendo da atividade. Eu acho que a sala de aula não deve ter nada fixo num determinado lugar. (D.I.N./F., 16 anos, CJ, D.)

Acho que... esse negócio de carteirinha ajeitada... é só teima. (Riso)... porque as pessoas começam. [...] Estão aqui, depois estão lá. Isso é porque o aluno sente vontade de ficar conversando sempre com um amigo, assim do lado, né? [...] Então, tanto faz. Como quisesse. (A.L.I./F., 18 anos, ETF, N.)

Como eu observava, na parte anterior, a regra ritual mais severa refere-se à postura assentada do aluno. Maior exigência que a de estar na fila ou no círculo é a de estar sentado. Levando em conta que são poucos os intervalos, as janelas, os recreios, não é de admirar que as opiniões sobre o desconforto que vivem em três quartas partes de seu tempo ritual sejam como que um único e só discurso:

Aumentaria o número de ventiladores. [...] O número de janelas, né? (A.D.A./F., 16 anos, CJ, D.)

Trocaria a iluminacão, colocaria ventilador. [...] Tá ruim demais, né? As carteiras, né? Procuraria melhorar. (M.R.O./M., 21 anos, CPA, N.)

A sala, ali, é boa. É a carteira que tem problema. É pequena, assim não dá pra sentar direito. (E.R.A./M., 16 anos, CPA, N.)

Arrumaria também a iluminação, a limpeza, também, e a parede, que é uma nojeira, tudo sujo de marca de pé. [...] A carteira [...] Aquela com duas partes, né? A cadeira, a mesa. Pra mim, principalmente, que sou canhoto [...] As janelas com um vidro enorme, que geralmente incentiva o aluno a tacar uma pedra e quebrar, né? [...] Tanto é que a janela serve mais de porta do que a porta. (C.E.C./M., 20 anos, CPA, N.)

Trocaria as carteiras, né? Mais confortáveis. Colocaria mais ventilador. Aquele negócio de tela, né? Pra não passar os bichinhos. (S.U.E./F., 17 anos, ETF, N.)

Principalmente mudaria as cadeiras. Que tá um mau-trato, né? Você sentar naquela cadeira dura... tem que ensinar a sentar, porque se senta errado dói a coluna... Mudaria a cadeira... (A.N.D./M., 15 anos, Liceu, D.)

Além do forte e úmido calor cuiabano perpassando todo o calendário letivo, além da excessiva luminosidade tropical diurna e das renitentes picadas dos insetos noturnos, há a sombra reinante sob as muitas lâmpadas quebradas, a quebradeira gerenalizada das janelas, que "servem mais de porta do que as portas", e a "nojeira" das paredes – males conhecidos das escolas públicas aqui consideradas. Mas há, principalmente, dolorosamente, as carteiras de braço-mesa – essa estranha prótese, sempre a fazer cair o livro e a martirizar os canhotos – e a exigüidade duríssima do assento – esse martírio maior a produzir nas colunas vertebrais pontos de lordose e escoliose.

Na arrumação proposta pelos professores – na escuta também de suas falas sobre o conforto-desconforto do estar junto na sala – está presente a temática da carteira e da postura assentada dos alunos.

> A sala até que é boa, entende? O móvel é que não ajuda, porque as carteiras acomodam mal o aluno e... isso causa um desconforto, né? e a gente passa horas desassossegado, né? Porque é uma cadeira horrível. Mudaria as carteiras. (Prof. L.C.P., química/biologia, 36 anos, Liceu, D.)

> Esse tipo de carteira... não gosto dela, não. A maneira como o aluno assenta... Eu fazia daquela carteira que você tem acesso nela dos dois lados. Você tem um espaço maior, pra colocar um livro ao lado do caderno. Ali, você tem que colocar o livro na mão ou no colo... Sem conforto nenhum. (Prof. L.P.D., física, 23 anos, Liceu, D.)

> Eu acho que claridade, ventilação natural. As cadeiras, acho que têm que ser mais... ortopédicas – se é assim que se chama – pra pessoa ficar descansada. Essas carteirinhas que os cara tão mandando pra cá, o aluno não consegue nem escrever direito, né?... (Prof. J.L.U., matemática, 46 anos, Liceu, N.)

> Aquele ventilador de teto ali, eu tenho medo que cai na cabeça de qualquer um a qualquer hora... Eu acho muito melhor estudar com mesa. [...] Em vez de usar aquele negócio de braço. [...] Não pode ter dois papéis. Ele não pode observar o livro... um livro e o caderno ao mesmo tempo. Não tem jeito... Então, eu colocaria carteiras. Carteiras. Onde o aluno colocava material dentro... tirava... Tinha espaço... pra fazer as coisas. (Profa. L.I.L., inglês, 31 anos, Anglo, D/N.)

148

Essas referências ao mobiliário escolar e à postura dos alunos vêm mostrar mais uma vez que, em pé, numa distância pessoal ou social dos alunos, o professor pode perceber o movimento corporal dos alunos, verificando, por exemplo, que alguns precisam ajeitar o livro no colo ou que estão mal-acomodados, contraídos, cansados. E todos os professores, pelo que deles escuto, percebem o desconforto das carteiras, que substituiriam por outras, caso pudessem proceder uma conveniente arrumação para uma relação mais prazerosa com os alunos.

Nessa arrumação, entretanto, a grande maioria indica como necessária a disposição das carteiras em filas. Os motivos aparecem claros ou subjacentes. Para alguns, a preferência pelas filas significa uma preferência ou conveniência:

> Eu continuaria em fila indiana, pelo fato de poder andar, dentro da sala de aula, né? (Prof. L.P.D., física, 23 anos, Liceu, D.)

> Eu não sei... Algumas coisas eu ainda preservo... Acho interessante que na sala de matemática, [...] que se tenha daquela forma ali... Forma linear. Acho que a gente está acostumado com o trivial. (Prof. O.D.D., matemática, 29 anos, ETF, N.)

Para alguns, na prática com sessenta alunos, a teoria da forma é outra:

> Olha... Teoricamente, eu preferia em grupos de seis, seria muito melhor o entrosamento de grupo. Porém, hoje... com aquela quantidade de alunos que tem na sala, se agrupasse os alunos em seis, eu nunca ia conseguir fazê-los ficar quietos. Então, infelizmente, a teoria aí não ia dar certo. (Profa. L.I.L., inglês, 31 anos, Anglo, D/N.)

Para certo professor, numa escola de moças, a fila não é uma determinação sua, mas do olhar panóptico da diretora religiosa:

> Olha, eu mantenho. Eu, não. [...] Elas mesmas mantêm essa forma de sentar, de posicionar as carteiras, porque o colégio não aceita a aluna sentada na porta, no canto ou em cima da perna da outra. Elas exigem um pouquinho, que a menina as-

scnte... né? duma forma adequada, com classe. [...] Bom, como elas acham que uma pessoa educada deve fazer. (Prof. V.A.L, física, 26 anos, CJ, D.)

Em escolas públicas, como as aqui consideradas – algumas varridas por um demônio depredador –, a ordem que um professor não consegue determinar com carteira e fila, também não consegue ver em cadernos de alunos:

As carteiras estão todas quebradas... Então, há uma série de coisa que leva o aluno para o relaxamento... Se você tem que exigir, como se vai exigir, se ele não acha a carteira? [...] Que as carteiras ficassem mais ordenadas... aquela ordem, que no caderno dele vai aparecer, no quadro vai aparecer. (Prof. J.P.E., português, 56 anos, Liceu, N.)

Outro professor, imaginando a arrumação de uma sala, imagina uma solução para a questão da depredação nas escolas ou um exorcismo de demônios depredadores:

Conservaria em fila... organizada e como se fosse, assim um serviço de patrimônio... registrado: a carteira número um... na parte da manhã... sexta série B... aluno Fulano; à tarde, quinta série tal, aluno Sicrano e, à noite, segundo de Contabilidade, aluno Beltrano... Então, esses três seriam responsáveis pela conservação... E o primeiro que for pego... que ele escreveu alguma coisa indevida... que ele seja realmente advertido ou até mesmo punido com suspensão, transferência... (Prof. B.E.N., português, 28 anos, CPA, N.)

Muitas vezes a fila não é, pela crença ou pela preferência do professor, uma conformação necessária, não obstante seja uma forma imposta por certas circunstâncias, certas restrições, certas normas que são claras ou implícitas:

Necessariamente, não precisaria ser todo mundo em fila... Várias vezes sento com eles em círculo, muitas vezes levei eles pro anfiteatro. [...] Regularmente, não, porque sofre certas restrições. Certas normas da escola: está atrapalhando, colega seu reclama ou, então, se você sai da sala de aula, como quer, você não está dando aula, você está bagunçando, tá matando... (Profa. E.L.N., literatura, 28 anos, Liceu, D.)

Um professor, o único dentre os observados que, decididamente, não determina a formação em filas, possivelmente esteja preferindo, sem que isso passe pela consciência, uma outra conformação, tão visivelmente impositiva, conservadora e tediosa quanto aquela:

> Eu não agüento ver aquilo... aquelas carteiras, uma atrás da outra. Tanto é que à hora que eu entro na sala, as meninas já falam – Já sei: um círculo! (Riso.) – Vocês já deviam me esperar em círculo porque eu não agüento mais essas carteiras, umas atrás da outra!
> (E por que elas não esperam em círculo? Será que elas realmente gostam do círculo?)
> Elas... elas gostam... e desgostam... Elas desgostam do fato de ter que tá movimentando aquelas carteiras toda hora. Porque quando chega outro professor, botam tudo em fila de novo. (Profa. G.R.I., didática, 51 anos, CJ, D.)

De todos os professores observados e ouvidos, apenas dois não estão propensos a determinar conformações de filas ou de círculos. Parecem estar mais atentos à proximidade que os alunos possam ter com sua corporeidade-gestualidade no ritual da aula:

> (Conservaria as filas ou não?)
> Não. Eu acho que... eu me preocuparia era... que você pudesse enxergar tudo que tá acontecendo... Em declive, tanto faz pra cima ou pra baixo... é que facilita o aluno a enxergar... O professor bem identificado porque... um professor ensina pela voz, pelo gesto, pela mímica, eu acho que ensina tudo... Então, eu acho que o professor deve ser visível. (Prof. J.L.U., matemática, 46 anos, Liceu, N.)

> Acho que não seria necessário. Eu acho que a mudança se faz... Você viu lá... Eu nunca exigi que o aluno sentasse... enfileirado. Se eles quiserem sentar... ficar tudo ali, num grupinho da frente, ou ficar comigo... ótimo... (Prof. C.A.R., matemática, 33 anos, Anglo, D/N.)

Entre as falas dos alunos sobre as mudanças que fariam na sala de aula, para que a conviviabilidade fosse mais prazerosa, é expressivo o número daqueles que revelam suas idéias a respeito do lugar – no sentido espacial e hierárquico – do professor. Como dizia anteriormente, um professor de pé, numa distância pessoal ou social dos alunos, pode ser por estes enxergado e, mais ou melhor, de corpo inteiro. Todo o movimento do professor durante o ritual da aula pode tornar-se um estímulo de estados agradáveis e desagradáveis. Assim, o que propõem como mudanças diz respeito ao espaço consagrado ao professor, à posição de sua mesa sempre colocada à frente da sala:

Eu sempre gostei do professor à minha frente. Pra ver o que ele faz, pra mim analisar. De pé, principalmente de pé caminhando. Falando. Aquele que faz muito gesto, porque muita vez você não entende a palavra mas entende o gesto que o professor faz. Que vai ao quadro. Não pra passar resuminho pra gente copiar, mas pra explicar no quadro... O livro seria um aparato, pra ajudar. Seria pra não precisar copiar. (M.A.U./M., 18 anos, Liceu, D.)

Não mudaria, não. Deixava ele ali na frente, mesmo. Se ficasse lá atrás, não tinha jeito de ver ele. Tem que ver ele... Mas podia fazer uma aula gostosa, por exemplo, uma aula de História, trazer uma coisa antiga. Fazer um vídeo. Uma aula diferente, que não seja do mesmo jeito – passar no quadro pra escrever... ditar... (A.N.D./M., 15 anos, Liceu, D.)

Acho que deixaria a mesa. Colocaria uma menor... Pra ser sincera, eu acho que ele não precisa, porque... Eu acho que o professor não precisa às vezes, nem de livro. (D.I.V./F., 20 anos, Liceu, N.)

Colocava professores mais comunicativos. Não adianta chegar lá na frente e falar, falar. Tem que tentar buscar atenção... Tornar a aula descontraída, fazer uma brincadeira, senão... não dá... (E.D.U./M., 16 anos, Anglo, N.)

Na frente... não parado, falando, falando... sentado como nós. Ou num canto, ou na frente... Num lugar de destaque. Um lugar de destaque pra ele mas não separado de nós. (R.U.I./M., 17 anos, Anglo, D.)

> Tem alunos que vê aquela mesa do professor lá na frente, fica meio receoso de conversar com ele. Acho que professor tinha que... se misturar mais com o aluno. (V.A.L./M., 20 anos, Liceu, N.)

Segundo essas vozes, o professor "tem de ser visto", para que os alunos possam entender a palavra e o gesto. Essa palavra não tem de inscrever-se no quadro-negro para a simples cópia, nem de ser um ditado: o livro ou a apostila são aparatos para não precisar copiar. A palavra do professor, às vezes, não precisa nem de livro, nem de mesa. Precisa, às vezes, sair da sala, num jeito de aula diferente: trazer com ela uma coisa antiga e uma coisa nova. Um professor, "lá na frente", precisa ser "comunicativo", brincar, descontrair, algo diferente de só falar, falar. Um professor "lá na frente" – ou "num canto", ou "sentado como nós" – parece ser o que busca a atenção sem se "separar de nós". Esses alunos enxergam os professores que têm à sua frente, enxergando tanto onde metem os pés quanto onde têm a cabeça.

Na Segunda Parte deste trabalho, observava como os professores utilizam a mesa, o quadro-negro e o livro no ritual da aula. Pergunto agora a todos esses professores sobre esses instrumentos, que me parecem sagrados – consagrados – sem os quais não se poderia realizar a lição. Pergunto-lhes se um deles é o mais importante – o mais sagrado – para a transmissão da palavra professoral – os saberes, as disciplinas, as alumiações. As respostas que tenho da maioria me apontam o quadro-negro como o mais importante, e diversas são as razões, explicitadas ou não:

> O mais importante é... um quadro que ofereça fácil visão... No caderno, dá para explicar individualmente, não é pro coletivo... Então, eu posso encher o quadro com uma parte essencial... (Prof. B.E.N., português, 28 anos, CPA, N.)

> Entre esses três, eu acho o quadro... Porque quando você fala, na frente do quadro, ele ouve. Quando você escreve, ele vê. Quando ele copia ele... ele... é a terceira vez que ele passa pela mesma matéria... e quando você... revê aquilo ali, são quatro vezes. Sem falar, que quando você faz o gesto – tem muito aluno que tem memória fotográfica – ele pode associar as coisas que você tá colocando na... na pedra, no quadro, com o próprio gesto seu... (Prof. J.L.U., matemática, 45 anos, Liceu, N.)

Para uns, o quadro-negro, na sala e no ritual da aula, é o mais importante pela natureza da própria disciplina, ou seja, dos saberes que devem ser assimilados – incorporados pelos alunos, como é o caso das exatidões da física e da matemática, das taxionomias da geografia ou da biologia, das normas gramaticais do português ou do inglês. Para outros, a importância está em que o quadro-negro é um grande caderno, com o qual não se explica para um indivíduo, mas "para o coletivo" ou com o qual os alunos podem ler, num mínimo de quatro vezes, ou servir-se de quatro bocados da lição.

Numa quarta parte das respostas obtidas, o livro – no caso, o livro didático ou padrão – é apontado como o mais importante dos três instrumentos:

> O livro seria o mais importante... O aluno, especialmente no campo do noturno, se ele não tem tempo de estudar em casa. E lá você constatou que ninguém, só dois alunos eu consegui, que eles comprassem o livro de Português... (Prof. J.P.E., português, 56 anos, Liceu, N.)

> O livro... Se a gente adota um livro, a gente se orienta mais em mãos e eles podem... ter um conhecimento a mais. (Prof. L.C.P., química/biologia, 36 anos, Liceu, D.)

> Eu acho mais importante, ...o conhecimento... em si... É lógico, através do livro, você vai adquirir o conhecimento... para transmitir, ao passo que o quadro-negro e a mesa seria uma complementação. (Prof. G.I.S., português/literatura, 45 anos, ETF, N.)

A despeito de não lhes perguntar sobre o livro do professor, mas sobre o livro do aluno, concluo, juntando observações deste trabalho, que o livro do qual os professores adquirirem o "conhecimento em si" pode ter uma sacralidade ou importância que é dada num momento anterior ao do ritual da aula e que isso não é por eles declarado. Esse livro, que a grande maioria dos professores traz consigo para a sala, que é deixado sobre a mesa e consultado regularmente durante a lição, ou levado na mão durante toda a escritura que faz no quadro-negro, pode ter uma sacralidade ou importância outra, que ocorre no momento da lição. Isso também não é declarado.

Alguns professores conferem importância ou sacralidade a um outro instrumento:

> Nenhum dos três... (Pausa) Há outro... Seria o professor... Não o Fulano, mas o professor... Naqueles momentos... que há a necessidade de explicar a matéria, quem tá explicando é o professor. Mas nos demais minutos que sobram, quem tá ali é o Fulano. Ele tá brincando, ele tá conversando... Eu uso muito pouco os três... (Prof. L.U.I., português, 24 anos, Anglo, D/N.)

> Eu acho que o professor é o mais importante... Quando a matemática apareceu não existia nada disso. A matemática era dada... no chão. Você queria vender os bois, não tinha os números, então pegava as pedrinhas e você ia passando seus bois conforme ia jogando as pedrinha... pedrinha... pedrinha... (Prof. S.I.D., matemática, 39 anos, CPA, N.)

> Olha, pra mim nenhum dos três tem importância na sala. Eu uso muito pouco o quadro. A mesa pra mim é só um objeto pra eu jogar o material em cima. O livro... acabamos esquecendo de uma vez (Pausa) Olha... Acho que o material que eles produzem... Pra mim, é o material que produzem. (Profa. M.G.R.I., didática, 51 anos, CJ, D.)

A importância ou a sacralidade, segundo essas vozes, não está nas coisas – mesa, quadro-negro, livro – mas nas pessoas: professor ou aluno. Está no homem, mesmo que não se veja no mesmo corpo o "Fulano que brinca" e o "Professor Fulano", que explica; mesmo que não se veja semelhantes o fazer com o giz no quadro-negro e o fazer com pedrinhas, no chão; mesmo que não se veja num só produto o processo que soma o trabalho dos alunos com o trabalho do professor.

Uma das respostas que tenho me leva a meditar sobre essa importância maior, que é dada a um ou outro instrumento:

> Se eu analisar friamente, nenhuma delas é importante. Se você tentar somar e adicionar outras coisas, aí fica importante. Mas se tentar seccionar... não vejo importância. (Prof. O.D.D., matemática, 29 anos, ETF, N.)

Na fala desse professor descubro a importância, não da separação mas da soma ou junção de um com outro. Mas o que descubro, que é da maior importância, ouvindo-os falar sobre a arrumação da sala de aula, tem menos a ver com uma anatomia do que com uma fisiologia da sala. A mudança que alunos e professores procederiam para que tivessem mais prazer abrange os espaços interior e exterior da sala, relaciona a gestão do corpo e da sala com a da escola, envolvendo alunos com professores.

São vozes que dizem de uma carência de poder falar, ou seja, de uma falta de escuta da palavra do aluno:

> No sentido do funcionamento da escola... às vezes eu tenho uma idéia que gostaria, até poderia falar... dar uma opinião, mas... Nem vou porque vai ter um sim ou um não. Mas às vezes você não tem nem o sim, nem o não, tá entendendo? (R.U.I./M., 17 anos, Anglo, D.)

A carência da escuta pode se juntar a outras:

> Se na própria escola ele não tem um cesto de lixo... ele não vai aprender... Como, né? ajudar na limpeza da própria cidade, sendo que a própria sala dele é um verdadeiro chiqueiro?... (Prof. B.E.N., português, 28 anos, CPA, N.)

> Às vezes falta material... você pede, não tem... Até estêncil... O horário, também. Muitas mudanças de horário, repentinas. [...] Certas coisas burocráticas que acontecem no dia-a-dia... né? com a alunos... Uma pequena coisinha e tiram o aluno da sala de aula... (Profa. E.L.N., literatura, 28 anos, Liceu, D.)

> Aquela questão de guardar o aluno antes de dar o sinal. Eu acho que isso é um controle muito rigoroso... Não solto porque depois a repressão vem pra cima de mim... A rigidez com essa questão... em vez de deixar solto. (Profa. I.V.A., geografia, 30 anos, Anglo, N.)

Por trás dessas justificativas de mudanças que percebo, que professores e alunos não se sentem bem pela falta de materiais – o cesto, o papel –, pelas mudanças de rotina – os horários –, ou pelas rotinas que não mudam – o controle dos sinais para ir-e-vir ou entrar e sair. São faltas e excessos. São queixas, entretanto, que mostram a importância dada a coisas e fatos pequenos do viver cotidiano da escola. O descontentamento de grande número de alunos quanto à exigência do uniforme escolar aparece em críticas claras:

Detesto uniformes, sou contra uniformes... Eu acho que uniforme deixa a gente feia. Horrível... Você não pode se arrumar com um uniforme horrível desse... (D.I.N./F., 16 anos, CJ, D.)

Esse colégio... eu acho que é muito exigente... negócio de... uniforme... Já fui barrado... faltava a meia... e... fui embora... Tem que ter a meia preta... azul... não... Jeans... só o pessoal da tarde... (I.S.R./M., 19 anos, ETF, N.)

Outro ponto o problema do uniforme. [...] Você não saber... se é pra todo mundo vir de uniforme, se podem alguns vir de uniforme e outros sem... (Prof. B.E.N., português, 28 anos, CPA, N.)

A Diretoria. Às vezes, né? por uniforme... quando não tá assistindo aula... Se fosse uma coisa que eles adotassem desde o começo, por exemplo, esse negócio de uniformes e ficar andando no corredor, tudo bem. Mas às vezes eles falam: Hoje, ninguém vai ficar no corredor. Outros dias deixam. (R.O.S./F., 17 anos, CPA, N.)

Na fala dessa última aluna, além da queixa sobre a exigência – às vezes sim, outras não – do uniforme escolar, aparece uma queixa do controle do "ficar andando no corredor". Quase todos os professores com os quais converso referem-se a essa indisciplina: alunos perambulam por corredores, pátio e cantinas "matando" aulas.

Segundo alguns, a falta da disciplina, ou de mais disciplina é decorrência da uma falta de rigidez no cumprimento dos regulamentos ou motivada pelas idéias reinantes de "liberdade", de "escola democrática". Para esses professores, alguma coisa está "fora de engrenagem":

Eles confundem democracia, liberdade, com baderna. Há uma falta de disciplina daqueles alunos... Parece que a escola está decaindo. Foi com a... liberdade, escola democrática... (Pausa)... O aluno falta... Ele não está faltando porque está doente ou porque está trabalhando. Ele está andando aqui pela cantina, pelo pátio, pelo grêmio... (Profa. G.I.S., português/literatura, 45 anos, ETF, N.)

O maior problema é a falta de... mais disciplina... No próprio corredor... alunos que matam corriqueiramente outras aulas e acaba atrapalhando... as outras salas... (Prof. B.E.N., português, 28 anos, CPA, N.)

Antes não era assim. Você constatou isso e viu que o aluno está freqüentemente andando pelos corredores, pela cantina, namorando lá em baixo. Alguma coisa está fora da engrenagem. Antes não era assim. Você só ia encontrar alunos pelos corredores à hora do recreio... Isso tudo vai gerar uma indisciplina. (Prof. J.P.E., português, 56 anos, Liceu, N.)

Segundo outros, a falta de disciplina é gerada pela atuação problemática – "fora da engrenagem" – dos próprios membros do corpo administrativo. A voz de um desses professores é aqui bem representativa, e se completa pela fala de um aluno:

Uma coisa que não tem nos colégios, é um orientador pedagógico para que ele possa conversar com o professor na base da didática... Um orientador educacional, para que ele possa conversar com os alunos. Um supervisor que não seja simplesmente um xerife dos professores... Não é... não deixando o aluno entrar na escola porque ele não tá com o uniforme... Não essas coisas... O ambiente a gente faz de outra forma. (Prof. J.L.U., matemática, 46 anos, Liceu, N.)

(Alguma coisa mais você mudaria?)
Mudaria a S. ...
Ah! A inspeção?...
É. É muito grossa com a gente... Ela é muito grosseira: só fala gritando com a gente. (M.C.O./M., 18 anos, Liceu, N.)

Algumas idéias democráticas ou libertárias propostas por certa escola parecem ser diferentes daquelas de um dos professores:

A primeira coisa que eu acho que teria que mudar na escola, assim, hoje, é tirar o IBOPE... Você sabe o que é o IBOPE? Pois é... Eles dividem em três turmas. São trinta professores. Os dez que os alunos gostam mais, os dez intermediários e os outros. Então, o que aconteceu?[...] O aluno... ele simpatiza com quem não deixa colar? Com quem exige? Não. Então, o primeiro aluno que eu peguei colando na prova, e mais, todos os amigos dele... Eles vão falar que eu sou um monstrengo. Ao passo que outro professor pegou o papel, a cola escrita, o aluno continua na maior e – Tenta fazer a sua prova sozinho, meu filho. Ah!... Existe hora pra conselho, existe hora pra prova. Se todos os professores não têm um consenso aí é difícil demais... (Profa. L.I.L., inglês, 31 anos, Anglo, D/N.)

Já para outro professor, que propõe certas idéias libertárias como aquelas que devem mover a atuação de professores na interioridade das salas e lições, não está no funcionamento autoritário do corpo administrativo de certa escola a causa primária do desprazer de professores e alunos:

Eu sempre considerei a sala de aula o espaço muito do professor e do aluno. E que as coisas de fora pouco interferiam... Teve um exemplo aqui... no terceiro bimestre foi dado ordem que os alunos que houvessem pago a mensalidade... não teriam suas provas corrigidas... notas... Se os professores, todos tivessem dito – Não! a questão de avaliação é minha. A direção não vai interferir, a questão tinha rolado... por aí. Então, eu não posso culpar a direção ou a coordenação... (Profa. G.R.I., didática, 51 anos, CJ, D.)

Nas palavras de um outro professor, a mudança imaginada no funcionamento interior da sala de aula não garantiria que o convívio fosse prazeroso:

Não ia resolver... Você tinha que ter uma reestruturação no colégio também. Aí, é uma luta pra gente. Eu vou ter sala bonita... num lixo... Então, você tinha que fazer o quê? Acabar com tudo. Passar a máquina em tudo... começar tudo do zero. Então vai começar a mexer com a direção do colégio. Aí, mexendo na direção do colégio, você vai mexer com o político. Aí, aí você vai mexer com todo o país. Aí [...] Você pára, aí você pára... (Prof. S.I.D., matemática, 39 anos, CPA, N.)

8

Formas e cores, ruídos e odores da socialidade

Na Segunda Parte deste trabalho foi possível observar alunos e professores se relacionando na interioridade/exterioridade da sala de aula, registrar detalhes de sua corporeidade, tais como seus movimentos posturais e gestuais. Pude vê-los uns com os outros falando, escrevendo, cochichando, gargalhando, gritando, mascando, comendo, chorando, bocejando, dormindo, cantando, rezando, pulando, chutando, dançando, se mirando, alisando e se escondendo. Naqueles momentos, foi possível atentar para alguns traços relativos à sua sensorialidade – olhar o que olhavam, sentir com eles os perfumes e emanações surgidos de dentro ou chegados de fora da sala de aula, ouvir as vozes e os ruídos interiores e invasores, tocar com eles a objetualidade circundante.

Os estímulos recebidos pelos sentidos é o assunto de que trato agora. Pergunto a alunos e professores a respeito das sensações que têm e percebem durante a sua permanência na sala, ou seja, durante os procedimentos rituais da aula. O intuito é observar dados que digam respeito à consciência possível de seu mundo sensorial, das relações prováveis entre os estímulos recebidos e o uso que fazem do espaço bem como das relações entre esses estímulos e a vivência de estados agradáveis e desagradáveis no convívio entre uns e outros. Registro esses dados sobre a sensorialidade – a recepção-percepção dos estímulos – na escuta de suas falas, conversando, então, mais particularmente sobre seus corpos.

Apercebo-me, e isso me deixa alerta durante a escuta, de que os dados que possa ter com as respostas de meus entrevistados conduzem a informações mais e menos objetivas, mais e menos precisas. Quando alunos e professores falam sobre estímulos e de sensações, as palavras podem fluir monossilábicas, pela voz de alguns, assim como fluir em jorros de múltiplas conotações, pela boca de outros. As respostas podem ser claras com referência a reações percebidas de determinados estímulos ou por determinado sentido, assim como podem ser extremamente confusas com referência a outros estímulos e sentidos.

Registrava anteriormente que há no ritual da aula uma tendente gestão do comportamento proxêmico dos alunos, por meio de uma gestão, também de seus receptores sensórios, principalmente os que requerem proximidade. Registrava ainda que o olfato e o tato são os mais corporais dentre os sentidos. Na interioridade da sala e no ritual da aula, ao menos tendencialmente, um grupo de alunos, de um lado, numa distância necessária de um professor, se reúne em torno da palavra professoral: os alunos vêem e ouvem o professor e este vê e ouve os alunos. Noutras palavras, os receptores de distância – a visão e a audição –, que não requerem intimidades corporais, são consagrados como aberturas à alumiação – a incorporação da substância das disciplinas, dos saberes, das idéias...

As respostas que registro agora sobre suas percepções sensoriais agradáveis e desagradáveis vêm evidenciar o que, de certa maneira, já observava em outro momento: há também uma tendente resistência dos alunos aos estímulos visuais e auditivos suscitados no interior da sala de aula e pela palavra professoral.

A impressão primeira, dada pelas respostas que obtenho, é a de que os alunos não têm o que ver. Suas falas sobre o que percebem de forma, luz e cor no espaço da sala de aula são frases reticentes quando se trata de sensações visuais agradáveis. Percepções agradáveis são, no dizer curto e reticente de uns, "as meninas", ou "um professor bonito", uma "calça jeans apertada" ou uma "garota com decote". Também poucas e curtas são as frases, sobre as impressões desagradáveis: "a sujeira do chão e das paredes", "certas cores fortes", "o vermelho".

A maioria quase absoluta dos alunos responde à minha pergunta sobre as sensações visuais agradáveis e desagradáveis com um "Nada", um "Não percebo", um "Não sei...", um silêncio. Alguns – quando insisto em desdobramentos da questão – não se lembram da cor das paredes, não haviam atentado para a frase inscrita acima do quadro-negro ou a moldura recém-pintada da janela. Esses estímulos, como quaisquer outros que poderiam ter – olhando para a frente, em atitude de atenção durante o ritual da aula – não lhes são agradáveis nem desagradáveis.

Se pergunto aos professores sobre percepções visuais percebidas, as respostas – mesmo com frases mais elaboradas – são comparáveis às dos alunos:

> Gosto de ver meus alunos vestidos sem uniforme na sala de aula. Uma calça jeans, uma camiseta, uma bermuda... Eu prefiro eles sem uniforme... (Prof. L.U.I., português, 24 anos, Anglo, D/N.)

> Uma aluna muito bonita... Às vezes eu tenho certas alunas que eu admiro... Parece que foi feito esculturalmente... uma coisa... bonita de se ver... (Prof. V.A.L., física, 26 anos, CJ, D.)

Também comparáveis são suas percepções visuais desagradáveis:

> É a cor da sujeira... É um aspecto de desleixo... Não gosto. (Profa. G.I.S., português, 45 anos, ETF, N.)

> A parede? [...] Nunca reparei... Pra mim, é branca... Há o verde do quadro. Fora isso o uniforme das meninas... Acho feio... (Prof. V.A.L., física, 26 anos, CJ, D.)

Mais numerosas são as impressões sensoriais auditivas que dizem ter, tanto alunos quanto professores. As falas dos alunos são curtas e objetivas. As sensações auditivas agradáveis, para uma terça parte dos entrevistados, são relacionadas à voz humana: a estes agrada o cochicho na sala, às vezes mais interessante do que o que o professor está falando ou o vozerio geral da escola, a conversa ou "certas vozes conhecidas" lá fora, a algazarra noutra sala, os gritos do basquete na quadra.

A outros agradam os sons da natureza: um pássaro na vizinhança, latidos, as cigarras, mangas caindo no telhado – ou, até mesmo, um som ou ruído que embala e anima – o barulhinho do ventilador, o assobio de certo professor, a música do carrinho de cachorro-quente ou da cantina, ou mesmo de um avião, que "faz imaginar"...

162

Existe, entretanto, um som que a quase maioria dos alunos me revela ser o estímulo e a percepção auditiva mais agradável. Aparece nas falas, com variações interessantes:

> Quando toca o sino. (C.D.M./F., 18 anos, Liceu, N.)

> O sino, na última aula e nalgumas aulas. (D.O.U./M, 17 anos, ETF, N.)

> O sinal... (E.U.N./F., 16 anos, ETF, N.)

> A sirene: nhá-á-á! (riso)! (S.I.M./F., 17 anos, Anglo, N.)

Também ligadas ao estímulo da voz humana são as percepções auditivas; as vozes "alteradas" são um grande desprazer. As vozes das conversas interiores ou exteriores à sala desagradam quando se tornam "grito de professor", "palavrão", "baderna" no corredor.

Certos sons ou ruídos, em vez de animadores, são condiderados extremamente desagradáveis: arrastando ou derrubando carteiras, portas batendo, giz deslizando, barulho do trânsito e buzinas lá fora.

Entre as percepções consideradas agradáveis pelos professores, consoante uma maioria absoluta, estão aquelas do interior da sala. O estímulo auditivo considerado agradável é o "cochicho", o "tititi", a "discussão", quando os grupos de alunos mostram nessas vozes veladas a "produção", a "inter-relação" ou alguma coisa que seja "de aula". Além desses, é tido como som agradável o riso dos alunos, quando alguém conta uma piada em "momentos de descontração", ou seja, risos que ocorrem "em momentos certos".

Podem acontecer, ainda, nesses momentos de aula, estímulos agradáveis que venham do exterior da sala, como a música da moda da praça em frente à escola, o piano de um certo restaurante, um samba...

Dentre as percepções auditivas, a mais agradável é aquela do silêncio, quando os alunos estão "refletindo", "ouvindo", "concentrados". Nesse "momento mágico", nessa impressão sensorial tão prazerosa em que a palavra professoral é a figura, somente outro "monólogo" pode tornar-se o fundo:

> Eu gosto muito do silêncio... É... tal o silêncio, quando pode tá tranqüilo, que pode ouvir o passarinho que tá cantando aí, com a gente... (Prof. L.U.I., português, 24 anos, Anglo, D/N.)

Tem algumas árvores do lado de fora da sala e eu gosto. [...] Tem bastante passarinho. Tem uns cachorros. Chuva... Isso é gostoso. (Profa. L.I.L., inglês, 31 anos, Anglo, D/N.)

Notava, há pouco, que os estímulos considerados prazerosos pelos alunos não são os mesmos referenciados pelos professores. Agora, tratando de percepções desagradáveis, posso notar uma particularidade, comparando as falas: muito do que é tido como prazeroso pelos alunos, não o é por professores:

Umas piadinhas que às vezes o aluno... faz, assim, de uma maneira... parece que é para testar a professora... Tem muito... (Profa. G.I.S., português/literatura, 45 anos, ETF.)

Agora, quando eu vejo que tá rindo... ou que não tem nada a ver, aí eu não gosto. Desagrada. Rindo... alheio, né? a tudo aquilo que você tá trabalhando. (Profa. I.V.A., geografia, 30 anos, Anglo, N.)

Bocejar... alto. Devia perguntar pra mãe como é que se boceja corretamente (Riso)... (Prof. B.E.N., português, 28 anos, CPA, N.)

Percebo. Acho que... é aquele sonzinho que é a hora que... você tá ali, tentando dar tudo de si e o cara tá de costas pra você e... só conversando e só... (Prof. C.A.R., matemática, 33 anos, Anglo, D/N.)

Consideradas as diferenças, muitas das respostas dos alunos têm o mesmo conteúdo das de professores. Podem ser ruídos que, como as vozes referidas antes, são produzidos no interior da sala e são tidos como percepções auditivas muito irritantes:

Alguma coisa que cai... uma carteira que é arrastada... Às vezes, elas sentam numa carteira e vão arrastando a carteira, né? (Prof. V.A.L., física, 26 anos, CJ, D.)

O barulho das carteiras arrastando. Uma chiação, sei lá, tudo caindo, né? aos pedaços... É o que mais tem: o aluno vai sentar, o negócio cai. (Prof. L.P.D., física, 23 anos, Liceu, D.)

Muitas vezes é quebra de carteira... Ou então arrasta a carteira... (Profa. E.L.N., português, 28 anos, Liceu, D.)

As vozes "alteradas" – fazendo eco, impedindo a "concentração" – produzidas na exterioridade mais próxima da sala, nos corredores, por alunos que estão fora das salas desagradam tanto professores quanto alunos:

> Tem um outro som que me irrita... Às vezes a gente tá toda empolgada... aí o clic desse microfone... os avisos na sala (Riso)... Desagrada terrivelmente, viu? (Profa. G.R.I., didática, 51 anos, CJ, D.)

> Ocasionalmente pode acontecer, né? Uma vez, eu tava dando aula, ligaram o som no último volume lá em cima... quer dizer, quem tava aqui não tava conseguindo entender nada... (Prof. C.A.R., matemática, 33 anos, Anglo, D/N.)

Surpreende-me, todavia, que a grandeza da perturbação saída de um alto-falante venha a ser a mesma que brota de uma caixa minúscula:

> Tem também o reloginho deles que... desperta... umas caixinhas de música que levam e abrem... (Profa. I.V.A., geografia, 30 anos, Anglo, N.)

Comparando as falas de alunos e professores, percebo que há um consenso entre uns e outros no que se refere a certas impressões sensoriais sumamente desagradáveis. Uma série de estímulos auditivos, que vêm da exterioridade mais distante da sala, fere os ouvidos e mina os ânimos:

> É constante isso aí, ó... O trânsito![...] Parece que tá dentro da sala... as meninas acabam tendo que fechar as janelas, a luz não é suficiente, então aumenta a obscuridade da sala... atrapalha bem, desagrada bem (Riso). (Profa. G.R.I., didática, 51 anos, CJ, D.)

> Às vezes eu tenho que parar por causa de um carro que passa em velocidade muito grande. (Prof. J.P.E., português, 56 anos, Liceu, D.)

Algum carro fazendo barulho. Tem uma... uma esteira que limpa a rua... faz um barulho horrível... de noite. (Prof. O.D.D., matemática, 29 anos, ETF, N.)

O barulho da rua... Não sei que hora da noite, passa... aquela máquina... dá impressão que tá chovendo... Eu gosto do ambiente silencioso. (Profa. G.I.S., português/literatura, 45 anos, ETF, N.)

E acontece de a estridência que chega do trânsito se juntar à onda dos sons próprios da escola, e os estímulos se exacerbam. O barulho de betoneiras de uma construção próxima se mistura com vozes de pátios. Barulho de motos e carros de uma avenida se misturam com gritos do futebol da escola.

Quando pergunto sobre percepções olfativas agradáveis e desagradáveis, percebo claramente o consenso que há entre alunos e professores. Minha primeira impressão, tendo ouvido três quartas partes de meus entrevistados, é a de que os estímulos olfativos que lhes chegam têm a mesma natureza e intensidade. Outra impressão geral é que, tanto alunos quanto professores mostram uma intolerância a todos os cheiros naturais do corpo, principalmente do corpo do outro. E a terceira impressão, decorrente da anterior, é a de que todos têm um grande constrangimento em falar sobre os odores ou emanações do próprio corpo ou do corpo do outro.

As percepções olfativas se dão em distâncias menores do que aquelas requeridas pela visão e audição. Assim, é de se supor que os alunos, colocando-se mais próximos uns dos outros do que do professor, conforme a anatomia – a arrumação – da sala de aula, têm mais possibilidade de receber os estímulos olfativos dos corpos uns dos outros do que do corpo do professor.

Essas e outras impressões menos gerais me vão surgindo na escuta das falas. Entre as percepções olfativas agradáveis referidas, muitas são vindas de fora da sala. São cheiros que vêm da interioridade da escola, das imediações ou que vêm chegando de longe e estão "no ar":

Quando chove. Eu gosto do cheiro de chuva... aquele vento gostoso... É que eu venho do mato (Riso)... É gostoso... (Prof. S.I.D., matemática, 39 anos, CPA, N.)

Quando chove... o cheiro de chuva... Aqui tem... essa fruta... esse pé grande... Quando ela tá com fruta, a fruta cai, ela tem um cheirinho... gostoso. (Profa. I.V.A., geografia, 30 anos, Anglo, N.)

Só na época de floração daquelas árvores que cincundam... flamboyants e... a própria mangueira. (Prof. J.P.E., português, 56 anos, Liceu, N.)

O eucalipto que tem ali tem um cheiro bom... Compensa às vezes... (Prof. L.P.D., física, 23 anos, Liceu, D.)

Esse cheiro tem talvez a lembrança da minha infância... Na época de manga, cai manga no chão... cria odores. (Prof. L.U.I., português, 24 anos, Anglo, D/N.)

O cheiro das flores... lá de fora... (S.U.E./F., 17 anos, ETF, N.)

Esses cheiros originários do natural se misturam com outros, produzidos por mãos humanas. É o cheiro do pastel da cantina, "daquela pizza quentinha", da pipoca, ali da entrada. É o cheiro "da janta que a vizinha da escola está fazendo", que parece ser de "comida cuiabana", – carne com mandioca, com banana... É o cheiro que penetra na interioridade da sala juntando-se a mais outros: chocolate, chicletes.

Entretanto, de todas as percepções sensoriais olfativas é o perfume a referência contida em rigorosamente todas as falas dos alunos. O perfume ou algumas de suas modalidades parece ser a impressão olfativa que mais predispõe à vivência de estados agradáveis no estar junto tanto de alunos quanto de professores:

O perfume dos rapazes... de professores... Dá vontade de pegar... (L.U.A./F., 16 anos, Liceu, D.)

O professor Fulano... ele usa um perfume bastante cheiroso. (R.O.S./F., 17 anos, CPA, N.)

Perfumes, né?... É mais individual. Não é o cheiro da sala... quando chega no aluno, você percebe... (Profa. I.V.A., geografia, 30 anos, Anglo, N.)

167

Eu desço pra falar com os alunos e se tem aluno ou aluna que tá usando um perfume que eu gosto, me agrada, é claro. (Profa. L.I.L., inglês, 31 anos, Anglo, D/N.)

Outra coisa são as borrachinhas cheirosas que elas compram... Sachezinhos, também... (Prof. V.A.L., física, 26 anos, CJ, D.)

Essas falas sobre os perfumes na sala fazem atentar para um fato que é preciso aqui registrar. Na escuta dos alunos, tenho me inteirado de suas vidas cotidianas fora da escola. Eles me contam pequenas ações que entremeiam seu despertar-sair-voltar-dormir de todos os dias. A própria proximidade física da situação de entrevista me enseja a percepção de um cheiro ou de uma mistura de cheiros que vêm de seus corpos. Isso acontece na relação com a quase maioria deles. E, de uma grande parte desses alunos – mais das alunas – posso ouvir confidências assim:

(Existe um ritual de preparação pra você sair?)
Ah! sim. Eu tomo um outro banho, coloco o uniforme, passo perfume, porque eu adoro perfume (Riso)... (R.O.S./F., 17 anos, CPA, N.)

Eu gosto muito de banho de banheira... Eu gosto daquela água perfumada... sais... me estimula logo de manhã. (A.N.A./F., 15 anos, Anglo, D.)

Tomo o banho... passo batom, penteio cabelo, coloco brinco, escovo os dentes... Demoro um tempo pra me arrumar, sabe? Passo perfume... (L.U.A./F., 16 anos, CPA, N.)

Coloco o brinco, o perfume... talco... (P.A.U./F., 16 anos, C.J., D.)

Tomo café... Eu me enfeito depois (Riso)... Uso desodorante... (A.N.D./M., 15 anos, Liceu, D.)

E acordo cedinho... pra tomar banho, ficar bem demorado no banheiro... me perfumo... aquela frescura toda pra vir pro colégio. (M.A.U./M., 18 anos, Liceu, D.)

As percepções olfativas desagradáveis de que alunos e professores me falam são, muitas delas, as que eu mesma podia sentir, quando estava na sala de aula. Uma delas parecia mais renitente, pelo que podia particularmente sentir:

Cheiro de banheiro... (C.D.M./F., 18 anos, Liceu, N.)

Às vezes até muito... do banheiro... Não se faz limpeza à noite e às vezes falta água... e gera todo esse transtorno. (Prof. J.P.E., português, 56 anos, Liceu, N.)

Nós temos uma fossa, aí no colégio que... é terrível! (Prof. S.I.D., matemática, 39 anos, CPA, N.)

Essas representam bem as falas de muitos dos que, em inesperados momentos, costumam receber estímulos desagradáveis, esses miasmas entre o fecal e a uréia forte, que invadem a atmosfera de determinadas salas e escolas. Entretanto, existem cheiros – vapores e emanações – característicos do corpo, que todos os alunos e professores – e rigorosamente todos – dizem perceber em determinados ou inesperados momentos:

Ah!, das axilas, por exemplo, né? Às vezes... parece que a pessoa não toma banho... tá sempre com... com... (T.E.R./F., 17 anos, Liceu, D.)

Cheiro de... suor, mesmo. Eles saem da educação física, não têm onde tomar banho. Aí vestem a roupa por cima... (Prof. L.P.D., física, 23 anos, Liceu, N.)

Suor... Tenho repugnância!... (C.R.I./F., 18 anos, Anglo, N.)

Muitas vezes tem algum aluno, assim, que não toma banho... Um cheiro de suor. (Profa. G.I.S., português/literatura, 45 anos, ETF, N.)

Esse cheiro de suor, por alguns chamado simplesmente de "cê-cê", tenho percebido em muitos alunos. São alunos de escolas públicas ou não, de turnos diurnos ou noturnos, de corpos belos ou enfermiços, rapazes ou moças, trabalhadores ou não. Tenho percebido esse cheiro nesses momentos de escuta, talvez menos agora do que antes, que o tinha na interioridade da sala, fortalecido então pela mistura com os suores de outros corpos e mais ainda nalguns momentos da quentura úmida de Cuiabá. Além desse cheiro, há um outro apontado por quase todos os alunos e professores.

> É o mau hálito. (V.A.L./M., 20 anos, Liceu, N; K.A.R./F.,15 anos, Anglo, D.)

> Percebo... Mau hálito... Tenho uma aluna que... tenta conversar, mas é... difícil de encarar... pelo mau hálito. (Prof. B.E.N., português, 28 anos, CPA, N.)

> Vez ou outra... um determinado aluno ou aluna... tá com... sei lá, com mau hálito... (Prof. L.U.I., português, 24 anos, Anglo, D/N.)

> O mau hálito de quem come alho... (A.D.E./M., 16 anos, ETF, N.)

> O cheiro que mais desagrada é o mau hálito. (Profa. I.V.A., geografia, 30 anos, Anglo, N.)

Alguns dos entrevistados, principalmente os professores, ao falarem de percepções olfativas que os desagradam, apontam como "terríveis" os cheiros de corpo que se misturam a outros odores. Nessas circunstâncias, todos os professores aqui ouvidos se dizem perturbados:

> É uma situação difícil... Pode até achar que você está diferenciando... ou discriminando... Acaba tendo que evitar... de conversar com aqueles alunos que têm problema... Eu evito de ficar respirando... eu prendo às vezes a respiração... (Prof. B.E.N., português, 28 anos, CPA, N.)

> Você já sabe as pessoas que têm aquele problema... Quando é uma pessoa muito aberta, você fala... – Olha, você tem que se cuidar!... Quando a pessoa, assim, é fechada, que você acha que vai ofender, você procura manter distância. Fazer o quê? (Prof. S.I.D., matemática, 39 anos, CPA, N.)

> Quando eu aproximo de aluno eu procuro nunca... aproximar o rosto dele. Sempre procuro ficar de um lado... (Profa. G.I.S., português/literatura, 45 anos, ETF-U.)

Não chego perto de gente que eu desconfio ter um mau hálito. (Prof. L.P.D., física, 23 anos, Liceu, D.)

Quando uma aluna não faz muito bem a higiene pessoal... Eu tive uma aluna que ela é... não sei... É... mau cheiro... Perturba... essa aluna minha, ela chegava pra perguntar coisas para mim... e eu tinha vontade de falar pra ela mas... Não falei porque fiquei sem graça, achava que ela podia ficar chateada de eu falar e eu não... achava jeito de conversar com ela. (Prof. V.A.L., física, 26 anos, C.J., D.)

Posso entender nas situações referenciadas como parece difícil a conversa franca e clara sobre os odores desagradáveis. Entendo também que este pode ser um dos motivos das atitudes de evitação ou de supressão de proximidade que já mostrava em outros momentos deste trabalho. Essa evitação – os pequenos gestos, como "prender a respiração", "manter distância", "ficar de lado", "não chegar perto" – é também uma forma de não falar com o aluno sobre assunto difícil e constrangedor.

Menos regulares que esses odores funestos – que são percepções seguras em distância íntima e prováveis em distância pessoal – são outros cheiros, não propriamente corporais, apontados por alguns como também perceptíveis dentro da sala de aula. São odores mais e menos desagradáveis conforme a sensibilidade de uns e outros:

Um cheiro de cera... que passam no sábado... (E.U.N./F., 16 anos, ETF, N.)

Cheiro forte de flores... que dão a impressão de velório... (A.L.I./F., 18 anos, ETF, N.)

De vez em quando... o cheiro de maria-fedida... (E.R.L./M., 16 anos, Anglo, N.)

Comida... vai enjoando... enjoando... Da cantina. (I.S.R./M., 19 anos, ETF, N.)

De vez em quando, chega um cheirinho de poeira, se é que poeira tem cheiro, viu? (Profa. G.R.I., didática, 51 anos, CJ, D.)

Ali naquela sala... Uma viga aberta... ali venta muito. Ontem... Eu tava sentindo cheiro de muito dinheiro... Será que eu vou ficar rico? (Riso)... Não sei se é papel úmido que cai ali... (Prof. O.D.D., matemática, 26 anos, ETF, N.)

Às vezes queimada. Botam fogo em alguma coisa, aí... (Profa. E.L.N., literatura, 28 anos, Liceu, N.)

Tem muito morcego e emana... um odor de morcego, um cheiro de animal. (Prof. O.D.D., matemática, 26 anos, ETF, N.)

A escuta dessas falas e das anteriores sobre as percepções olfativas, havidas na sala de aula, vem me mostrar a importância do nariz, tanto ou mais que os olhos e os ouvidos, para a vivência dos estados agradáveis e desagradáveis no estar-junto de alunos e professores. Claro está que a sala de aula não é um espaço inodoro ou asséptico, tomadas as palavras no seu sentido mais literal. É possível fechar os olhos e os ouvidos para as coisas e para as pessoas – às formas, cores, aos sons, e ruídos do entorno mais próximo ou exterior. É difícil, todavia, conseguir bloquear o olfato: a sala de aula é plena de impressões sensoriais. Dessas impressões recebidas, muitas são mensagens corporais de uns e outros.

A julgar pelo que até aqui me foi dito, as mensagens corporais agradáveis são aquelas que substituem os odores naturais saídos do corpo pelos odores artificiais saídos de frascos: desodorantes, colônias, xampus, sais, numa palavra, perfumes. Os alunos e professores que aqui considero são grupos de pessoas que se pretendem desodorizadas de todas as emanações animais de seus corpos – suas axilas, suas bocas, seus cabelos, seus genitais – e perfumadas com tudo o que reproduza as emanações não humanas de outros seres – flores, folhas, resinas, óleos – transmudados pela fórmula mágica da química em fluidos "naturais" e bons para serem cheirados.

Apesar desses cuidados no ritual cotidiano da maioria, posso observar pelo próprio nariz e pelas vozes que me falam, que a convivialidade dos grupos considerados é feita com uma alquimia poderosa, que mistura os cheiros sazonais de terra molhada, árvore florida, fruta caída, com perfumes imitativos, misturando também os cheiros biológicos de suor, de hálitos ruins, de fermentações de urina, com os miasmas feitos de gordura ordinária, mofo, restos de lixo, ácidos de limpeza, insetos, poeira, morcegos...

Mais importante do que essas considerações é a de que os grupos observados se mostram habituados com essa mescla de impressões olfativas de que é feito seu estar junto. Esses cheiros contraditórios não parecem impedir a tendência às distâncias pequenas entre uns e outros, às aproximações de seus corpos.

Talvez se comprove aqui a afirmação dos etólogos em geral, e Edward Hall, em particular,[1] de que os homens não têm o sentido do olfato tão acurado quanto o de outros animais. Enquanto para outros animais o olfato serve para acusar a presença do inimigo, excitar os bichos na presença do sexo oposto, permitir o encontro do rebanho perdido, funcionar para delimitação territorial e para identificação do estado emocional de uns e outros, para os homens esse sentido vem perdendo sua eficiência em favor da visão. Apesar de funcionar ainda como limite territorial – e isso pode ser entendido nos casos de evitação aqui tratados –, suponho que essa deficiência humana seja uma marca que favorece meus observados na sua vivência em grupo. Como sugere Hall, essa deficiência pode ter dado ao homem a grande capacidade de suportar aglomerações. Se fossem "dotados de nariz como os ratos, eles estariam sujeitos permanentemente à variação emocional que ocorre nas pessoas a seu redor". As conotações emocionais "seriam de domínio público enquanto o odor persistisse. A raiva de outras pessoas daria para se perceber pelo cheiro".[2] Posso ainda supor, pelas observações que venho aqui fazendo, que as reações biológicas aos odores desagradáveis de uns e outros podem ser encobertas por outras reações apreendidas. Isso talvez explique o fato de um cheiro de flor passar a cheiro de velório, o de comida passar a enjoar, o mofo do papel, úmido, lembrar dinheiro. Um de meus entrevistados assim se manifesta:

> Cheiro desagradável dentro da sala de aula é o cheiro de sujeira. Eu sinto... Se eu entrar numa sala de aula e tiver... papel jogado no chão, giz no chão, pisado por professor... Isso aí até me arrepia... Eu acho que esse cheiro desagrada e deixa... me deixa nervoso... Se você vai... vai formar um ambiente... e, de repente, você entra na sujeira, eu acho que não... Eu não sei por que que prezo tanto essas coisas. Deve ser alguma coisa que vem de dentro. (Prof. J.L.U., matemática, 46 anos, Liceu, N.)

Uma professora, se expressa assim:

> Eu acho que deve ser... o próprio cheiro que as meninas têm... Cada uma tem um perfume, mas aquela mistura... Não dá pra distinguir... parece que elas se misturam e elas... É um cheiro só! É o cheiro de gente! (Profa. G.R.I., didática, 51 anos, CJ, D.).

Notas

1. Hall, Edward, *La dimensión oculta*, *op. cit.*, p. 61 e seg.
2 . Idem, ibidem, pp. 54-5.

9

O toque das coisas e dos corpos

Se pergunto a meus observados sobre as percepções táteis que têm no convívio de sala de aula, as respostas vêm mostrar que são muito poucos os estímulos produzidos por coisas, por objetos. Assim como os alunos não parecem ter o que ver com os olhos na objetualidade da sala de aula, também não parecem ter o que tocar.

Sentados em suas carteiras e guardando distância das pessoas, que tendencialmente é exigida pelo ritual da lição, poucas coisas, poucos objetos podem tocar ou ser tocados e isso causa alguma impressão. "Sentir a parede" ou "passar a mão na carteira" pode ser indicado como toque agradável. Pernilongos – "há muitos na sala" – ou "pegar em giz" pode ser lembrado como desagradável. As frases poucas e curtas, ditas espontaneamente por uns poucos entrevistados, querem mostrar que as coisas, os objetos alcançáveis pelas mãos ou tangíveis pela pele, não são boas nem más para se tocar. Assento, encosto ou mesa-braço de carteira, livro, caderno ou caneta, parede ou quadro-negro não são agradáveis nem desagradáveis. O pó do giz nos poros ou a picada do inseto no braço dão algum desprazer maior pela soma de impressões que provocam. A parede ou a carteira pode ser agradável para encostar ou deslizar a pele em superfície fresca ou textura lisa, prazerosa ao corpo suarento ou à mão vazia. Entretanto, são as vozes de todos os entrevistados que me dão conta de que os estímulos táteis estão nas pessoas – nos seus corpos, nas suas peles – que se encontram juntas na interioridade da sala de aula. Noutras palavras, as percepções táteis agradáveis ou desagradáveis são percepções da pele do outro. Pode ser prazeroso tocar "o cabelo das meninas", "a pele e os cabelos das pessoas". Pode ser prazeroso ser tocado pelo "abraço de um menino", pela mão de uma amiga num afago.

Mais do que o olfato, o tato é um sentido que exige uma distância especial entre o que toca e a pele do que é tocado. Trata-se de uma distância íntima entre duas pessoas. O ato de tocar é um tipo especial de proximidade: quando um aluno toca o outro, essa experiência é recíproca. O pegar na mão, o passar a mão no cabelo do amigo, o abraçar o colega, são atos que provocam, de imediato, um conhecimento/reconhecimento de ambas as partes.

As falas aqui ouvidas sobre as percepções táteis agradáveis entre uns e outros representam aquelas da maioria dos alunos entrevistados. São vozes que parecem dizer de uma necessidade de manifestar e de se expor a manifestações de carinho, afeto ou acolhimento. Todavia, tenho escutado alguns alunos que se mostram avessos ao toque ou a certos toques:

> Não gosto de ser tocada... (D.I.V./F., 20 anos, Liceu, N.)

> Não gosto que me peguem quando estou de mau humor... (L.U.A./F., 16 anos, CPA, N.)

> Cabelo... tocar ou ser tocada por cabelo... (A.L.I./F., 18 anos, ETF, N.)

> Não gosto... mão suada... (S.E.V./M., 20 anos, Liceu, N.)

> Certos toques... conversando. (C.R.I./F., 18 anos, Anglo, N.)

Os próprios entrevistados me dão explicações sobre o desprazer desses toques. A primeira confessa uma resistência, uma estranheza, uma falta de hábito – próprias de sua "formação desde a infância" – com respeito ao toque das e nas pessoas. Para outra, o "pegar" no ombro, por qualquer pessoa, é motivo de maior irritação, quando, e só quando, está "de mau humor". Os dois outros alunos têm um desgosto ou suspeita pessoal do roçar de pêlos e cabelos ou do passar viscoso de uma palma suarenta de outro corpo. E a última refere-se aos toques-cacoetes – um cutucar ou segurar no braço pelo interlocutor a cada frase iniciada ou interrompida.

O desprazer do contato da pele do outro, além de depender de formação e de idiossincrasias pessoais, parece depender também da parte do corpo que é tocada:

> Quando você senta muito junto né, e começa a encostar a perna, assim (Gesto)... Eu não gosto, não. Isso me irrita... incomoda... Quando encosta... aquela perna pesadona perto da gente, né? ... (E.U.N./F., 16 anos, ETF, N.)

> Só não gosto que pega na bunda... tem vez que a gente tá numa roda e aí começa esse tipo de brincadeira... (M.R.O./M., 21 anos, CPA, N.)

> Meus colegas... eu não gosto que fiquem tocando na minha costela... ou no peito assim... É uma putaria de ficar pegando, assim (Riso) ... Aí, eu já fico com raiva. (A.D.E./M., 16 anos, ETF, N.)

Se pode ser agradável um toque sentido nos ombros, pela mão e o braço da amiga, ou atrás da orelha e nas costas, pela boca e pelos braços, pode ser extremamente desagradável um "encostar" de perna ou um "pegar" de mão sentido em determinadas partes do corpo, que parecem corresponder a áreas de pele geralmente cobertas por roupas. Recobrindo essas partes, as roupas podem fazer as vezes de limites:

> (...Você me falou de limites?...)
> ...Por exemplo... Você senta assim do lado de um colega e ele põe a mão na tua perna, você tá de calça, tá? Enquanto a mão dele estiver rolando e eu deixar, é porque pode, né? Agora, internamente, assim, não. (T.E.R./F., 17 anos, Liceu, D.)

A roupa que veste a perna dessa aluna equivale ao limite, além do que a pele é algo "interno" e proibido à mão do colega. Enquanto para essa aluna o limite não é quebrado pela mão do colega, que "pode rolar" externamente, para outras tal limite é desfeito, apesar e além de roupas, pela perigosa proximidade de seu corpo com o corpo do outro:

Desagradável... Não sei... acho que tem de haver um limite... como algumas colegas de sala de aula... sentando no colo de menino... Então, eu sinto assim, que deve ter um limite, né? Eu não chego assim muito próximo de um menino pra conversar. (C.D.A./F., 18 anos, Liceu, D.)

(Pausa) Eu... pra mim... Não faz meu jeito... as meninas se abraçando, se beijando... e menina sentada no colo da outra – Isso pra mim é horrível. (Riso) Não sou chegada nisso não... Tinha uma sapatão na minha sala. (Riso) Então, se ela tava aqui, eu tava lá (Riso). (A.D.A./F., 16 anos, CJ, D.)

Essas e outras falas vêm me mostrar, de forma explícita ou não, que alguns alunos associam o contato físico em geral – a muita proximidade –, e certos toques em particular –, o sentar no colo, o alisar, o abraçar, o beijar –, com demonstrações de sexualidade. Quando se referem a limites, esses alunos estão se referindo às diferenças entre um simples encostar ou pegar, e um "bolinar". A despeito de ouvi-los falar de limites, não têm-me parecido claras as diferenças entre as manifestações de carinho, afeto ou acolhimento e aquelas, com outros significados.

Tenho observado, desde a Segunda Parte deste trabalho, que os alunos tendem a buscar proximidade uns com os outros e com os professores. Alguns registros puderam ser feitos em que uns e outros se aproximavam e se tocavam e outros também focalizaram movimentos de evitação-supressão de proximidade ou contatos físicos. Entretanto, foi impossível perceber – e registrar pela fotografia – a freqüência ou a regularidade com que, de fato, meus observados costumam se tocar, quem toca quem, em que partes do corpo e principalmente, os significados prováveis desses toques. Em qualquer esforço para compreender o tato e o toque, segundo sugere Erving Goffman,[1] é preciso sempre levar em conta o contexto. As trocas táteis que os alunos têm dentro da sala de aula, durante o ritual da lição e com a presença do professor parecem diferentes daquelas tidas nos intervalos, dentro, ou fora da sala. E diferentes serão os contatos físicos com outras pessoas na exterioridade da escola. Suponho ser importante, para uma melhor compreensão de como são as experiências táteis no espaço escolar, considerar aqui suas falas sobre o cotidiano vivido fora desse espaço, sua tatilidade, seu conhecimento do próprio corpo e do corpo do outro.

O toque familiar

Das tantas confidências que escuto dos alunos, muito têm-me interessado aquelas que dizem respeito à sua interação com as famílias. As perguntas que faço aos entrevistados sobre sua vivência na exterioridade da escola, mais precisamente, na interioridade do espaço familiar, têm por finalidade encontrar elementos sobre as experiências cutâneas ou táteis que esses adolescentes vêm tendo desde a sua infância. Suponho poder observar relações entre essas experiências e aquelas vividas no espaço escolar.

Todos os alunos, dizendo das famílias, das suas lembranças da infância e dos espaços da casa onde vivem, me fazem revelações sobre o seu corpo e sobre o contato com o corpo dos mais próximos – a mãe, o pai, os irmãos. Essas vozes se avivam com um tom nostálgico, mormente quando surgem memórias da infância. Ao falar de mãe e pai, os alunos mostram marcas muito claras de suas relações emocionais com os ascendentes:

> (... Pôr no colo, fazer um carinho?...)
> Não, não me lembro... Ah! Eu lembro das minhas surras que eu levei dele. Isso eu lembro... (A.D.N./F., 18 anos, Liceu, D.)

> A minha mãe, sim. Agora, meu pai era, assim, um tipo mais... mais grosso... (E.U.N./F., 16 anos, ETF, N.)

> Até agora ela é assim. Faz cafuné, conversa... Tenho mais intimidade com ela... Já com meu pai, é... É ele lá e eu aqui. Até hoje não tem muito papo, não. (A.D.E./M., 16 anos, ETF, N.)

> Meu pai já é... mais seco. Até... acho que... porque ele foi policial durante vinte anos. (D.O.U./M., 17 anos, ETF, N.)

> A minha mãe, sim, A minha mãe sempre me deu o maior carinho. Meu pai não era de tá... carregando... no colo. Sempre foi um cara assim, de cara fechada... Praticamente não mudou nada, né? ... (V.A.L./M., 20 anos, Liceu, N.)

Esses alunos me levam a conhecer o convívio problemático com um pai sempre de cara fechada, sem muito papo, grosso, seco ou amedrontador, contrastando com a intimidade de uma mãe que faz cafuné, abraça, beija, dá carinho e "colo".

Se uns me falam da secura de seus pais, outros me vêm falar de mães autoritárias, frias, "diferentes" ou que "mudaram":

> Ela era uma mãe, assim, mais... autoritária... Fria... Ela não gostava de se apegar aos filhos. Tenho três irmãos... Meu pai já era mais apegado... Tinha mais intimidade. Gostava mais dele... Meu pai faleceu... faz sete anos... Eu faço mais carinho... Sinto que ela gosta mas... que ela não gosta de demonstrar. Ela suporta... Eu não entendo... Acho que se não tocar... ela se sente bem melhor. (E.R.L./M., 16 anos, Anglo, N.)

> Mamãe sempre foi meio, assim... sei lá, diferente. Nunca foi de pegar a gente, tá fazendo um carinho... Papai eu me lembro. Até hoje eu tenho saudades, né? [...] Tempo gostoso, aquele, que pegava no colo, levava na cozinha pra tomar café. (D.I.V./F., 20 anos, Liceu, N.)

> E com relação a meu pai, não. Meu pai, até hoje, eu posso estar com trinta anos, ele me trata como se tivesse cinco... Carinhosa ela foi. Hoje em dia eu acho que ela não é mais, não. Eu brigava muito com ela por causa desse marido que ela arranjou... Então, aí parou... mudou, né? (M.A.U./M., 18 anos, Liceu, D.)

Para esses, tanto o "colo" e o carinho como o apego e a intimidade foram encontrados no pai.

As relações com a mãe e com o pai, para alguns alunos, "ficaram melhores" hoje, na adolescência, quando há o toque físico na brincadeira, nas demonstrações de afeto:

> ... (Sua relação com sua mãe e seu pai: você falou que houve uma mudança)
> Houve. Incrível, porque agora... Ih! Agora, quem vê, assim, pensa que é irmã, sabe?... Meu irmão pega ela, joga na cama e diz que vai trocar fralda dela (Riso)... Meu pai tá começando a se soltar agora... tá entrando no normal (Riso). (C.D.M./F., 18 anos, Liceu, N.)

> Hoje eu já... já beijo, já... chego em casa, abraço por trás, dou beijo... Depois que eu saí do internato... eu mudei... Ela gosta mas não fala nada. Passiva. (R.U.I./M., 17 anos, Anglo, D.)

> Hoje eu não sinto tanta necessidade de quando era criança, de minha mãe me pôr no colo, me acariciar... Às vezes ela tá na cozinha, eu chego por trás e beijo ela... Eu sou muito mais carinhoso do que ela... Eu hoje tenho diálogo mais moderno com meu pai. (D.O.U./M., 17 anos, ETF, N.)

Para pouquíssimos alunos os toques físicos continuam acontecendo nas trocas afetivas entre pais e filhos, como aconteciam na infância. Entretanto, parte maior entre esses adolescentes, a despeito de viver com os pais uma relação de muita afeição, afirma não mais haver nessa vivência demonstrações de carinho com toques físicos. E algumas explicações são, por eles próprios, apresentadas. Um deles diz que isso, de carinho, "some muito da pessoa", outro diz que aparece "aquele pudor" e outro diz que seu carinho se dá, mas "com palavras".

Nas falas de muitos alunos percebo uma queixa velada pela falta de trocas físicas de afeto; para alguns, uma carência que perdura desde a infância:

> Não. Minha mãe... ela era assim muito... assim... cuidava. Mas ficar, assim, paparicando, não. Nem meu pai. Eu nunca tive esse tipo de.... lambimento. Meus irmãos, nunca me dei bem com eles, não. (L.U.E./F., 19 anos, CPA, N.)

> Eu nunca me senti tão sozinho como eu tô sentindo agora. Meu pai, ele sempre foi fechado, né? Eu comecei a trabalhar, fico o dia inteiro longe deles. Eu não gosto de ficar em casa... Não tem muito contato físico, não. Sei lá... não sei se sou eu que imponho essa distância... (E.D.U./M., 16 anos, Anglo, N.)

> A gente não conversa muito. Nunca tive intimidade com eles... Não converso com a minha mãe, assim... Nem com a gêmea. Só o necessário... Só quando pergunta alguma coisa... ou quando ela tá... dando conselho. Nem quando eu tô com problema, assim, eu não converso. Com ninguém. (M.R.O./M., 21 anos, CPA, N.)

Ela continua a mesma... meu pai... Ele não é uma pessoa dada. Nunca foi e agora também não tá sendo... Ultimamente cada um vive o seu mundo: meu irmão vive o dele, minha irmã... o dela, e eu vivo o meu. (A.N.A./F., 15 anos, Anglo, D.)

A carência de trocas físicas nas relações entre os alunos e seus pais, a julgar pelos conteúdos de algumas respostas, nem sempre tem como causa derradeira as diferenças, os conflitos ou as idiossincrasias de uns e outros no núcleo familiar. Pode acontecer de essas diferenças se darem um pouco além do espaço cercado de suas casas:

Eles são de família assim... Do mato, né? De roça. Então... é uma coisa assim... que não pega muito... essa de beijar, abraçar, não... Com os dois a mesma coisa. Hoje já é mais... Chego, abraço eles, né? Minha iniciativa... Bem diferente. A gente cresce um pouco, conhece mais... Eles também... Isso a gente aprende, né? É outro tipo de educação que eu aprendi aqui e eu passo pra eles, lá. (T.E.R./F., 17 anos, Liceu, D.)

(As lembranças mais remotas suas... Não havia contato físico entre você e sua mãe... seu pai?)
Povo muito bruto. De origem alemã. Sisudo, mesmo. Eu... na minha época de moleque... lá em casa tinha uma empregada que ficou, desde que nasci, até eu completar seis anos de idade. É ela que praticamente, me criava... né? Dava banho. Ela me dava beijo, né? ...brincava comigo. Uma italiana... Eu lembro... Isso eu tinha... (R.U.I./M., 17 anos, Anglo, N.)

Mamãe? Ela nunca foi de abraçar e beijar. Ela sempre dizia que beijo é sinônimo de falsidade. Ela teve uma criação muito dura. Meu pai, às vezes a gente podia sentar no colo dele. A gente tinha muito medo dele. Papai e mamãe, nós temos muito respeito. Nunca vi mamãe pelada... Pro sistema que fui criado, é... falta de respeito. (S.E.V./M., 20 anos, Liceu, N.)

As vozes até aqui ouvidas levam a algumas constatações. Grande parte dos adolescentes entrevistados tem vivenciado trocas táteis em suas relações com a família. Muito poucos, entretanto, têm tocado ou sido tocados igualmente pela mãe e pelo pai. Número menor ainda admite uma riqueza de contatos físicos desde a infância. Alguns asseguram que a relação com os pais passou a ser melhor hoje, na adolescência: uns reconhecem, todavia, não haver nessa relação demonstrações físicas de afeto. Outra parte também expressiva dos alunos demonstra, pela suas falas, que sua interação com os familiares tem-se dado com uma extrema pobreza de toques físicos ou trocas táteis. Tenho percebido pelo tom e pelas palavras desses adolescentes aquilo que Montagu chamaria de uma "fome de pele".[2]

Segundo Davis, citando Magareth Mead, a criança aprende, à medida que cresce, que há partes de seu corpo e do corpo de outras pessoas que podem ser tocadas ou não. Os papéis masculino e feminino vão também sendo apreendidos por meio de regras que ditam quais as partes que podem ser tocadas, em quais circunstâncias e por quais pessoas. Por volta dos quatro e seis anos de idade, as crianças deixam de tocar e ser tocadas com a freqüência de antes. Na puberdade, entretanto, parece que "elas se tornam novamente ávidas daquele contato físico, começando a praticá-lo com os amigos do mesmo sexo e, depois, com os do sexo oposto".[3] Se isto é certo, os alunos aqui observados, muito provavelmente, podem estar vivendo uma "avidez" pelo contato, ou aquela "fome de pele" – da pele do outro.

Para obter mais e melhores informações sobre a tatilidade dos alunos – tomada aqui como sua tocabilidade ou acessibilidade corporal –[4] pergunto-lhes sobre as partes de seu corpo que, habitualmente, por quaisquer motivos, são tocadas pelos pais, professores, por amigos do mesmo sexo e por amigos do sexo oposto. Mostro-lhes um desenho com os contornos de um corpo humano – um diagrama –, onde eles me indicam os pontos correspondentes àqueles que são tocáveis em seu corpo.

Considerando os dados que posso extrair das falas dos alunos sobre suas interações no espaço familiar e aqueles que junto agora, e que foram obtidos pelas indicações no diagrama já referido, é possível chegar a algumas constatações (Quadro I).

Nas relações táteis com a mãe, os rapazes são tocados, prevalentemente, na cabeça ou nos cabelos, nos ombros, nas costas, nas mãos e nas pernas; secundariamente são tocados no rosto e no pescoço, no peito e na barriga. Por último, ou com menor freqüência, são tocados nos braços e pés. Já as moças, além de na cabeça ou nos cabelos, são tocadas pela mãe, prevalentemente nas mãos, nos braços e nos ombros; secundariamente são tocadas no rosto, nas costas, na cintura e nas pernas, e menos tocadas no pescoço, no colo, na barriga e nos pés.

Nas relações com o pai, os rapazes são muito pouco tocados. As áreas de toque correspondem a poucos pontos do corpo. Os rapazes são tocados, primariamente, nos ombros e nas mãos e, secundariamente, na cabeça, nas costas, nos braços e no rosto. As moças são mais tocadas pelo pai do que os rapazes. Esses toques, mais prevalentemente, são na cabeça, no cabelo, nos ombros, nos braços e nas mãos e, secundariamente, no rosto, nas costas, na cintura e nas pernas.

QUADRO I
Tocabilidade dos alunos: partes do corpo tocadas pelos pais

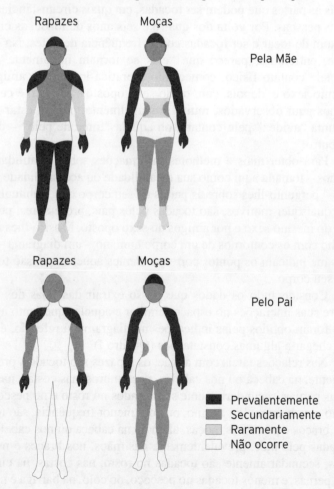

Pelas indicações feitas, parece claro que os alunos não são tocados pelas mães em todas as partes do corpo. Certas partes parecem constituir-se uma espécie de zona proibida. Nos rapazes essa zona proibida corresponde à área que envolve a cintura e o início das coxas e onde está o interdito maior – a genitália. Nas moças, além desse interdito, há ainda o dos seios.

Nas trocas físicas com o pai, essas áreas não tocadas são bem mais amplas. Nos rapazes correspondem ao tronco – toda a parte frontal, uma parte das costas – e membros inferiores. Nas moças é menor o interdito: as pernas são tocadas, ainda que secundariamente.

As falas espontâneas dos alunos sobre a zona proibida de seu corpo são poucas, se bem que reveladoras. Ao indicar as partes tocáveis, um deles afirma ser todo o corpo, "com exceção dos genitais". Um outro diz que são todas as partes, "menos aqui", e uma aluna acha "estranho" o toque nos seios pela mãe ou pelo pai. E dois dentre todos os entrevistados tem explicações:

> Quando eu era pequeno, ela me dava banho. Hoje ela não dá mais banho... Aquela coisa... De repente um... rapaz com dezessete anos, da minha idade, eu acho que até não ficaria bem... uma mãe dar banho. Isso até pode acontecer. Mas eu acho, assim, que ficaria... esquisito. É a palavra, né? É isso que não acontece mais. Geralmente, quando você é menor, o seu pai fala: Cadê o pinto? Aí, ele pega, né? com a idade isso vai acabando. (E.M.E./M., 17 anos, Anglo, D.)

> Minha mãe... hoje é só na cabeça, nos braços... Eu acho que eu comecei a sentir vergonha disso... Eu não sei por quê... (E.U.N./F., 16 anos., ETF, N.)

O toque sensual, o toque sexual

Quase todos os rapazes e moças aqui considerados, nas suas falas sobre o corpo e a tatilidade, fazem referência às relações que têm tido, fora da escola, com pessoas do sexo oposto, com namorados(as).

Indagados sobre os pontos de toques nessas relações, alguns adolescentes – uma terça parte – apontam as mesmas áreas corporais tocáveis pela mãe:

Em geral a cabeça, o pescoço... costas, peito... coxas. Pode parar por aí (Riso). (D.O.U./M., 17 anos, ETF, N.)

Ele pega no meu cabelo, no meu rosto... minha nuca... nas minhas mãos. Às vezes dependendo... nas minhas pernas. Mas muito pouco, né? Na minha orelha... Acho que só... (A.D.A./F., 16 anos, CJ, D.)

Mãos, braços, orelha, cabelos... Não mais. (P.A.U./F., 16 anos, CJ, D.)

Em todas, menos nos seios e nas partes íntimas, né? (E.U.N./F., 16 anos, ETF, N.)

Cintura, braços... tudo. Seios, não... (K.A.R./F., 15 anos, Anglo, D.)

Rosto, peito, mão... braços... Só. Nunca transei (Riso)... Ainda... (E.D.U./M., 16 anos, Anglo, N.)

Indicando esses pontos "só" e "não mais" – ou todos "menos seios" e "partes íntimas" – esses alunos estão sugerindo que há partes de seu corpo interditadas aos toques do amigo do outro sexo – o namorado. Parecem ser as mesmas partes que formam a zona proibida aos toques dos familiares, mais particularmente, da mãe (Quadro I). Esses alunos podem representar aqueles que afirmam ainda não ter vivenciado uma relação sexual ou, nas próprias palavras deles: "ainda não transei".

Nessas trocas, demonstram experimentar uma certa quebra de interditos:

Ela me pega, assim... Com a mão, não. Mas em outras partes, tipo coxa... Aí, é diferente. (A.N.D./M., 15 anos, Liceu, D.)

Aí, eu já deixo tocar outras partes... os seios... (A.N.A.F., 15 anos, Anglo, D.)

Quase que total... depende da namorada. (I.S.R./M., 19 anos, ETF, N.)

Eu adoro que pega nos meus seios e me beija o pescoço... (D.I.N./F., 16 anos, CJ, D.)

Uma outra terça parte aqui ouvida é formada por adolescentes que já viveram uma experiência sexual, no sentido mais estrito, ou que a vivem com alguma regularidade:

> O meu namorado, né? ...ele toca em todos os lugares... Tudo, né? (T.E.R./F., 17 anos, Liceu, D.)

> Ultimamente ele toca em muitos lugares (Risos)... Toda, tudo... (A.L.I./F., 18 anos, ETF, N.)

> Quando tá corpo a corpo, é tudo... (L.U.E./F., 19 anos, CPA, N.)

> Tou namorando há dois anos e meio. Já transei com ela. Acho que não tem parte do meu corpo que ela não tocou ainda... Você vai transar, é com o corpo inteiro... (E.M.E./M., 17 anos, Anglo, D.)

Ao descobrir as relações sexuais, no dizer de Davis,[5] o ser humano "está redescobrindo a comunicação tátil" ou vivendo "esse retorno a um dos mais primitivos e poderosos meios de expressão". A linguagem de contatos que pode haver quando esses alunos se relacionam com a mãe também acontece no ato sensual e sexual. Quando se relacionam sexualmente, não existe tão-somente o contato em si. A textura de suas peles participa dessa experiência. Segundo Edward Hall,[6] "a resistência, o endurecimento igual a uma couraça ao toque indesejado, ou a excitante e contínua variação de textura da pele durante o ato sexual, além da sensação aveludada do prazer que se segue, são mensagens de um corpo para o outro, dotadas todas elas de significados universais". Essa sensibilidade ao tato e aos toques pode ser percebida entre os adolescentes aqui considerados. Transparece nas vozes de rapazes e moças, quando me falam das interações havidas na exterioridade da escola, tanto com mães e pais quanto com o outro sexo.

Quando me falam de contatos que lhes dão prazer, muitos deixam clara uma descoberta ou o começo de uma prática do contato sexual: é o toque do namorado/namorada o que lhes dá mais ou maior prazer. Alguns deixam perceber que a experiência de prazer guarda um pouco da natureza da experiência tátil das origens: é prazeroso tanto o toque da pele do namorado/namorada quanto o da pele da mãe ou do pai. Entretanto, observo nas falas de um número significativo de alunos que o prazer do toque parece ser o suprimento de uma ne-

...essidade de proximidade, de contato, no sentido mais estrito, ou de uma necessidade mamífera de comunicação cutânea com o outro:

> Eu gosto que me abracem... (A.D.A./F., 16 anos, CJ, D.)
>
> No rosto... qualquer pessoa... (M.R.D./F., 19 anos, Liceu, N.)
>
> Qualquer pessoa que pega na minha mão... e no meu rosto... (E.U.N./F., 16 anos, ETF, N.)
>
> Que peguem nas minhas costas... Qualquer pessoa... Dá impressão de proteção... de amparo... (G.L.A./F., 17 anos, CJ, D.)

Com os dados que transparecem nas respostas até então ouvidas, é possível fazer algumas apreciações sobre as experiências táteis que os alunos têm tido com o sexo oposto, na exterioridade da escola (Quadro II).

QUADRO II
Tocabilidade dos alunos: partes do corpo tocadas por pessoa do sexo oposto – namorado(a)

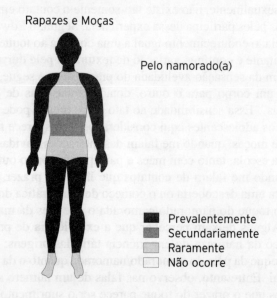

Rapazes e Moças

Pelo namorado(a)

■ Prevalentemente
▨ Secundariamente
▢ Raramente
□ Não ocorre

Nas relações com pessoas do sexo oposto, mais especificamente nas trocas táteis de namoro, as moças são mais freqüentemente tocadas do que os rapazes, a despeito de serem os mesmos os pontos corporais de toque. Moças e rapazes são, prevalentemente, tocados no rosto, no pescoço, na cabeça ou nos cabelos, nas mãos, nos braços, nos ombros, nas costas e nas pernas; secundariamente, na cintura e na barriga. Com menor freqüência, são tocados no peito – ou nos seios – e nos genitais.

Pelas indicações que fazem é possível constatar que os alunos aqui ouvidos têm sido, agora na adolescência, mais tocados por pessoas de outro sexo – os namorados –, bem mais do que são pelas suas mães. Também está claro que, nas experiências táteis com os namorados, os limites de uma zona proibida – havida nas relações com a mãe – tendem a ser abolidos. Pelo tom dessas vozes, as relações táteis com o sexo oposto parecem significar, além de uma fonte de prazer, uma via de autoconhecimento. Uma espécie de "corporização" passa a ser vivida por esses adolescentes. Esse encantamento do corpo transparece nas palavras de alguns deles:

> E eu gosto, sei lá... Tipo... uma explosão. Uma coisa que você represa muito... e de repente começa a soltar. E eu acho isso maravilhoso... (A.N.A./F., 15 anos, Anglo, D.)

> Às vezes, até eu falo comigo mesmo, no espelho (Pausa): Pô, cara! É você que tá aí?... Sou eu... vê? Não é um outro... É você, sou eu. É um lance assim... na frente do espelho... (R.U.I./M., 17 anos, Anglo, D.)

> A gente sente na pele isso... Agora, com o namorado que eu estou atualmente, que eu tô indo... assim... a fundo... É bonito... Muita gente fala – É, ela foi piçar hoje! Falam, como se o sexo fosse uma coisa tão... precária... Eu tô descobrindo isso agora. Nossa! é tão... é tão bonito, sabe? É como se fosse uma flor, assim... que estivesse brotando... (L.U.E./F., 19 anos, CPA, N.)

Como quando eram crianças bem pequenas, esses adolescentes parecem conhecer o próprio corpo à medida que são tocados, alisados, abraçados, massageados pelo corpo do outro. O corpo tende a reaparecer ou renascer no campo de suas experiências cotidianas de percepção.

Os toques e os limites escolares

Conforme eu mostrava, no início deste capítulo, os alunos falam da existência de limite à aproximação e aos toques entre uns e outros. Observações anteriores de sua movimentação na interioridade escolar, juntadas às falas até aqui ouvidas sobre sua corporeidade e tatilidade, conduzem a pensar que tais limites têm natureza semelhante à daqueles que existem nas relações do cotidiano fora da escola, principalmente no espaço familiar. Quando se referem às experiências táteis com os colegas, os rapazes parecem repetir a indicação das mesmas partes do corpo tocáveis (Quadro I) pelas mães ou pelos pais:

> (Os outros rapazes:) A mão, as costas, a cabeça... um tapa, assim, rápido... (As moças) O rosto, o pescoço, o cabelo, a mão... Costas, cintura... No peito, na coxa... joelho... (I.S.R./M., 19 anos, ETF, N.)

> (Os outros rapazes:) O cabelo, a mão, os braços, as costas. (As moças) Isso é mais as pernas... Põem a mão na perna... no peito, na nuca... (R.U.I./M., 17 anos, Anglo, D.)

> (Os outros rapazes:) O ombro, a mão... e braço. (As moças) As mãos, o ombro, o braço... Às vezes o peito... a barriga. (E.D.U./M., 16 anos, Anglo, N.)

Esses rapazes, que podem bem representar mais da metade dos alunos aqui considerados, deixam evidente um contato físico maior com as moças do que com outros rapazes. Também parece claro que as partes tocáveis de seus corpos correspondem às mesmas, tocadas pela mãe: prevalentemente, a cabeça ou os cabelos, os ombros, as costas, as mãos e as pernas e, secundariamente, o rosto e o pescoço, o peito e a barriga.

Nas respostas das alunas essa analogia com o toque familiar é bem explícita:

> Qualquer parte, brincando... ombro... braços. Da cintura para cima... (L.U.E./F., 19 anos, CPA, N.)

As mesmas partes que meu irmão pode tocar... (G.L.A./F., 17 anos, CJ, D.)

Na cabeça, no ombro, na cintura... A mesma coisa que a minha mãe... (K.A.R./F., 15 anos, Anglo, D.)

Tudo menos os seios e... (Gesto apontando no desenho a genitália)... (M.R.D./F., 19 anos, Liceu, N.)

Essas moças, como a maioria das que escuto são freqüentemente tocadas, tanto pelos rapazes como por outras moças, nas mesmas áreas corporais tocadas pela mãe. São as alunas, todavia, que se referem mais explicitamente à zona proibida de seu corpo e aos limites. É preciso atentar aqui para algumas particularidades que não são percebidas propriamente nas indicações das partes tocáveis, à vista de um diagrama, mas nas indicações que indiretamente são feitas em outras falas sobre as relações táteis entre uns e outros. Conforme eu observava anteriormente, certos alunos revelam uma resistência ou desgosto com respeito ao contato que pode haver casualmente, por exemplo, entre o próprio corpo e a "perna pesadona" do outro. E alguns manifestam um estranhamento à vista do contato corporal que acontece entre os outros – se abraçando, se beijando ou sentando no colo – associando essas efusões táteis a um avançar dos limites, que deve haver na sala de aula, ou seja, no contexto em que se encontram para o ritual da lição.

Para alguns adolescentes, entretanto, os limites não são postos em questão:

... Tem... dois amigos meus. E a Teresa, também, né? Eu dou carinho, e quero receber. Tem o Márcio, também... Eu passo a mão no rosto, no cabelo dele, abraço. (A.D.N./F., 18 anos, Liceu, D.)

O Eder é assim... Ele abraça conversa, sabe?... ele vai e fala. Que perfume gostoso!... Ele é carinhoso... (L.U.A./F., 16 anos, CPA, N.)

... eu chego num colega meu que eu gosto muito – tem vários – eu beijo, abraço, eles chegam, me abraçam... Eu acho um barato! (T.E.R./F., 17 anos, Liceu, D.)

... algumas meninas, assim, conversam com você e passam a mão no cabelo... e tiram uma espinha... Já virou normal. Já é convivência normal. (D.O.U./M., 17 anos, ETF, N.)

Enquanto nesses momentos o acariciar com as mãos, o abraçar ou o beijar é algo da convivência normal entre eles, em outros – ou para outros alunos – é atitude contrária a certas regras que definem o que deve "virar normal":

> Quando que não é natural? (Riso) Quando ele vem dar um beijo bem no canto da boca (Riso) Você... vai beijar assim, no rosto, ele vira e acerta noutro lugar... Os meninos... É demais (Riso)... Eles fazem de propósito. (T.E.R./F., 17 anos, Liceu, D.)

> Eu encho o saco dela pra caramba, que eu sento do lado dela. Quando ela tá escrevendo, às vezes eu venho com a minha mãozinha enxerida, começo a pegar no bracinho dela, assim, alisar... Aí, ela me dá um ou dois tapas. Aí eu afasto... (M.A.U./M., 18 anos, Liceu, D.)

> Aí ele vem, me abraça. E eu falo – Pára porque pode ter alguém olhando e pensando outra coisa... Eu sento do lado dele... (A.D.N./F., 18 anos, Liceu, D.)

Assim, eles afirmam que existem os toques que, para a pessoa tocada ou para outras pessoas, que assistem, têm significados outros além daqueles de carinho, afetividade ou acolhimento. Venho perceber, desse modo, que são muito sutis os limites entre o que é e o que não é "natural", ou entre o que leva e o que não leva a "pensar outra coisa". Estar se abraçando ou se beijando pode ser conduta estranha dentro ou fora da sala de aula:

> ... Já me pediram em namoro, na minha sala... mas, sei lá, eu fico com vergonha de namorar na sala de aula... Acho que... por exemplo, quando uma amiga... teve um namorado na sala... Eu achava superestranho... Todo mundo ficava comentando os atos deles. Se eles se beijavam, davam um beijinho, todo mundo gozava, a sala inteira, os professores não gostavam. (K.A.R./F., 15 anos, Anglo, D.)

Eu sou carinhosa com todo mundo... o Mário também... Esses dias... nós tava andando aí, e tava abraçado. A professora chamou nós dois. Falou que não pode andar abraçado. Deu uma bronca em nós dois (Riso). Nós explicamos: falamos que não tinha nada a ver. Ela falou que, se quisesse namorar, namorasse pra fora do portão. Falei: – Só que a gente não é namorado, a gente é amigo... (L.U.A./F., 16 anos, CPA, N.)

O estar abraçando ou se beijando, nesses casos, são atentatórios aos limites, seja porque são mensagens táteis trocadas entre namorados, seja porque, sendo entre namorados, são trocas físicas que parecem sexuais e, assim, só admissíveis "fora do portão". Os toques não admissíveis "dentro do portão" são alvo de olhares, de caçoada, de reprovação.

Os professores demonstram perceber esses momentos de intimidade física dos alunos entre si. Pelas informações que me dão, os toques com significados diferentes daqueles de puro e simples carinho, afetividade e acolhimento são percebidos, uns mais, outros menos:

Você acaba notando. Pelo próprio convívio do dia-a-dia acaba notando que há uma aproximação diferenciada. Que há um olhar diferente... uma forma diferente de se tratar... do que o simples coleguismo de sala de aula. (Prof. B.E.N., português, 28 anos, CPA, N.)

Algumas há... Às vezes demonstra, sim, evidentes... Um olhar, um toque... um beijo... um beijo roubado... Mas geralmente são olhares... Aquele olhar... (Prof. L.U.I., português, 24 anos, Anglo, D/N.)

Observo que o olhar pode ser uma forma simbólica de toque. Nada é mais sutil e dissimulado do que um olhar. Todavia, os professores se referem a formas pouco sutis de tatilidade:

Ah! sim. Isso tem, né? Tem muitas menininhas bonitinhas, os meninos elogiam, aquelas coisas... Eles gostam de tocar. Já tive aula de eles ficarem uma aula interinha, assim apertados... de mão dada. Um fazendo carinho no outro... (E.L.N., literatura, 28 anos, Liceu, D.)

Eu vejo, muitas vezes eu vejo mais, assim... Um senta do lado do outro e passa a mão nas costas... Às vezes segura na mão... Eu, tô dando aula, enxergo tudo isso aí... Às vezes até perturba a aula. (Prof. J.L.U., matemática, 45 anos, Liceu, N.)

Esses toques são formas que chegam a atrapalhar os procedimentos da aula; os sinais de quebra de limites são tão evidentes que chegam a ser perturbadores:

Às vezes, você tá dando aula, um rapaz fica alisando a menina... passando a mão no cabelo dela... dando beijinho nela... Isso perturba. Perturba os outros alunos e aí me irrito, né? (Prof. L.P.D., física, 23 anos, Liceu, D.)

Só se tiver acontecendo um tipo de coisa que teja chamando atenção dos outros. Naquela sala existe o M. e aquela menina, que são namorados. Sempre coladinho... Não tem nada a ver. Desde que o pessoal não vai tá de olho... (Prof. S.I.D., matemática, 39 anos, CPA, N.)

Às vezes eu faço brincadeira: Larga da moça, rapaz! Sem a preocupação, muito, de haver uma aproximação sexual entre eles. Mais de brincadeira, mesmo. Não estão dentro da sala de aula... Só o corpo. Nem o corpo... (Prof. J.L.U., matemática, 45 anos, Liceu, N.)

Conforme essas observações, alguns toques, pela sua persistente duração e repetição, por serem tentativas frustradas de dissimulação no fundo da sala, por se seguirem de segredos cochichados, podem chamar a atenção e perturbar os outros alunos e, portanto, "irritar" o professor e até fazer "parar a aula", o ritual da lição. Os alunos ultrapassam os limites: eles não estão "dentro do portão" ou da sala de aula mas só o corpo. "Nem o corpo", garante um deles. Um professor entrevistado mostra como pode ser bem clara a quebra dos interditos nos contatos físicos que acontecem:

Uma menina se levantou e um rapaz passou a mão na bunda dela... Aí, eu parei a aula. Parei a aula e... – Ó rapaz, não faz isso! Segura o passarinho, aí!... né?... E continuei dando aula. Quando ela voltou, ele passou a mão na bunda dela, de novo.

Aí, eu perdi as estribeiras né? ... – Escuta aqui, rapaz. Vamo ali pra fora... que eu vou te ensinar a respeitar as pessoas... E eu ia bater nele, mesmo. Aí o cara se acalmou... acalmou tudo e tal. (Prof. J.L.U., matemática, 45 anos, Liceu, N.)

Levando em conta essas indicações, bem como os dados implícitos pinçados de suas falas e das de seus professores, posso chegar a algumas constatações sobre a tatilidade ou a acessibilidade corporal dos alunos nas suas relações com os colegas (Quadro III). Nas suas relações no espaço escolar, os alunos tendem a ser mais tocados pelos colegas do sexo oposto do que por aqueles do mesmo sexo. As áreas corporais tocáveis parecem corresponder às mesmas comumente tocadas pela mãe. Entretanto, comparadas às informações sobre a vivência familiar, com as que obtenho agora sobre o cotidiano escolar, os alu-

QUADRO III
Tocabilidade dos alunos: partes do corpo tocadas pelos colegas

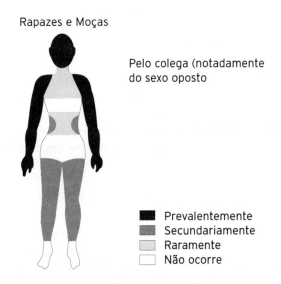

nos são tocados com muito mais freqüência pelos colegas do que pelos pais. Dizendo de outra maneira, os alunos são mais tocados pelas mãos e outras partes do corpo de seus colegas – no encostar, no pegar, no beijar, no abraçar – do que são, pelo corpo de suas mães.

Nos casos em que o significado sexual é, pelo menos, uma possibilidade latente, essas trocas podem se dar com uma tendente quebra dos limites de áreas interditadas do corpo. Os contatos físicos com essas conotações são observados nas salas de aula e em outros espaços das escolas aqui consideradas. Assim como tenho escutado sobre as regras que proíbem essas trocas táteis, tenho tido muitas referências a transgressões de regras e sobre conflitos daí decorrentes. No contexto "de dentro do portão", certos contatos físicos, como no andar abraçado, podem ter significados de namoro ou de sexualidade e, portanto, de desobediência a regras e regimentos. No entanto, as vozes da maioria dos alunos sobre suas percepções da pele do outro e sobre suas necessidades táteis me asseguram que, apesar e além de variantes e conotações, muitas das experiências, no contexto "de dentro do portão" são mensagens de estrita solidariedade trocadas entre uns e outros. Sobre essa "aproximação", posso destacar:

> Eu percebo muitas vezes, quando dois, três estão sentados, essa aproximação... Isso que eles têm... quer dizer... Solidariedade. Eu enxergo. Aliás, eu percebo muito mais isso do que a própria sexualidade... (Prof. J.L.U., matemática, 45 anos, Liceu, N.)

> Principalmente no intervalo... conversando com determinados alunos, e chegam os outros, você nota... Parece que são verdadeiros irmãos... Aqueles abraços... aquela afetividade... Todo dia, quando se encontram é aquela verdadeira festa, né? parece um reencontro... no sentido... de irmandade. (Prof. B.E.N., português, 28 anos, CPA, N.)

O toque professoral

Acompanhando o comportamento proxêmico das pessoas no encontro que se estabelece no cotidiano da sala de aula, já antes registrava alguns momentos de proximidade física entre professores e alunos. Nem todos aqui considerados foram vistos se deslocando do lugar que lhes é consagrado – a frente da sala – para ir até a carteira

– o lugar dos alunos. No entanto, todos os professores afirmam se aproximar deles. Como se numa única voz, todos me falam da "importância" de ir até o aluno e da constância ou freqüência com que o fazem. Poucos reconhecem que se aproximam de alunos bem menos por ser próprio de seus hábitos o "não parar", o "estar sempre andando", do que por serem chamados por eles, ou que só o fazem quando é preciso "olhar um caderno" e "fiscalizar". Apenas um desses professores, mesmo assim de forma implícita, admite não se dirigir até o aluno, já que na maioria das vezes a atividade do grupo é aquela de ver e ouvir a exposição da lição.

Pergunto aos entrevistados se nessas aproximações costumam tocar alguma parte do corpo do aluno. As respostas revelam traços que caracterizam as experiências táteis dos alunos com esses professores:

> Toco... No cabelo, até. Que de vez em quando, a gente... né?... – Oi, como vai? Bem rápido, no cumprimento... (Prof. L.C.P., química/biologia, 36 anos, Liceu, D.)

> Mais no ombro... Às vezes ponho a mão na cabeça... Pra que o aluno sinta bem. (Profa. G.I.S., português/literatura, 45 anos, ETF, N.)

> Ah! sim... Olho se tá com espinha... no rosto... Se tá bonita... Bochechas... Às vezes, também o cabelo... Acho bonito... acaricio. (Profa. E.L.N., literatura, 28 anos, Liceu, D.)

> Toco. Principalmente quando aluno está... meio triste... meio apagado... ombros, nas costas... ou na cabeça (Prof. J.L.U., matemática, 45 anos, Liceu, N.)

> De vez em quando, principalmente nos guri, eu passo, dou uma espécie de coice na canela do cara... mas sem machucar né?... De vez em quando eu passo (Gesto), eu tiro a mão dele pra ver o que é que tem... Muitas vezes, eu acho, assim, que um aluno precisa que você dê um tapa no ombro dele. (Prof. J.L.U., matemática, 45 anos, Liceu, N.)

Com esses depoimentos passo a compreender que os alunos aqui considerados não são tocados, do mesmo modo e com a mesma regularidade por todos os professores. Há variantes, que passam desde um toque "bem rápido" na cabeça, por um acariciar – um afagar o cabelo, as bochechas, as costas – até por um "coice na canela". São toques como forma de cumprimento, substituindo um "oi", num gesto de consolo, quando o aluno está meio triste e "apagado", ou num tapa brincalhão, "para que sinta bem", "porque o aluno precisa":

> Toco. Toco sim. Abraço os alunos... Seguro na mão, dou um abraço... Aquele abraço, tipo indo pra sala de aula... conversando. (Prof. C.A.R., matemática, 33 anos, Anglo, D/N.)

> Toco. Toco... Parece que as pessoas não... não estranham ao toque... Comigo não: vou lá, pego no ombro, às vezes dou um abraço... Tenho muito esse tipo de coisa. Tanto com homem quanto com mulher. Tenho. A partir do momento que se cria amizade, e então, um contato maior... eu chego e abraço... (Prof. L.U.I., português, 24 anos, Anglo, D/N.)

"Segurar" na mão e "pegar" no ombro ou o abraçar são experiências recíprocas de contato que, mesmo indiretamente, podem provocar o agrado da pele tanto de quem é tocado quanto de quem toca. São muito raros os professores que seguram, pegam ou abraçam os alunos. As professoras referidas tendem a ser as mesmas:

> Meu professor de matemática, sim. Ele vai, pega assim no meu cabelo, conversa comigo, fala que eu tô bonita. (L.U.A./F., 16 anos, CPA, N.)

> ... É até gostoso quando você recebe isso... quando uma professora chega, passa a mão na sua cabeça e: – Oi!... Dá um "oi" especial... (G.L.A./F., 17 anos, CJ, D.)

> ... Eu gosto... Porque ela, assim... abraça a gente, pega na gente... Adoro... Ela vem pro meu lado, pega na minha cabeça... Não é só de mim, não. É de todos. (K.A.R./F., 15 anos, Anglo, D.)

> O professor... Ele vive me paparicando, me abraça, me beija, eu abraço e beijo ele. Ele me abraça mas eu sei que ele está me abraçando... é como se fosse uma filha dele... (S.I.M./F., 17 anos, Anglo, N.)

Não é difícil perceber que são prazerosas as reações que provocam os tão raros afagos e abraços lembrados por essas alunas.

Também são poucos os professores que tocam, mesmo "bem rápido", nos gestos de cumprimento, de consolo ou de brincadeira. Apesar de a grande maioria afirmar que toca os alunos, as falas destes vêm demonstrar a pobreza tátil de suas relações com quase todos. Isso pode ser observado nas indicações feitas pelos adolescentes. A quase totalidade dos entrevistados indica apenas um, dois ou três pontos do corpo:

> Eles tocam mais no ombro... Um tapinha... (I.S.R./M., 19 anos, ETF, N.)
>
> Nas costas... (A.L.I./F., 18 anos, ETF, N.)
>
> No ombro e na cabeça. (E.M.E./M., 17 anos, Anglo, D.)
>
> Mão e cabelo... Braço, de vez em quando. (A.D.A./F., 16 anos, CJ, D.)
>
> Mãos e ombro... Só no cumprimento. O rosto e a cabeça, às vezes. (P.A.U./F., 16 anos, C.J., D.)

Consoante essas indicações e outras referências aqui feitas, posso constatar que, nas suas relações táteis com os professores no interior da sala de aula e da escola (Quadro IV), os alunos são tocados prevalentemente nos ombros e na cabeça, ou nos cabelos. As áreas corporais secundariamente tocadas são as costas, as mãos e os braços. É muito raro serem tocados no rosto – no queixo ou nas bochechas. Parece clara a semelhança dessas trocas cutâneas com aquelas que caracterizam as relações dos alunos com seu pai. As áreas corporais não tocáveis nas relações com o pai correspondem às mesmas nas relações aqui, com os professores. Comparados com as moças, os rapazes são tendencialmente menos tocados pelo professor, o que também acontece nas relações com o pai.

Posso ainda salientar, com respeito às relações físicas dos alunos com os professores, uma observação que, de certa maneira corrobora alguns registros feitos anteriormente. Noutro momento, afirmava que os movimentos de aproximação professor —> aluno eram menos recorrentes que os de aluno —> professor. A tendência dos alunos de se

QUADRO IV
Tocabilidade dos alunos: partes do corpo tocadas pelos professores

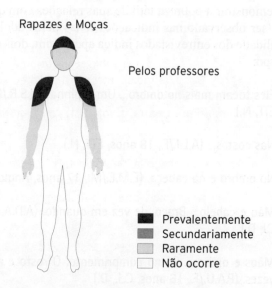

deslocarem de suas carteiras até o lugar do professor, mais do que a fazer-lhe um chamado é aqui referida pelos professores. O motivo mais comum dessas aproximações aparece nestas falas:

> Sim. Demais. Com dúvidas... e exercícios, também. (Prof. S.I.D., matemática, 39 anos, CPA, N.)

> Talvez quando eles têm uma dúvida meio pesada, meio apurada... talvez com vergonha da sala... é próprio do aluno tímido... vergonhoso... (Prof. L.U.I., português, 24 anos, Anglo, D/N.)

Os alunos se aproximam dos professores – e as palavras não contradizem os registros já realizados –, em geral com uma "dúvida". Mas alguns falam de motivos outros, além de dúvidas:

> Vão quando querem... justificar uma falta... Ou então quando elas querem contar uma piadinha também (Riso). (Prof. V.A.L, física, 26 anos, CJ, D.)

> Constantemente... Quando elas querem... principalmente quando elas querem falar algo comigo que é só comigo... (Profa. G.R.I., didática, 51 anos, CJ, D.)

> Sim... Eles vêm, né?... quem sabe, seja até uma técnica... que eu às vezes faço sem me aperceber. Quando eu entro... Então ... – Ó, pessoal!... O Professor tá aqui! Sou eu!... Eu acho que... faz eles vir ali pra frente... (Prof. J.L.U., matemática, 45 anos, Liceu, N.)

> Muitas vezes! Eu chego lá, tem dois, três... Um sentado na cadeira e três... sobre a mesa. As meninas, principalmente. Elas alegam não estar enxergando e vai, assenta... (Prof. L.P.D., física, 23 anos, Liceu, D.)

> A gente nota também... que muitas vezes tem umas... umas meninas que vai só para... ficar perto de você e tal... (Prof. S.I.D., matemática, 39 anos, CPA, N.)

Além da dúvida, que exige uma explicação, existe ainda o segredo ou a piada, que requerem uma distância menor e maior intimidade com o professor. Existe ainda o "ir ali pra frente", porque o professor chamou, ou "para ficar perto" do professor.

Venho observando, desde os momentos em que acompanhava pela fotografia o comportamento proxêmico dos alunos que, em geral, só muito raramente se aproximam de certos professores. Esses mesmos professores me falam sobre as possibilidades de aproximação dos alunos:

> Não. Acho difícil... Só quando há uma atividade. (Profa. L.I.L., inglês, 31 anos, Anglo, D/N.)

> Só de vez em quando. Quando eu dou um assunto pra eles estudarem... então eles... vêm até a mesa. Mas geralmente, eles levantam a mão... na carteira. (Profa. G.I.S., português/literatura, 45 anos, ETF, N.)

Não. Não tem, assim, muito costume, não. Sempre perguntam e a gente tira a dúvida que já é de outros, também, né? (Prof. L.C.P., química/biologia, 36 anos, Liceu, D.)

Geralmente eu os chamo... corrigindo redação... Ou então eles entregam... Dentro daquela distância, tem que ter sempre um limite... eu não estabeleço, eu deixo que... Se ele aproxima demais, eu afasto um pouquinho ou então... é... pra não ficar amontoado... (Prof. J.P.C., português, 56 anos, Liceu, N.)

Se as dúvidas fazem com que os alunos se aproximem dos professores em geral, no caso desses professores, não são motivos suficientes para que eles se desloquem de suas carteiras. E, se vão até o lugar do professor, só o fazem "dentro daquela distância", já que "tem de haver limites". Essa diferença de distâncias, de limites, de dimensão de "bolhas protetoras" pode ser percebida clara ou subjacentemente nas falas dos entrevistados. Para dizer de sua acessibilidade corporal na interação com os alunos, certos professores assim se expressam:

No ombro... Mão na cabeça... chegam assim, por trás, e pegam o cabelo... As costas... o braço, também... (Profa. E.L.N., literatura, 28 anos, Liceu, D.)

Cabelo... Orelha, brinco... rosto... Pescoço... costas... ombros, braços... mãos... pernas... (Prof. L.U.I., português, 24 anos, Anglo, D/N.)

Os alunos sempre seguram no ombro... aqueles tapinhas... As meninas, não. Já encostam, dá beijinho no rosto... Começa a passar a mão no braço da gente... Às vezes eu sentado, assim... aqui na perna, na coxa... Tem umas que chegam por trás, e me dá um beliscão, assim. (Prof. S.I.D., matemática, 39 anos, CPA, N.)

Os braços, as mãos, a cabeça e ombro também. A cintura e essa parte do peito... No meu braço... Às vezes no meu cabelo... Tem aluna que chega do corredor, vem correndo e me abraça... e me abraça. (Prof. V.A.L., física, 26 anos, CJ, D.)

Me abraçam. Normalmente me abraçam... Você viu na sala, né?... Sempre tem umas que dão um beijinho, né? no rosto alguns tocam (Riso), sim... No primeiro grau é quase todo dia. É você sentar, vai uma lá, faz chuquinha, outra... segura. No segundo é mais esporádico, né? (Prof. C.A.R., matemática, 33 anos, Anglo, D/N.)

Claro está que esses professores, assim como tocam com alguma regularidade o corpo dos alunos, costumam expor-se a suas manifestações de tatilidade. No contexto das escolas observadas, parecem mais comuns os casos em que os alunos tomam a iniciativa de tocar seus professores, o que leva a supor uma maior ou mais explícita necessidade de contato por parte dos adolescentes. Algumas alunas tocam habitualmente outras partes do corpo dos professores – mais do que o das professoras – além da cabeça, ombro, costas, braços e mãos: não é incomum a referência a meninas que tocam a cintura e parte do peito, que dão beijinhos no rosto, que começam a passar a mão, que as mãos "correm" pelas coxas, que dão beliscões e que abraçam. Sendo uma das experiências que requerem maior intimidade e reciprocidade, o abraço constitui, entre os toques, o que mais provoca perturbação. A julgar pelo tom e pelo conteúdo de algumas falas, essa perturbação parece associar-se a sensações de natureza sexual:

Não. Só se for menina. Se for menina, eu me perturbo. (Pausa) Eu fico preocupado. Eu sei até onde esse povinho pode chegar... né? De vez em quando você pensa que você tá... tá ajudando... dando uma explicação, e ela tá se esfregando em você, mesmo, né? (Prof. J.L.U., matemática, 45 anos, Liceu, N.)

Tem aluno que eu não deixo chegar perto. Não deixo. Porque eu sei que eu vou ficar perturbada... E eu me afasto porque... É uma atração física violenta. Fica meio sem graça falar disso... Mas, é... a realidade... Eu já sei isso, que eu tenho isso, né? É algum aluno em especial, né? que quando ele toca eu... vou sentir... como se fosse tocada por um namorado ou coisa assim. Então, não deixo chegar muito perto. (Profa. I.V.A., geografia, 30 anos, Anglo, N.)

Isso ocorre. Acho que mais as moças. Mas essas situações, você considera normais. Agora, existem os toques estranhos, né? (Prof. O.D.D., matemática, 29 anos, ETF, N.)

Me deixou encabulado... Nesse toque, no abraço, foi todo o corpo. Essa parte, essa área que tava impedida... foi toda... tocada!... Agora... o prazer, em si, foi no toque que ela... Eu sentia a sensação das mamas, assim no meu peito, né? Aquele aperto... mistura de sensações... eu senti, assim... não só ela como aluna mas como uma menina, uma adolescente, né? que abraça o homem... Não vou dizer que não deu prazer. Deu, né? (Prof. V.A.L., física, 26 anos, CJ, D.)

Pelos implícitos, os toques aqui referidos não são associados a expressões de simples afetividade, acolhimento ou brincadeira, mas a experiências de sexualidade. Alguns se referem mesmo a uma atração física – a do outro ou a própria – nesses contatos estranhos, que preocupam, que perturbam, que encabulam. Não são situações consideradas "normais": quando certo aluno toca certa professora, faz com que esta se sinta como se fosse tocada por "um namorado ou coisa assim". A respeito de "barreira", um desses professores diz indiretamente das distâncias ou dos limites impostos por regras de comportamento internalizadas por uns e outros. Essas regras, que ditam sobre as partes do corpo que podem ser tocadas, de que modo e por quem – ao que anteriormente já me referia –, são oriundas da exterioridade da escola ou podem ser reconstruídas na sua interioridade, numa palavra, nos regimentos. As distâncias ou limites muito definidos podem ser trazidos de fora por certos alunos, tornando maiores as suas "bolhas protetoras". Assim como há alunos que não "chegam muito", tanto nas aproximações de colegas quanto nas de professores, há também professores que, de forma inconsciente ou consciente, pouco ou nunca se deixam tocar:

Não! Acho difícil. [...] Eles não tocam meu corpo... (Pausa) Se acontecer... Ele vai tocar aqui, ó (Aponta o ombro no diagrama) ... Se acontecer, porque aí, no caso, eu não tô vendo. Eu acho que eles não tocam mesmo. (Profa. L.I.L., inglês, 31 anos, Anglo, D/N.)

Meu ombro... só! E no braço, pega no braço. Somente. [...] De vez em quando... Jamais na sala de aula. Fora. Só fora. (Profa. G.I.S., português/literatura, ETF, N.)

Os alunos tocam a gente... mas, assim, como... né? ...com ar de cumprimento... Fora da sala de aula. Na sala de aula... fica estrito... É mais costa, braço ou ombro... (Prof. L.C.P., química/biologia, 36 anos, Liceu, D.)

Não... Às vezes podem chegar a encostar mas tocar, não... eu sempre fui um pouco rígido e talvez eles se afetem daquela... familiaridade, assim... de tocar... Você viu lá: distante. Esse é o sistema que eu uso... Não tem... aluno chegar, me segurar... Já é da minha índole e se acostumaram com o meu sistema. Quando eles alvoroçam... eu mando sentar. (Prof. J.P.E., português, 56 anos, Liceu, N.)

Tais professores parecem ser "rígidos" pela própria índole ou pelas regras de comportamento já há muito cristalizadas. Os alunos não costumam se deslocar de seus lugares para chegar até sua proximidade. Se acontecer de encostar, o aluno vai tocar apenas uma parte do seu corpo, apenas "com ar de cumprimento" e fora da sala de aula. Entretanto, mesmo os professores que habitualmente se deixam tocar, precisam, em certas ocasiões, evitar que um aluno chegue muito perto ou encoste:

Muitas vezes... Discretamente, você procura um jeito, né?...ir ao quadro... entendeu?... Por causa da direção da escola, por causa das pessoas que estão passando. De repente, tem quatro alunas, pertinho de você, e pega mal... Existem comentários demais, entendeu? Existem umas que são, assim, mais... empolgadas, né? Quer dizer, avançam em você, aí na sala de aula. [...] E quando entrar a diretora aqui e a menina em cima de mim... vai... Não tem nada a ver. (Prof. S.I.D., matemática, 39 anos, CPA, N.)

Alguns toques eu já... fiquei, assim, meio... ressabiado, né? Porque... Você mantém uma postura de professor e aqui dentro eles exigem... que você tenha uma... um certo distanciamento da aluna... Os outros olham... Então, é aquela coisa, assim, de... você tá sempre preocupado de não dar o que falar... Então é aquele receio, né? (Prof. V.A.L., física, 26 anos, CJ, D.)

Meses atrás... tava abraçado com a minha namorada, que é aluna. E aí a professora... me chamou... na sala dela... Olha, é norma do colégio, não se pode namorar dentro do pátio... Aí,

nós quebramos o maior pau... Usei todos os argumentos... ela...
– Vou ter que suspender sua namorada! (Prof. L.U.I., português, 24 anos, Anglo, D/N.)

Um traço comum nas falas desses professores é a referência às atitudes de evitação da proximidade e das trocas táteis com o corpo das alunas. A distância íntima e a iminência do contato precisam ser suprimidas não somente pela índole ou "pela cabeça" do professor e da aluna ou por regras de comportamento trazidas da exterioridade escolar, mas por regras inscritas num regimento: "não se pode namorar no pátio" ou em qualquer espaço aquém do portão da escola. Os toques entre um professor e uma aluna ou entre uma professora e um aluno, tanto ou mais que os toques entre alunos e alunas, são sistematicamente associados ao comportamento de namoro, quando não a contatos sexuais num sentido lato. É preciso "manter uma postura de professor", e essa postura é julgada pelo olho do diretor. Mesmo que este não venha a passar no pátio ou a entrar na sala, pode julgar por intermédio de um coordenador, de um supervisor, de um orientador, de um inspetor, ou até mesmo por professores e alunos, uma vez que "os outros olham". Gestos como o encostar uma parte do corpo, "pegar", "passar a mão" e principalmente abraçar parecem ser experiências táteis proibidas. Entretanto, pelo testemunho que aqui considero, não são propriamente os toques os alvos de interdição, mas o comportamento de namoro ou de contato sexual que podem simbolizar, na relação corporal entre pessoas de sexos diferentes. Isso é mais bem compreendido pela história contada por um dos entrevistados:

> Então, eu... Você procura o... e faz isso, que com o... eu me entendo... Certos alunos mesmo, chamei a atenção dela, olha ali: aquela tá de mão dada com aquela, aquela tá abraçada com ele, e olha lá aqueles dois meninos: estão abraçados. Dois meninos! Então você vê. Qual deles, tá namorando? Nenhum deles!... – Ah! não são namorados? Como é então que você vai agora colocar essa coisa, não pode fazer isso, isso e isso? Então... eu posso namorar com a... e posso segurar a mão dela... De repente, ela não me apresentou parâmetros pra distribuir o que é namoro e o que não é; o que é permitido e o que não dentro do colégio. E... diz apenas lá que é um regulamento, e com uma forma indefinida... Por que que eu tenho que ser o cristo? Você nunca vai conseguir que eu abaixe a

minha cabeça para você... (Prof. L.U.I., português, 24 anos, Anglo, D/N.)

Mais do que entre dois alunos, o contato físico entre um professor e uma aluna pode ser associado a namoro ou sexo. O tato, segundo F. Davis,[7] implica em *status*. Um professor pode, casualmente, encostar a mão numa aluna, mas esta não pode se deixar ver encostando a mão no professor, sem que esse comportamento seja considerado perturbador. Essa experiência se torna mais punível pelo fato de se dar no pátio, um espaço dos alunos, onde não é costumeira a presença de professores.

Em uma das escolas aqui consideradas, a aproximação física entre um professor e uma aluna pode ser associada à iminência de um toque que, por sua vez, é um comportamento reprimível, de namoro, de sedução ou de sexo:

> O professor de física... (Riso). Ele é todo engraçadinho. Um dia a gente sentou no corredor, eu e ele, nessa escada. De repente, a Irmã pegou eu e ele lá conversando, a gente bateu papo mesmo, sobre o colégio, sobre o regimento do colégio. Aí, a irmã pegou, né? e olhou, assim pra mim e: Professor, é hora da acolhida. Ele ficou todo sem graça, e eu também. Eu até comentei com ele depois: Será que não deu a entender outra coisa? (G.L.A./F., 17 anos, CJ, D.)

Entretanto, numa mesma escola em que um professor é advertido, pode acontecer de um coordenador, supervisor ou orientador não cumprir fielmente as regras constantes do regimento escolar:

> (Riso) Segundo as normas do colégio... essas... Isso seria proibido. Um cara que eu considero muito que é o... já me viu beijando a namorada, que é aluna... já viu determinados alunos também beijando. E nunca tomou uma posição. Porque a posição teria que ser ali: suspender. Se ele fosse ao pé da lei... ele teria que fazer, segundo as normas do colégio. Mas ele não fez. (Prof. L.U.I., português, 24 anos, Anglo, D/N.)

Se numa das escolas professores e alunos precisam evitar ou suprimir a proximidade corporal, porque "os outros olham" e entendem "outra coisa" – como proximidade sexual –, numa outra ou num outro turno escolar, pelo olho de um outro diretor – ou quem por ele "tome uma posição" –, a proximidade associável ao namoro ou sexo não é vista como passível de punição. Parece haver um conflito entre as regras declaradas nos regimentos e a "posição tomada" nos seus descumprimentos.

Desde os primeiros momentos de permanência nos espaços interiores das escolas, pouco ou nada tenho presenciado de toques entre professores e alunos que possam ser claramente associáveis a contatos de namoro, sedução ou sexo. Tenho, entretanto, escutado muitas confidências e alguns dos entrevistados me dão notícias de que esses contatos acontecem. Segundo as informações que vou somando, essas relações entre pessoas de diferentes sexos nem sempre se caracterizam pelo contato no sentido estrito – pele a pele. Professores e alunos me falam de contato num sentido visual:

> Sempre a gente nota, também... Mais alunas. Alunos... não dá pra perceber muito... porque, mesmo se tem uma... mesmo se for... uma forma... Eles procuram ser o mais discreto possível com o professor... A gente nota... um olhar diferente, assim... olhando meio... vidrado, meio diferenciado... (Prof. B.E.N., português, 28 anos, CPA, N.)

> Como... eu sou, ainda, um cara tímido, apesar de conversar muito... Eu me mantenho naquela posição de... Primeiro eu me assusto... que é o olhar... entendeu? E... Toco a aula. Ninguém percebe... mas eu percebo. (Prof. L.U.I., português, 24 anos, Anglo, D/N.)

> Ele veio com uma história de dar uma cantadinha em mim, entendeu? Aqui na porta da sala de aula. Ele é indecente (Riso). Primeiro que ele olha pra gente no olho, assim... e fica secando né? (S.I.M./F., 17 anos, Anglo, N.)

> Acho que... tem um pouco de malícia também. Eu já percebi várias vezes... O... ... ele olha... secando da cabeça aos pés... (A.D.N./F., 18 anos, Liceu, D.)

Nesse caso, professores e alunos são tocados não pela pele do outro, mas por olhares, por mensagens visuais. É como se o tato, um sentido de proximidade, se apoiasse ou fosse substituído pela visão, um sentido de distância. A experiência resultante é uma troca de mensagens com marcas tanto visuais quanto táteis, ou seja, guardando ainda a natureza de sua gênese comum ectodérmica.

Histórias me são contadas, de paixões de alunos por professores ou de namoro entre uns e outros:

> Fiquei sabendo... que... que uma aluna já disse que... que gostava de nós... assim, né? Inclusive, comigo e com o professor..., de física, né? que ela tinha atração por nós... Mas, sem nada, ela nunca falou nada... Tem muito aluno que fica apaixonado pelo professor... O professor fica pelo aluno... pode acontecer... (Prof. C.A.R., matemática, 33 anos, Anglo, D/N.)

> O fato dele ser namorado de uma aluna do colégio... Muita gente fala... Tá namorando o professor... A menina aqui, começaram a pegar no pé dela porque ela namorava com ele. Ela não podia tirar uma nota boa... porque falavam que era namorada do professor. (E.M.E./M., 17 anos, Anglo, D.)

Nessas histórias não há menção de toques de qualquer natureza. Mas alguns professores falam de reações "despertadas" por contatos perturbadores:

> Agora, no segundo grau, geralmente elas despertam... eu acho que eu estaria mentindo, dando um prejuízo pro seu trabalho se não dissesse que elas... procuram despertar essas parte do sexo em relação a mim. Muitas vezes elas provocam e... não adianta eu falar. Não! Não há disso... Dentro da cabeça passa esses momentos... né? de desejo... de prazer... Passa! Passa... (Prof. V.A.L., física, 26 anos, CJ, D.)

> Eu fico perturbada e não sei às vezes que atitude tomar... Porque... se fosse quando eu tivesse quinze anos... tudo bem, né? mas agora não dá mais... Assim, aquela coisa de perda... Sou professora... Já tô bem mais velha que aquele aluno. Assim, me dá a sensação de perda... E de não tá mais naquele meio... Eu já namorei pessoa bem mais... dez anos mais nova que eu, mas não aluno, entende? É uma coisa assim: aluno... é aluno. Uma coisa estranha... (Profa. I.V.A., geografia, 30 anos, Anglo, N.)

Com essas e outras falas semelhantes não é difícil perceber que os contatos existem – palavras, olhares, aproximações e mesmo toques – assim como existem "momentos de desejo" ou "de prazer". Também não é difícil perceber, pelo tom relutante desses professores, a perplexidade que é vivenciada nesses momentos: entre o seu "desejo" e o seu "prazer" existe a realidade do espaço e do tempo da sala e da escola, da sua missão ritual de professor, assim como também existem as regras e os regimentos, e por meio deles uma gestão de sua corporeidade. No entanto, se algumas falas me vêm demonstrar que os contatos físicos de namoro, sedução ou sexo acontecem aquém do portão da escola, sob formas principalmente sutis, dissimuladas ou simbólicas, outras falas me sugerem que essas experiências, então por formas evidentes ou reais, podem acontecer no cotidiano vivido na exterioridade da escola:

> A... Nós tivemos um relacionamento entre homem e mulher, mesmo. Namoro, sei lá... Extra-escola. Tem cinco anos já, que eu dou aula. Eu te confesso que eu... sempre tive relacionamento com aluna, entendeu? Sempre também... mexi com meninas... que tinham a cabeça no lugar né? ...Não mexo com criança... Mas não tem nada a ver... aula com extra-aula... (Prof. L.P.D., física, 23 anos, Liceu, D.)

> Porque a aluna... o professor... Há essa atração... de... a aluna sempre se apaixonar pelo professor. A... foi assim... uma menina fora do comum. Ela foi pra mim um exemplo disso. Aí... eu convidei... a gente saiu... Seis meses de namoro, já. Talvez seja a última namorada... (Prof. L.U.I., português, 24 anos, Anglo, D/N.)

Tudo o que apresentei até aqui sobre a temática da tatilidade pode resumir-se em algumas considerações. A primeira delas é a de que o tato é, dentre os sentidos, o que mais exige proximidade. Uma das mais fortes tendências dos alunos, nas escolas consideradas, é a busca de menores distâncias nas relações entre uns e outros, a despeito de o espaço escolar ser organizado – arrumado – de modo tal a separar ou distanciar seus ocupantes. Os alunos observados e entrevistados em sua grande maioria – como diria Ashley Montagu –[8] são pessoas táteis. Além de tenderem a buscar proximidade em suas interações na vivência cotidiana da escola, tendem a tocar e a se expor aos toques uns dos outros. As observações sugerem, e as falas aqui ouvidas revelam que a sensibilidade tátil é mais forte do que nunca nesta fase de suas vidas, quando se torna uma necessidade a tocar e ser tocado, "não apenas como estimulação sensorial impessoal, mas como realização e satisfação simbólica da busca de intimidade, aceitação, tranqüilização e reconforto".[9] Quando manifestam essas características táteis, os adolescentes aqui vistos costumam tocar e ser tocados em áreas corporais correspondentes àquelas tocadas pelos familiares, notadamente as mães. Muitas dessas trocas se assemelham àquelas havidas nas suas relações com pessoas do sexo oposto – os namorados. Os toques entre colegas são considerados experiências prazerosas ou manifestações agradáveis de afetividade, carinho, acolhimento e até mesmo de ludicidade.

Entre os professores observados e entrevistados, há os que podem ser considerados não-táteis: são aqueles que pouco ou nunca se deslocam de seus lugares para buscar proximidade com os alunos e de quem os alunos pouco ou nunca se aproximam. Esses não costumam tocar ou ser tocados pelos outros. De modo geral, os contatos com os professores, pela modalidade e pela freqüência dos toques, são semelhantes àqueles mantidos com os familiares, mais especificamente o pai. No entanto, entre todos, há também aqueles considerados professores táteis: aproximam-se regularmente do lugar e do corpo dos alunos, assim como não estranham a proximidade física do outro. Tocam e se deixam tocar pelos alunos.

As relações táteis entre alunos e professores, conforme dados que extraio da observação e da escuta, são também experiências tidas como prazerosas, também associadas a afetividade, carinho e acolhimento.

Certos toques, tanto nas aproximações de aluno-aluno como nos de professor-aluno são tomados como contatos de natureza sexual. Tais experiências são interditadas no contexto do espaço escolar, e as transgressões são motivo de constrangimentos, de receios ou de medo. Entretanto, as aproximações e os toques entre pessoas de diferentes sexos – alunos ou professores – acontecem nos espaços interiores da escola, a despeito dos conflitos com diretores e regimentos, das advertências e até de suspensões resultantes. As trocas táteis de namoro – ou os "relacionamentos entre homem e mulher", como diz um dos professores – se dão além do portão das escolas, fora do espaço ritual da lição e longe do olhar onipresente dos gestores.

É preciso, ainda, evidenciar um dado interessante sobre a tatilidade entre os observados. Nos movimentos de aproximação – no seu lugar ou chegando até o lugar do aluno – o professor tende a tocar o objeto que o aluno tem à mão, quase sempre a página do caderno ou do livro, algumas vezes a caneta ou o lápis:

> Nessas horas, quando elas estão segurando o lápis, a caneta... às vezes esbarro, elas ficam lá, com a mão, e eu estou escrevendo. Então, o que eu sinto mais é a proximidade do papel. No começo é o toque da aluna. Depois passa a ser, puramente, o ato mecânico de... desenvolver... (Prof. V.A.L., física, 24 anos, CJ, D.)

> Eu pego sim.. pra ler melhor... e não sou capaz de fazer nada... pra eles, se não pegar a caneta. Eu não sou capaz de ver se tá certo: eu tenho que pegar do lado dele, pegar o lápis dele, o meu lápis ou o caderno dele... (Prof. J.L.U., matemática, 45 anos, Liceu, N.)

> Eu olho caderno por caderno. É uma forma de tocar... o instrumento de trabalho dele, que é o caderno. (Prof. B.E.N., português, 28 anos, CPA, N.)

Segurar o lápis, pegar a caneta ou o caderno dele são atos mecânicos de tocar "os instrumentos de trabalho" do aluno. Entretanto, se considerar que esses "instrumentos" são extensões da mão – do corpo do aluno –, esses toques serão formas simbólicas de contato. O sentido de pele sugerido pela celulose talvez indique algum motivo pelo qual alunos e professores, mesmo aqueles pouco táteis, estejam sempre se tocando por intermédio do papel...

Notas

1. Citado por Davis, Flora, *op. cit.*, p. 138.
2. Montagu, Ashley, *op. cit.*, 1988, sobretudo p. 371.
3. Cf. Davis, Flora, *op. cit.*, 1979, p. 137
4. A tocabilidade ou acessibilidade corporal de estudantes foi objeto de pesquisa de Sidney Jourard, na Califórnia, em 1966, conforme referências encontradas em Corraze, Jacques, *op. cit.*, p. 156 e ss.; e Davis, Flora, *op. cit.*, p. 139.
5. Davis, Flora, *op. cit.*, p. 137.
6. Citado por Davis, *op. cit.*, p. 137.
7. Cf. Davis, Flora, citando Goffmam, *op. cit.*, p. 138.
8. Montagu, Ashley, *op. cit.*, p. 279 e ss.
9. Idem, ibidem, p. 213.

10

Os sentidos de prazer e o cotidiano da escola

Nos tópicos anteriores, alunos e professores falaram dos estados agradáveis e desagradáveis propiciados pela organização do espaço escolar – sua arrumação, seu funcionamento, sua administração – assim como das sensações agradáveis e desagradáveis que percebem enquanto participantes do ritual escolar cotidiano – suas formas e cores, seus ruídos, seus cheiros. Falaram principalmente de suas percepções táteis, das experiências, do contato físico entre uns e outros, de sua "tocabilidade".

Ainda examinando aspectos do cotidiano de meus entrevistados, passo aqui à escuta de suas falas sobre as experiências de prazer que podem ser vividas na escola. O intento, agora, é o de rastrear os sentidos que professores e alunos conferem ao prazer, bem como analisar as relações entre o prazer e o comportamento proxêmico.

A fala do professor: o prazer da atenção

A maioria dos professores que afirmam ser prazerosa sua permanência diária no espaço escolar, afirma também ser difícil definir esse prazer:

> (Pausa) Como é que... como é que se define prazer? [...] Eu gosto de estar com elas... Eu gosto. A satisfação que essa

> turma dá, em termos de... de disponibilidade, de... até de aceitar... determinadas horas... Vamos descer todo mundo e vamos fazer bagunça, lá em baixo? Elas topam... (Prof. G.R.I., didática, 51 anos, CJ, D.)

> Eu não saberia definir qual é esse prazer. Eu sei que... eu chego, de noite, eu tenho necessidade de vir pra cá, para a aula. Eu sinto... Eu gosto de dar aula... Mesmo com salário atrasado, essas coisas, tudo... eu chego dentro da sala de aula, eu esqueço do problema que eu tenho... nas férias, fico me preparando, fico preocupadíssimo... (Prof. J.L.U., matemática, 45 anos, Liceu, N.)

A despeito de não definirem o que sentem quando, cotidianamente, estão com grupos de alunos, esses professores dizem de gostar, ou de ter "necessidade". Para uns, a satisfação é dada por "essa turma" em especial. Para outros, é mais do que uma necessidade diária, independentemente de qual seja a turma. Qualquer problema, portanto, quaisquer outras "necessidades" podem ser esquecidos com esse "estar dentro da sala de aula".

Segundo alguns desses professores, o prazer de estar com os alunos não é propriamente o da transmissão das disciplinas, dos saberes da lição:

> É tentar passar, talvez não uma matéria, mas um pouco de conhecimento de vida pra... não quebrarem a cara tanto quanto eu tenho quebrado. E tá aí... O pessoal gosta, conversamos, brincamos... Esse tipo de coisa.
> No seu prazer... com eles... não há um prazer ligado ao que não seja... dar pra eles... mas tirar deles?
> Talvez sim... No sentido de... da juventude deles... A gente tá perto, ali... até brincando eu acho que tiro um pouco da energia deles pra mim... Talvez. (Prof. L.U.I., português, 24 anos, Anglo, D/N.)

> É o número de amigos que... acaba espontaneamente adquirindo... Então... é esse relacionamento, essa forma sincera que eles tratam a gente, que acaba até... fazendo que não importa que seja Português. Importa que você esteja em contato com os alunos, aquela convivência amiga. (Prof. B.E.N., português, 28 anos, CPA, N.)

Importa bem menos a esses professores a matéria que passam do que a amizade ou a energia que têm na relação com os alunos. Importa bem menos a lição do que o "estar perto", a "convivência", o "contato".

Entre os professores, há aqueles para quem o prazer tanto é conferido por estarem com "esses alunos", nessa "convivência", quanto pelo fato de conseguirem transmitir determinados conteúdos:

> É quando... eu... termino o conteúdo... É uma coisa bonita. quando eu consigo fazer com que me apareça um dez, um nove... Prazer é isso aí... pra mim... (Prof. S.I.D., matemática, 39 anos, CPA, N.)

> Bom, eu... eu me dou totalmente a eles... Eu adoro. No que depender de mim, precisarem de mim... terão, entendeu? Eu acho que a Matemática tem muito a ver com a vida que eles vão continuar tendo. Tudo tá ligado. São duas coisas que amo, né? a Matemática e os alunos (Riso)... (Prof. C.A.R., matemática, 33 anos, Anglo, D/N.)

Para muitos desses professores, o prazer do encontro com os alunos é mediado pelo encontro com o saber ou a disciplina. Assim, esse prazer parece depender de certas atitudes ou de certos procedimentos.

> Eu vou fazendo esse joguinho meu, né? de interesse... Ah!... Ele me trata bem!... Ele gosta de mim... O maior prazer é quando eu vejo, apesar dos... dos artifícios que eu uso, é ver a aluna captar tudo que eu... passei, sabe?... (Prof. V.A.L., física, 26 anos, CJ, D.)

> É esse que é... professor. Não o que fica lá na frente... enchendo o quadro de... de besteira... e nada de diálogo. De repente, você tá numa turma e o pessoal não gosta do conteúdo... Aí, você vai ter que ter... jogo de cintura pra fazer que a turma goste da matéria... goste de você... (Prof. L.P.D., física, 23 anos, Liceu, D.)

> ... No começo eu tava muito presa... Um pouco era o conteúdo do livro... Não tinham estudado Literatura... Eu voltei, parei, conversei com eles... Quer dizer, o prazer que eu tenho de

estar com eles, eu quero que eles tenham o mesmo de estar comigo... conversando... (Profa. E.L.N., literatura, 28 anos, Liceu, D.)

Entre todos os professores entrevistados, há alguns que sugerem que a sua convivência com os grupos não é prazerosa. Um deles aponta como motivo de desprazer o fato de não conseguir "fazer com que o aluno vise a importância de seu idioma":

> O que mais... maltrata o professor, é justamente esse relaxamento... Fica deprimido... quando corrige as redações, as tarefas, pelos erros que ocorrem... são erros mesquinhos... Muitas vezes o professor se crucifica mas sem razão, porque isso é parte do aluno. O meu prazer maior... Era fazer com que aquele aluno criasse aquele gosto de, pelo menos, falar bem o seu idioma... Acontece que uma boa parte... não tem... sei lá, esse gosto... E você constatou, porque esteve sempre lá, e viu que, as classes estavam vazias, que preferiam ficar lá embaixo a vir à aula. Alguma coisa que não atraía. Ou o cansaço... Sei lá... (Prof. J.P.E., português, 56 anos, Liceu, N.)

Um outro condiciona o seu prazer a um "interesse" – a uma "necessidade" –, que não é observado nos alunos:

> Esse retorno é, por exemplo, quando o aluno tem o interesse... Naquele interesse, então, eu sinto um prazer. O prazer que sinto é aquela necessidade que eles têm de estudar e de um dia precisar desse assunto aí... (Profa. G.I.S., português/literatura, 45 anos, ETF, N.)

Um outro professor aponta certo grupo de alunos como o menos desprazeroso:

> Aquele segundo ano até que é uma turma... boa da gente estar com ela, porque... eles não causam, assim... maiores transtornos pra gente... A gente transmite a matéria e até que me dou bem com eles. (Prof. L.C.P., química/biologia, 36 anos, Liceu, D.)

E a fala de certa professora mostra, explicitamente, a natureza de seu desprazer:

Bom, com o pessoal da manhã eu não tenho prazer nenhum... (Pausa). Nenhum. Nada, não me traz prazer nenhum. Não me traz nada... Eu não estou na escola pra realizar a... meta da minha vida. A meta da minha vida não é transformar aqueles alunos em pessoas brilhantes. Se fosse a meta da minha vida, eu aí faria... o... máximo! Mas aí não é... Pelo menos não com aquela turma, né? (Profa. L.I.L., inglês, 31 anos, Anglo, D/N.)

As falas ouvidas neste tópico me conduzem a perceber uma evidência. Os professores que afirmam ser prazeroso o seu encontro cotidiano com os alunos são justamente aqueles identificados, no tópico anterior, como pessoas táteis – que tocam e se deixam tocar pelo outro. Já os que apontam seu desprazer na relação com o grupo correspondem àqueles considerados não táteis – que não costumam ter contato com os alunos e tampouco buscam a simples proximidade física.

Além do prazer ou do desprazer que têm no convívio com os grupos, os professores também me falam sobre o que, supostamente, os alunos têm no encontro cotidiano com cada um deles. Todos os professores que afirmam ter prazer na relação com os alunos, supõem também uma reciprocidade por parte dos grupos. Esse prazer que os alunos têm pode ser percebido e se deve menos a saberes ou a conteúdos transmitidos na aula do que a formas de transmitir, ou seja, a procedimentos e serviços adotados para a lição:

Eu percebo, né? eles gostarem da matéria e de mim como professor... Primeiro é pelo relacionamento que eu tenho com eles... A liberdade que eu dou pra eles... E, segundo, é pelo domínio do conteúdo, né? A partir do momento que o aluno percebeu que você tem o domínio da matéria... ele te respeita, ele gosta de você... (Prof. L.P.D., física, 23 anos, Liceu, D.)

Os conteúdos e a forma de tratar... A forma de tratar... (Prof. O.D.D., matemática, 29 anos, ETF, N.)

Muitos alunos que não gostavam de Literatura, no final começaram a falar... Porque eu modifiquei: eu vi que não tava dando o jeito que eu tava andando... (Profa. E.L.N., literatura, 28 anos, Liceu, D.)

A forma ajuda e tal... O conteúdo em si não... não... Geralmente é maçante... Trigonometria é maçante, não é qualquer aluno que gosta. Quando o aluno tem confiança e o professor gosta é bem provável que o conteúdo vá fluir melhor... (Prof. C.A.R., matemática, 33 anos, Anglo, D/N.)

Alguns professores asseguram que o prazer pela "forma de tratar" ou pelo "jeito de andar" – que faz "fluir melhor" o conteúdo – passa também pela brincadeira:

Eu não vi realmente nenhuma crítica... que decepcionasse com meu modo, assim brincalhão... (Prof. B.E.N., português, 28 anos, CPA, N.)

São as brincadeiras, ao mesmo tempo que a explicação da matéria... Ou como uma brincadeira, fazendo com que eles vejam ou que eles queiram ver... (Prof. L.U.I., português, 24 anos, Anglo, D/N.)

A maneira como eu me expresso, me dirijo até eles, vou até a carteira, pego neles... Brinco com eles... Às vezes até xingo. Faço brincadeira... (Prof. L.P.D., física, 23 anos, Liceu, D.)

E desses, alguns falam de um prazer que é suscitado por "conteúdos" pertinentes à vida ou à prática:

...A primeira pergunta que elas me fazem é: Por que eu vou estudar Física. Essa pergunta sempre é o meu fantasma... Um dia, quando minha mulher foi operar... um tumor... o médico fez um trabalho de colocar sacos de areia... por algum tempo, na barriga dela pra diminuir a pressão interna. Porque se não fosse assim... na hora de fechar, não conseguiriam fechar a barriga dela. Então... comentei isso na classe e elas acharam superinteressante... Certas coisas do dia-a-dia, a vida, né?... o proveito que elas podem ter em estudar Física... (Prof. V.A.L., física, 26 anos, CJ, D.)

Eu não engano eles... eles sabem que eu estou dando coisas compatíveis com a prática, aquilo que eles vão ter que usar. (Prof. J.L.U., matemática, 45 anos, Liceu, N.)

Ou de um prazer que é suscitado por uma relação de familiaridade, igualdade ou liberdade:

> Isso é importante pra mim... sentir que é... é uma família, é uma relação de família... Que a gente briga, que a gente discute, que a gente... até... se agride... Teve de tudo isso dentro daquela sala, esse ano. (Profa. G.R.I., didática, 51 anos, CJ, D.)

> E também porque eu sou jovem, né?... Eu também nunca gostei de professor velho... Aquele cara, lá na frente... de terno... Aquele velho de espírito, mesmo. Aquele conceito de professor-barreira-aluno... (Prof. L.P.D., física, 23 anos, Liceu, D.)

> ...Eu acho que o prazer deles seria isso... a liberdade que eles têm na sala de aula... Não levo o ambiente carregado. A não ser quando eles precisem de um corretivo, então eu carrego o ambiente... Agora, quando não é necessário, eles sabem como é... Eu procuro deixar... como se eles estivessem na beira de um rio, ouvindo o riacho correr... (Prof. J.L.U., matemática, 45 anos, Liceu, N.)

Por outro lado, os professores que, implícita ou claramente, revelam seu desprazer no trato com os alunos, referem-se também a um prazer que os alunos não têm:

> Ah!... Nenhum. (Riso) Porque... (Riso). Muitos alunos acham que... que eu me distancio muito do aluno, ou que... eu não... não deixo eles... eu não sou amiga do aluno, uma série de coisas assim. Então... Outra parte... é o hábito dos professores do Anglo... eles são muito... – Ah! Meu bem, meu amor, beijinho, abracinho... E eu não gosto. Eu acho que a relação professor-aluno pode ser de amizade, mas não tem que ser de amizade... (Profa. L.I.L., inglês, 31 anos, Anglo, D/N.)

> Eu escolho, geralmente, um tema... que eles sintam prazer com o escrever... Mas isso é muito subjetivo porque nem todos gostam de escrever... Se o aluno não lê, tampouco ele vai escrever... Pergunto a opinião deles... Sempre procurando fugir da gíria, dessas expressões triviais... (Prof. J.P.E., português, 56 anos, Liceu, N.)

Eu acho que eles têm um desprazer... Porque a gente tá cobrando alguma coisa deles. O aluno de segundo grau ainda não tem, principalmente o daqui, ele não tem uma mentalidade... de que ele tem que estudar... para o engrandecimento. O aluno de fora, ele vai na aula, ele estuda, ele trabalha, ele pergunta e ele... tem outra mentalidade... O de fora, de outra cidade, é totalmente diferente do daqui... (Prof. L.C.P., química/biologia, 36 anos, Liceu, D.)

Está claro que o primeiro desses professores tem consciência de que o desprazer dos alunos tem um tanto a ver com a natureza da relação que mantém – de "distanciamento" – com os adolescentes, ou que uma relação de amizade teria um tanto a ver com proximidade e contatos físicos. O segundo dá conta de que nem todos gostam de escrever, de "fugir da gíria e dessas expressões triviais". É o mesmo professor "deprimido" ou "crucificado" pelos "erros mesquinhos" dos alunos, e estes são os mesmos que deixam a sala "vazia", preferindo "ficar lá embaixo a assistir à aula". O terceiro parece acreditar que o desprazer dos alunos é decorrente da "mentalidade" dos adolescentes ou da gente da terra, que não estuda para o próprio "engrandecimento". A despeito de "não estudarem, não trabalharem e não perguntarem", esses alunos, segundo a fala de seu professor, noutro momento, "não causam maiores transtornos".

Afirmando ser prazerosa ou desprazerosa a relação com os grupos, sendo táteis ou não táteis, todos os professores se referem ao convívio desagradável com alguns alunos. Com as indicações dos entrevistados é possível conhecer as características do que aqui poderiam chamar-se modelos de aluno-desprazer. O traço característico de um primeiro modelo tem relação com a ritmicidade, com o movimento corporal:

Aquele apático que... você olha, desde o começo não tá a fim de aula: não te pergunta nada, não anota nada, só fala presente... (Prof. S.I.D., matemática, 39 anos, CPA, N.)

É aquele que você não consegue chegar nele. Você não sabe se tá ajudando, se ele tá sabendo, se ele não está... Que eu nunca sei o que ele tá pensando... Você vê pelas redações, né? Às vezes tem uma coisa tão boa, assim, tão bonita e ele não se expressa, não fala pra outros colegas. Só conheço porque eu li na redação... Só por escrito. (Profa. E.L.N., literatura, 28 anos, Liceu, D.)

É aquele que não responde nada, ele não pergunta nada... a prova dele também não tem nada. O modelo de disciplina... Aquele que todo professor dá dois pontos pra ele, de disciplina, no final do mês (Riso), sempre, né? (Prof. J.L.U., matemática, 45 anos, Liceu, N.)

Conforme essas falas, o aluno-desprazer pode ser um adolescente calado – não fala com o professor ou com os colegas, não pergunta nem responde nada – e, principalmente, fica quieto e distanciado – não se consegue "chegar nele", conhecê-lo, a não ser "por escrito". Existe um outro modelo de aluno-desprazer, que parece corresponder ao inverso do calado-quieto-distanciado:

É o que não quer nada: tá ali só para tumultuar. Você tá falando, ele tá fazendo gracinha, ele tá te irritando... E não só comigo: ele deve ser antipático até entre eles mesmos... O pessoal não gosta dele... Até na casa dele deve ser desse jeito... (Prof. L.C.P., física, 23 anos, Liceu, D.)

Tem... tem um... chato. É aquele... puxa-saco... E esse... engraçadinho... que solta piadas sem graça nos momentos inadequados... geralmente coincidem de serem a mesma pessoa o chato, o puxa-saco e o engraçadinho... Toda sala tem esses tipos de pessoas... Quase todas... (Prof. L.U.L., português, 24 anos, Anglo, D/N.)

Agora o que eu tenho desprazer é o aluno que... ele é irônico... Se ele participa é só pra desfazer... pra dar um palpite, assim... não em relação à matéria mas é em outras coisas que não têm nada a ver. Fica atrapalhando, conversando... Ele procura ser liderança mas pra tirar o pessoal da atenção da aula. (Prof. I.V.A., geografia, 30 anos, Anglo, N.)

Esse outro aluno-desprazer é o que atrapalha e irrita por ser, além de falastrão, um piadista impertinente e pegajoso. É aquele que, segundo alguns professores, não pára no assento: está sempre se aproximando de outro conversador.

Esses dois perfis são sugeridos pelos professores aqui chamados táteis, e que afirmam ser prazerosa sua relação com os alunos. Os professores não táteis e que, direta ou indiretamente, revelam seu desprazer pelo encontro com o grupo vêm me indicar um terceiro modelo de aluno-desprazer:

> É aquele aluno que... é... malcriado... principalmente, né? que desobedece. Esse é o aluno que é indigesto. (Prof. L.C.P., química/biologia, 36 anos, Liceu, D.)

> É aquele aluno relapso. A gente dá vontade de pôr pra fora da sala, para que ele nunca mais volte... (Pausa) Ele quer fazer o que ele quer na sala de aula... Não seguir a norma da sala... da aula dada, mas... o que ele quiser... (Prof. G.I.S., português/ literatura, 45 anos, ETF, N.)

> É o aluno que não tem a menor noção... de quando é hora de ouvir e quando é hora de brincar (Riso). Ele não faz porque não quer fazer... O que entende a necessidade e se nega a... a aprender, esse me dá desprazer. (Profa. L.I.L., inglês, 31 anos, Anglo, D/N.)

> Hoje em dia confunde-se muito aluno e professor. O aluno tem que estar no papel de aluno. Ele tem que... Ele tem que seguir todas as normas, eu não posso passar por cima... (Prof. J.P.E., português, 56 anos, Liceu, N.)

O aluno-desprazer apontado por esses professores é aquele que "não segue as normas", não reconhece o seu "papel", não quer "fazer o que deve". Subjacente a todos esses qualificativos está o desobediente. A desobediência parece ser um dos motivos do desprazer que os professores dizem sentir no cotidiano da escola.

Mas os professores também se referem ao convívio prazeroso com alguns alunos. O que caracteriza um modelo de aluno-prazer tem mais a ver com a ritmicidade da mente ou das idéias do que com a do corpo:

> Aquele aluno que não seja parado demais. Um cara perguntador. Conversador... Que responde aos estímulos. Pode até responder errado mas... que participe... Não ligo muito se ele for

> um pouco indisciplinado... (Prof. J.L.U., matemática, 45 anos, Liceu, N.)

> Ele participa, ele questiona, ele tenta resolver... ele não consegue, ele me procura... Você tá falando, ele tá com total interesse... (Prof. L.P.D., física, 23 anos, Liceu, D.)

> Eu adoro o aluno que participa, que conversa... Interessado... (Prof. E.L.N., literatura, 28 anos, Liceu, D.)

O aluno-prazer é aquele que toma parte nos procedimentos e serviços da lição, e que não é "parado demais". Tem um mínimo de movimento corporal, com que expressa movimento das idéias, pergunta, segue com os olhos e com a mão a palavra professoral, responde aos estímulos e às indagações do professor. Um primeiro modelo é o "participativo", ou seja, o que concelebra o ritual da lição.

Outro modelo de aluno que dá prazer é o daquele que se move pelo humor e pela brincadeira:

> Pra mim tem que ser... Pelo menos não pode ter cara feia... aquela cara assim... amarrada... (Prof. I.V.A., geografia, 30 anos, Anglo, N.)

> Bem-humorado... alegre na sala de aula. Não só o certinho, mas aquele que também... começa uma bagunça... mas respeitosa. Uma bagunça que... você fala – Vamos estudar? ...ele vá e atenda... (Profa. E.L.N., literatura, 28 anos, Liceu, D.)

> Pra mim... é aquele fulano que vez ou outra solta um chiste, uma piada, alguma coisa assim... que ele não pára a aula... Sabendo levar... esse aluno dá prazer. Porque tira a aula da rotina... É o bem-humorado... inteligente. Porque aquele bem-humorado burro... aí a gente se atrapalha e atrapalha a aula... (Prof. L.U.I., português, 24 anos, Anglo, D/N.)

> Aquele aluno que sabe diferenciar os momentos... A hora de ser atencioso e a hora de ser bandeiroso... na brincadeira, naquela avacalhação, naquele riso... Mas saber... parar... ter horário certo pra fazer as coisas né? (Prof. B.E.N., português, 28 anos, CPA, N.)

Esse modelo de aluno-prazer é aquele que, ao mesmo tempo, tira a aula da rotina, mas garante a rotina necessária – "não pára a aula". É um perfil que guarda certa semelhança com o do falastrão inquieto e piadista. A diferença entre um e outro está em que o "engraçadinho", o palhaço, o "bandeiroso" apontado nessas falas "sabe parar". Sua piada, sua "avacalhação" ou sua "bagunça" é "respeitosa", seu movimento é contido. Tanto este como o primeiro são modelos de alunos obedientes. A obediência, embora não esteja explícita nas falas, é o qualificativo que melhor retrata o aluno-prazer. É prazeroso o convívio com o aluno que obedece – com o corpo e com a mente – às regras rituais da aula. Os professores aqui chamados não-táteis e que afirmam seu desprazer no trato com os alunos são os que mais se referem ao aluno obediente. Segundo eles, é mais um aluno ideal – ideado – do que real. A obediência aparece com várias conotações. A fala de um desses professores, que representaria todas as outras, mostra como é descrito o obediente:

> O papel do aluno, ali, seria o aluno cumpridor exato do seu dever e... seguindo... o seu papel de aluno, ficando na condição de aluno. (Prof. J.P.E., português, 56 anos, Liceu, N.)

Seguindo ou não o seu "papel de aluno", ficando ou não nessa "condição", os alunos aqui considerados dificilmente são reconhecidos pelos nomes por boa parte dos professores. Apresento a eles uma lista de nomes de alunos – uma amostra correspondente àquela dos entrevistados – a fim de que me apontem os que se enquadrariam em modelos de aluno-prazer ou aluno-desprazer. Observo que os professores aqui caracterizados como não-táteis, e que afirmam não ter uma relação prazerosa com os alunos, são os que demonstram mais dificuldade em reconhecer a maioria dos alunos nomeados:

> Claudiane... Juliana... não me lembro... pelo nome, assim... A Claudiane, ela senta lá no fundo? Esse Vanderlei, aqui... Esse Maurício não é um japonês? O André? (Prof. L.C.P., química/biologia, 36 alunos, Liceu, D.)

> ...Essas três... eu não me lembro delas, não... (Profa. G.I.S., português/literatura, 45 anos, ETF, N.)

> Não... Esses aí, nenhum... É da sala que tem sessenta e tantos
> alunos na sala... Não, não lembro de nenhum. (Profa. L.I.L., in-
> glês, 31 anos, Anglo, D/N.)

> Para ser sincero... já... eu já faço chamada pelo número. Eu
> não falo o nome. Mas pela redação, que continuamente eu
> estou vendo... de todos esses aqui... (Pausa) São quase todos...
> É... vamos dizer... freqüentadores... Que vêm à aula. (Prof.
> J.P.E., português, 56 anos, Liceu, N.)

Segundo as respostas obtidas, os nomes apresentados não parecem lembrar caras familiares de pessoas vistas diariamente: qualquer
um deles pode sentar no fundo ou ser japonês. O motivo dessa des-
memória, conforme essas falas, se liga ao fato de o professor não ser
bom fisionomista, ou de serem sessenta e tantos alunos na sala, ou de
a chamada ser feita "pelos números" e não pelos nomes dos alunos.
Já os professores aqui caracterizados como táteis e que afirmam ser
prazerosa sua relação cotidiana com os grupos tendem a reconhecer
pelos nomes todos ou quase todos os alunos. Alguns deles se lembram de detalhes sobre a corporeidade do aluno – altura, peso, cor da
pele ou do cabelo – e detalhes sobre o uso que fazem do espaço da
sala – os lugares em que costumam sentar-se:

> Sim. Todos eles... sem exceção.... É magra... É média... (Riso)...
> É morena... Na última carteira, do lado esquerdo. ... Lourinho...
> O Emilson... Excelente garoto, gosto muito dele... Cleverson...
> (Prof. C.A.R., matemática, 33 anos, Anglo, D/N.)

> E a Luciana... a outra, branquinha... O Mário é o líder da turma,
> um moreno, o Erasmo é o mais baixinho... (Prof. B.E.N., portu-
> guês, 28 anos, CPA, N.)

> De todos eles... Uma baixinha, meio gordinha... Meio gordi-
> nha... Magrelo... Grandão... Aquele cabelo partido... (Prof.
> L.U.I., português, 24 anos, Anglo, D/N.)

Mesmo aqueles que se dizem maus fisionomistas ou mais "chegados em números" não fazem disso motivo para desconhecer os alunos e seus nomes:

(Pausa) Você me pegou. Eu sou muito mau fisionomista. Não sei guardar nomes. (Pausa) Rosângela... uma magrinha... lá no fundo... Luciane é lá do Banco... Cecílio... é um branco sério... Tenho seis turmas... Eu sei que o Mário é o trinta, o trinta e dois é... Sou mais chegado em número, né? (Prof. S.I.D., matemática, 39 anos, CPA, N.)

E há os que associam os nomes tanto à fisionomia dos alunos quanto a particularidades ainda menores de suas vidas:

Você colocou (Riso) só esses? (Pausa) Olha, esse aluno... Ele me chamou pra me mostrar um livro de simpatia, que ele conseguiu... Com o Gilles. A Juliana... Fala muito pouco... o silêncio dela... Não consegui, assim, chegar mais... A Claudiane, também... enquanto estava aqui... Ela desistiu... Tava indo bem... O Maurício é cativante... sempre ao lado... (Profa. E.L.N., literatura, 28 anos, Liceu, D.)

O Erlon ele faz sempre umas perguntas inteligentes. Um cara sincero, honesto... a gente conversa de um livro ou de outro... A... é um pouco frívola... Ela é assim... não se liga muito... Já a Cristiane ultimamente, mudou radicalmente. No meu entender, para melhor... O Eduardo é muito uma criança: precisa da gente tá ali, conversando, explicando, tal... O Emilson... gosto de conversar muito com ele... o pai dele foi pro Japão... (Prof. L.U.I., português, 24 anos, Anglo, D/N.)

A despeito de ser definido como prazeroso por alguns, o encontro com os grupos – no espaço da escola e no ritual da aula – é a vivência de um conflito de estados agradáveis e desagradáveis, de prazer e desprazer. Para esses, entretanto, o desprazer pode motivar-se por pequenos "nada" do cotidiano.

Agora: se tem uma coisa que eu tenho total desprazer... e que eu vou morrer e não vou conseguir engolir, é o tal de diário de classe. Pra mim é o maior martírio... Você pensa quanto tempo você perde botando pontinho. Você soma todos os minutos do ano, você botando pontinho no diário... (Prof. J.L.U., matemática, 45 anos, Liceu, N.)

Já para alguns outros, o cotidiano da escola é uma completa e arrematada situação de desprazer:

> Este ano eu... já entro com o meu pedido de aposentadoria. Estou... chegando ao final... Para ser sincero... eu não estou satisfeito. Eu achava que a minha carreira ia... coroar... de uma forma muito mais tranqüila... Agora, com dois meses atrasados no vencimento, é greve, é o colégio... nessa situação, como que eu posso dizer que eu tenho prazer?... (Prof. J.P.E., português, 56 anos, Liceu, N.)

A fala do aluno: o prazer de estar junto

Todos os alunos entrevistados me levam a compreender que há um prazer vívido da permanência cotidiana no espaço da sala de aula e da escola. Todavia, como acontece com muitos dos professores, suas falas não apresentam definições ou conceitos precisos do que seja esse prazer. Para alguns alunos o prazer vivenciado no espaço escolar liga-se à sua participação no ritual cotidiano da aula e, portanto, à sua relação com o professor. Pode ser um prazer pelo estudo – pela incorporação dos conteúdos apontados na palavra professoral – pela "coisa lecionada":

> Eu gosto muito de estar por dentro das coisas lecionada, sabe? ...Adoro explicar, mostrar o que eu sei. Me sentir... uma pessoa procurada. (A.D.A./F., 16 anos, CJ, N.)

> Eu acho que é quando eu tô... por dentro da matéria. Quando eu entendo a matéria e dá pra explicar, até... Quando eu entendo eu vou até no quadro lá e... resolvo o problema. (M.R.O./M., 21 anos, CPA, N.)

Pode ser um prazer pela forma como a palavra professoral é transmitida:

> Um professor que dá motivação na aula, aí dá prazer de ficar dentro da aula. A aula, não vê nem passar... Dá uma aula diferente, não dá aquela aula monótona, todo dia. (A.N.D./M., 15 anos, Liceu, D.)

Eu acho o maior barato, assim quando o pessoal tá brincando. Quando o professor tá fazendo as palhaçadas dele e o pessoal dando risada. Eu acho legal... (C.E.C./M., 20 anos, CPA, N.)

Para alguns, o prazer de estar no espaço escolar – na sala de aula – é algo parecido com um estado de espírito: tem-se um orgulho e uma segurança de estar "por dentro" e poder mostrar o domínio – a incorporação – da "coisa selecionada". Para outros, é algo mais perto de um estado de corpo: tem-se uma excitação e uma alegria de estar "dentro da aula", de "brincar", "dar risada", e poder viver o "diferente" no cotidiano, seja não vendo o tempo passar, seja não se movendo ao ritmo na monotomia.

Na sua fala sobre a participação no ritual da aula, alguns entrevistados dizem de um prazer que é vivido na relação com um ou outro professor, que tem um "jeito de explicar", que faz aprender e "render" na lição, transmitindo segurança, e fazendo com que o "prestar atenção" não seja um sacrifício:

> Com o professor de Matemática – eu gosto muito de Matemática – quando ele entra na sala eu gosto... Eu consigo render naquela aula, sabe? Seria um tipo de prazer, também, né? Porque ele explica. Então, eu vou aprendendo. Talvez pelo jeito dele explicar, eu me adapte melhor, né? (C.E.C./M., 20 anos, CPA, N.)

> Acho que é força de vontade que eles têm. Transmitem segurança. Principalmente o professor de Física... Eles dão matéria, explicam... passam exercício, mandam a gente fazer no quadro... Eles se movimentam. (A.N.D./M., 15 anos, Liceu, D.)

> Eu acho o professor de Biologia... sabe? ... Pelo menos eu sinto, né? prazer de tá na aula dele. Porque ele não faz a gente sentir agoniada de prestar atenção. (E.U.N./F., 16 anos, ETF, N.)

Outros, em bem maior número, dizem de um prazer que é tido com um professor que "olha nos olhos" e, mais do que isso, "sabe escutar" os alunos:

> É um professor que dá atenção, entendeu?... Você nota que o olhar dele é pra você... parece que ele tá explicando pra você.

Só pra você, dentro da sala de aula. E enquanto você faz perguntas, ele te dá atenção... (C.R.I./F., 18 anos, Anglo, N.)

O professor de Química. Eu gosto do jeito dele... Ele é uma pessoa afetuosa... Porque eu percebo sempre que ele tá dando... Fica me observando. Sempre tá me olhando... Sempre pára... pára pra falar comigo... (E.R.L./M., 16 anos, Anglo, N.)

Acho que o jeito dele, sabe? Ele me escuta, entendeu? Ele pára pra me escutar. Ele dá valor que eu falo. Ele deixa bem claro pra mim que ele tá pensando naquilo que eu falei, entendeu? (S.I.M./F., 17 anos, Anglo, N.)

Geralmente, a referência aos professores, que olham nos olhos e escutam os alunos é também àqueles que se empenham em saber, além do que sabem. São aqueles que "não ficam só nos livros", mas saem fora do assunto da lição:

Ah!, é aquele professor que conversa com o aluno. [...] É igual esse professor de Literatura. Ele conversa com você, procura saber o que você sabe. Não só o que ele sabe... pra ficar passando pra você. É um professor, assim, que a gente sente prazer de conversar com ele... Não fica só nos livros... (D.I.V./F., 20 anos, Liceu, N.)

Eu gosto da professora de... de Estudos Regionais... ela conversa com a gente... a gente conversa bastante né?... Fora da matéria que ela tá dando, né? ... (M.A.R./M., 21 anos, CPA, N.)

Quando tá na aula de Crédito e Finanças. A professora é uma pessoa aberta, conversa com a gente. Não é porque tá havendo aula que ela vai deixar de conversar com nós sobre outra coisa. (M.R.D./F., 19 anos, Liceu, N.)

O de Matemática... Ele é um bom professor. Sem ser sobre a aula a gente conversa também. Com ele tenho liberdade de conversar, me abrir, sabe? (L.U.A./F., 16 anos, CPA, N.)

A quase totalidade dos entrevistados faz referência ao contato agradável com aqueles cuja palavra professoral é também uma palavra de brincadeira, que "diverte", que "anima". A julgar pelas vozes para aqui transpostas, quase todos os grupos de alunos observados têm um certo professor que "sorri mais", que tem aquela aula "mais alegre", promovendo, portanto, um movimento, um prazer do corpo, além de um prazer do espírito:

> É um professor que brinca, né? Que desvia, assim, um pouco, a aula da monotonia. Diverte, conta piada... Tem professor que é reservado: professor é professor, aluno é aluno. Não é capaz de ter uma palavra de brincadeira, pra divertir. (S.U.E./F., 17 anos, ETF, N.)

> ...É o Dito. Ele ajuda o aluno, né? é um professor que anima a aula... Se tiver desanimado, sem graça, ele anima. E os alunos ficam mais interessado na aula. (E.R.A./M., 16 anos, CPA, N.)

> O... De Português. Nossa! É supergostoso estar na aula dele. Porque ele é tão legal. Ele incentiva você... Tem que brincar... Brincando, ele ensina... I não tem pingo, tem acento! Com a brincadeira, todo mundo ri e com isso você aprende. (L.U.E./F., 19 anos, CPA, N.)

> O professor de Matemática. É a única matéria que todo mundo presta atenção, que ninguém sai da sala, que ninguém mata aula... Ele explica melhor, ele dá mais atenção pros alunos. Ele brinca com a gente. (C.D.M./F., 10 anos, Liceu, N.)

> Acho que o professor de Física. Porque ele chega, ele solta piadinha, ele faz brincadeira, ele distrai e ao mesmo tempo ele explica, tá? Sei lá, ele chega com uma coisa nova, e tal... (A.D.A./F., 16 anos, CJ, D.)

Dois desses professores, que riem e fazem rir na interioridade da sala, também são aqueles que, na exterioridade, experienciam junto com os alunos o prazer da festa:

> Só o Benedito, mesmo... A gente vai no hot-dog... ele convida a gente pra sair. O grupo, né? (R.O.S./F., 17 anos, CPA, N.)

> Ele é professor nosso no final de semana, na última aula. Se tem alguma festinha, assim, ele libera a aula, aí vai todo

mundo, ele também. Ele é como se fosse, assim, um aluno, sabe?... nessas horas. (L.U.A./F., 16 anos, CPA, N.)

Agora o de Português, eu adoro. Todas as festas e churrascos que nós vamos, ele vai. Então, a gente é superamigo... Todos os alunos gostam dele. (K.A.R./F., 15 anos, Anglo, D.)

Os alunos apontam, mais que a outros, o professor "amigo" – aquele que tem a mesma cara, tanto dentro como fora da sala de aula:

O professor... de Geometria... Porque fora da sala de aula ou dentro da sala ele é um amigo (A.N.A./F., 15 anos, Anglo, D.)

Um professor que você sabe que é amigo fora de sala de aula, que tá conversando com você. Não só dentro da escola, quando você encontrar, ele dá um jeitinho de parar pra conversar com você. (C.R.I./F., 18 anos, Anglo, N.)

Fora da sala de aula ele é meu amigo, meu amigo particular, a gente sai, vai pra noite juntos. Vai pro churrasco junto. Esse é um amigo. Que eu levo pra jantar comigo... Vai pro Pantanal comigo. (E.M.E./M., 17 anos, Anglo, D.)

Nas falas sobre o encontro cotidiano com os professores, os alunos sugerem traços que caracterizam os modelos de professor-prazer – aqueles com quem é agradável o convívio no espaço da sala de aula. Caracteriza o perfil de um professor-prazer, tanto ou mais do que uma qualidade de prender a atenção, infundir confiança e "fazer render", uma facilidade de olhar e de escutar o aluno, de conversar além da lição. Caracteriza um professor-prazer, mais que tudo isso, uma capacidade de sorrir e de brincar, de se juntar ao aluno para a festa, dentro ou fora da sala.

O fato de os entrevistados, espontaneamente, revelarem os nomes daqueles que apontam como professor-prazer me leva neste tópico a uma constatação. Todos aqueles que se ajustam a modelos de professor-prazer correspondem também àqueles que se revelam, neste trabalho, como professores táteis – os que tocam e se deixam tocar pelos alunos –, os mesmos que afirmam ser prazeroso esse contato com os grupos.

Nas falas sobre a relação com os professores, os alunos não apenas dizem do prazer que vivenciam com alguns, mas também do desprazer com outros. O desprazer do estar juntos para a aula se deve principalmente ao "jeito" de certos professores, que "não tornam a matéria interessante". Na caracterização dos modelos de desprazer, a referência mais recorrente é a professores e a aulas "chatos":

> É a segunda vez que você me vê matando aula, né? Uma mesma aula, de um mesmo professor. É inglês. Contra a matéria eu não tenho nada, mas contra a professora eu tenho. A maneira dela dar aula... É o jeito... É o professor que torna a matéria interessante. (E.M.L./M., 17 anos, Anglo, D.)

> Acho que é a professora de Geografia... Ela é... É uma aula muito superficial. Ela não se aprofunda na matéria... Ela deixa as coisas muito por cima... e se torna uma aula chata... Ela... É uma aula sem graça... (E.R.I./M., 16 anos, Anglo, N.)

> O de Física. Aquele é muito chato. O jeito dele é desagradável... A professora de Geografia... Ela deixa a aula muito chata. Eu não agüento a aula dela... Tem que conversar com alguém do lado... pra passar o tempo. (E.D.U./M., 16 anos, Anglo, N.)

Um professor "chato", como os alunos explicam, é aquele que "deixa a aula chata", ou seja, "superficial" sem "aprofundar", ou seja, rasteira, sem relevo, sem elevação, numa palavra – maçante. Ao falar da aula chata, os alunos muitas vezes se referem à corporeidade do professor ou à própria:

> A senhora conheceu um professor idoso, de Português... É esse aí. Por mim não faz falta no colégio. Ele joga a matéria no quadro, lá, e pede coisas que não têm nada a ver. Ele tem uma voz fina e... eu acho que ele enrola a língua, qualquer coisa, pra falar... Acho que ele não é desse país, não. Ele foi professor de escola... de escola de padre, e acho que ele lia muito... era muito chegado em missas antigas... (J.U.L./M., 21 anos, Liceu, N.)

> Tem um monte... o de Contabilidade é um... é uma tristeza para agüentar ele, porque ele não explica nada... Uma prova disso é pegar uns... cinco ou dez e perguntar se estão entendendo a matéria. Não estão. Eu mesmo num tô... A professo-

232

ra de Estudos Regionais, também. Oh! meu Deus! aquela professora é uma tristeza! (C.E.C./M., 20 anos, CPA, N.)

A professora de Educação Moral... Só a cara da professora... Ela já é uma enjoeira. Um nojo a gente olhar pra cara dela. Quando ela abre aquela boca pra falar... Aí, meus Deus!... Não explica coisíssima nenhuma... Dá sono, alergia... Tudo isso junto. (C.D.M./F., 18 anos, Liceu, N.)

Nas referências à corporeidade, quando os alunos traçam o perfil de um único professor, podem estar sugerindo um corpo sem olho, sem ouvido e sem boca:

É difícil olhar. Porque quando você olha pra ela... disfarça, ou coisa parecida. (D.O.U./M., 17 anos, ETF, N.)

...Tem a professora de Português. Eu não agüento aquela aula dela. Ela não escuta! ela não escuta... Eu não entendo nada... É só decoreba! (A.D.E./M., 16 anos, ETF, N.)

A professora de Português. Ah! É horrível essa mulher. Eu não suporto a aula dela. É uma professora assim, que não sabe conversar. Sei lá, ela já tem uma voz ruim... (S.U.E./F., 17 anos, ETF, N.)

Por outro lado, os alunos podem estar sugerindo que o professor "chato" abusa do uso da boca, impondo ao grupo o uso e abuso da mão:

É aquele que chega, nem fala boa-noite, e começa a ditar matéria... a mecanografia. (E.R.A./M., 16 anos, CPA, N.)

Dois: a professora de Português e o professor de Química. (Pausa) Não me agradam, não... Dá até dor na mão, de tanto escrever... (D.O.U./M., 17 anos, ETF, N.)

Ou impondo ao grupo o uso e abuso do ouvido:

Aquele professor que chega e fica sentado na sala. Quer dizer, fala, lê uma coisa ali... O aluno pergunta pra ele, não responde nada. Fala, fala, fala, leu, acabou a aula. (V.A.L./M., 20 anos, Liceu, N.)

Muitas das referências à aula "chata" apontam um professor que se movimenta, num percurso, todavia, apenas do livro ao quadro-negro, que não passa ou não chega até o aluno:

> Aquele professor que chega (Riso), assim... como tem o professor de Português... Ele chega na classe, o boa-noite dele você nem ouve. É automático: abre o livro, começa a passar no quadro. Ele só abre a boca para chamar a atenção de aluno. Se você perguntar pra ele uma coisa duas vezes, ele já acha que você tá querendo brincar com a cara dele. (D.I.V./F., 20 anos, Liceu, N.)

> O professor de Biologia e de Química... Ele passa a matéria no quadro. A gente copia e escreve... Enche, isso. Acho que ele devia, assim... dar uma aula... que desse motivação pro aluno... pra dar vontade de estudar. Falta... não sei como dizer... Parece que ele não sabe explicar. Ou... quer dizer, ele sabe só pra ele... (A.N.D./M., 15 anos, Liceu, D.)

Um outro modelo proposto pelos alunos, apesar de diferente do perfil do professor "chato", tem também algo de natureza corporal:

> Eu não gosto de assistir muito é Eletrônica... É um barbudinho: fica só coçando a barba (Riso) Ele é... Muito radical... Brincadeira ele não aceita, sabe?... aquela coisa mais fechada... mais séria. (A.L.I./F., 18 anos, ETF, N.)

> O de Contabilidade Bancária. Ele é muito fechado. Ele entra na sala e dá a matéria e acabou. Ele só quer saber disso. Não sorri de jeito nenhum, nada. Não dá chance pra gente, sabe? A gente procura, mas ele não dá chance. (R.O.S./F., 17 anos, CPA, N.)

> Ele quase não sorri. Ele é um professor fechado... O jeito desconfiado de tá sempre falando com... uma turma de crianças, talvez. Que tá aprendendo agora... É um sacrifício ouvir. (P.A.U./F., 16 anos, CJ, D.)

Esse modelo de desprazer é aquele do professor "fechado" e, que segundo explicações dos alunos, tem quase sempre a cara amarrada, ou seja, "não sorri", "não aceita brincadeiras". O professor "fechado", quando trata o grupo como se fosse uma turma de crianças costuma ser também chamado de "arrogante" ou "autoritário":

> Ah! eu não gosto da arrogância dele. Acho ele muito arrogante... Quando ele fala aquelas coisas... Será que essa máscara dele... Sei lá, parece que nós somos tão pouco, tão pequenos diante dele, ele é maior, ele é o bom. (C.D.A./F., 18 anos, Liceu, D.)

> Não gosto de professor autoritário. Filosofia... fico sentado em cima da bancada. Ela não quer... isso não tem nada a ver... Eu tô sentado lá em cima, copiando. Quer que fique só na carteira... Se eu tô sentado lá em cima é porque... tá mais confortável pra mim... do que tá na carteira. (M.R.O./M., 21 anos, CPA, N.)

Percebo, pela escuta dos entrevistados que um professor-desprazer pode, em certos casos, ajustar-se, ao mesmo tempo, a diferentes perfis. Pode ser "chato", "fechado", "arrogante" ou "autoritário" e, ainda, "agressivo". É o professor "grosso":

> O de Português. Ele é um tipo de pessoa que não ensina... e quer que a gente faça... Por exemplo: eu, às vezes, tenho capacidade de fazer, sem perguntar, mas outros, não. Fui explicar pra ele o que que ele devia fazer. Ele pensou que tava atrapalhando a aula dele... Aí ele gritou, bateu na mesa, veio pra cima de mim. Eu fiquei espantado! (S.E.V./M., 20 anos, Liceu, N.)

> Uma professora... de Estudos Regionais. Se a gente perguntar alguma coisa, ela dá na testa da gente. (L.U.A./F., 16 anos, CPA, N.)

> É o jeito dela. Ela é agressiva. Ela chega a ser grossa. Ela é grossa, aquela professora. Ela, assim... não que ela chegue a passar dos limites, não chega, mas ela é assim. (S.I.M./F., 17 anos, Anglo, D.)

> É o professor de Biologia. Acho muito arrogante, estúpido, grosso. Quando eu não entendo uma coisa, ou outros não en-

tendem, e pergunta, ele acha que tá fazendo ele de bobo, fazendo ele explicar de novo. Então, já age com estupidez. (A.D.N./F., 18 anos, Liceu, D.)

Está claro que certos professores são apontados por alguns alunos como modelos de prazer e, por outros, de desprazer. É o caso principalmente de quatro perfis de professores: aquele chamado "excelente" ou competente, aquele "democrático" ou moderno, aquele que "conversa" com os alunos e aquele que "faz rir". O "excelente" ou competente, para uns, é um professor "distante" ou "estranho":

> Ele é excelente professor. Ele é um pouco distante dos alunos... Mas ele é assim. Ele é muito... Quando ele tá a fim de fazer piada, brincadeira, ele quer que você ria junto com ele. Quando ele não tá e você faz uma piada... Ahm!... (S.I.M./F., 17 anos, Anglo, N.)

> Literatura... (Pausa) Literatura, não. Raramente a gente conversa... porque ele é muito estranho. Na sala de aula ele é uma pessoa, assim, nervosa. Às vezes ele faz uma brincadeira. Aí, se a gente vai brincar com ele, ele fica bravo: ele não gosta... (K.A.R./F., 15 anos, Anglo, D.)

Para outros, é igualmente um professor "distante", "estranho" e "todo-poderoso":

> Fora da sala, eu posso até vê-lo, mas não tem papo. Eu acho que ele devia conversar mais com a turma. Ele conversa muito dentro do contexto literário. A matéria que ele dá é Literatura. Ele conversa como se tivesse conversando com um Carlos Drummond de Andrade, um Fernando Pessoa, um Cezário Verde. Ele vai conversando naquilo ali, como se a gente tivesse entendendo tudo! Ele conversa com os escritores. E o aluno tá ali, completamente fixo. Ele não quebra aquele gelo que tá dentro da sala de aula. O aluno sai da aula de literatura como se tivesse carregando um fardo nas costas. Gosta da sala de aula quieta! Só o barulho do ventilador e a voz dele falando. Geralmente ele pergunta alguma coisa pro aluno. Ele pega, no final da explicação e fala assim: – Eu gostaria de saber se a sala entendeu isso. O aluno nem lembra mais do que ele

tava falando mas, aí fala que entendeu... (E.M.E./M., 17 anos, Anglo, D.)

As opiniões dos alunos de uma sala podem divergir quanto a determinado professor. O "democrático" ou moderno, para uns, é um professor "maçante", "cansativo" e "chato" para outros:

> Na minha opinião, a aula de Didática. Eu acho que ela deixa a desejar. Ela quer fazer tanta mudança, ela quer renovar, ela quer ser uma professora diferente, de dar chances pro aluno, que ela acaba se tornando... assim... maçante, entendeu? A aula dela fica cansativa, chata. Você não tá entendendo nada... perguntando pra ela. Ela... – Calma! Depois eu respondo. Depois eu vou ver!... Que depois? como? que dia? que hora?... Então isso cansa muito... porque... ela não ajuda não favorece... ela deixa você colocar suas idéias no seu modo de pensar, mas ao mesmo tempo ela dá uma reprimida. Nesse sentido de... Sempre pra ela aquilo ali não é importante naquele momento... Daí, ela simplesmente não fala nada, te deixa falando sozinha e começa a falar uma outra coisa... (C.L.A./F., 17 anos, CJ, D.)

O professor que "conversa" e é amigo dos alunos é às vezes apontado como aquele que não dá aula mas "bate papo":

> Eu não tenho professor de Português, né? O assunto dele é festa. Não tem um dia que esse homem não me entra na sala e não me fala duma festa. Ele fica a aula inteira falando em festa. Ele não dá aula. Anteontem ele passou uma poesia: E agora José? – A festa acabou, não sei quê... E então?... passou no quadro e aí começou a falar numa festa... Será que ele vai ficar conversando o ano inteiro com a gente e o verbo... nós vamos aprender?... Eu tô pagando pra ele ficar batendo papo. Falando da festa que vai ter nos quinto dos inferno? (S.I.M./F., 17 anos, Anglo, D.)

Já o professor que "faz rir" provoca uma divisão de opiniões diametralmente opostas. Uma parte assegura que a aula desse professor é uma das que têm mais "aceitação" no colégio:

Você já viu aí a cara do... É uma das aulas que têm mais aceitação e presença de alunos do colégio. Ele é um professor que... sabe explicar. Ele tá explicando, na mesma hora que tá falando de culinária. Não sei se acontece com você, mas, quando você tá muito concentrado numa coisa, você tá vendo, ali, tá fixando sua mente pra resolver este ponto aqui. Às vezes a resolução desse ponto está do seu lado, e você não tá vendo. Justamente porque você tá tão... fixada naquilo ali. Você tá vendo esse gravador: Você tá querendo... avançar a fita... Só que isso torna tão difícil para você, que você aperta o botão pra ele voltar, né? Ele vai distraindo, né? Ele vai te dando a matéria aos poucos: Você entendeu esse pouco? entendi! Tá ...aí ele conta uma piada... A mente de cada um fica aberta, não fica bloqueada – eu acho que seria essa a palavra que eu tava procurando até agora. Ele tira o bloqueio que tem na sua mente. (E.M.E./M., 17 anos, Anglo, D.)

Outra parte assegura que esse professor "mistura as coisas". Assim como faltaria riso no professor "distante", faltaria siso neste outro, que alguns chamam de "palhaço":

Tem um professor aí, que é um verdadeiro palhaço. Que é a imagem que faço dele. [...] Pra mim ele faz muita palhaçada, exagera demais. Eles mesmos estão se prejudicando porque eles misturam muito a brincadeira, eles vão mais pelo lado da brincadeira e acabam fugindo da explicação mesmo, na matéria. Ele brinca demais... (C.E.C./M., 20 anos, CPA, N.)

Ah! eu gosto dele mas... só pra me fazer rir. Porque... Na aula dele eu não aprendo nada. Eu não aprendo nada, porque acho que ele não ensina nada. Ele mistura muito as coisas... O ensinar e o brincar... (A.N.A./F., 15 anos, Anglo, D.)

O convívio entre colegas: atração e repulsão

Vários alunos vêm me revelar que o prazer vivenciado no espaço da sala de aula se deve, mais que a sua relação com os professores, ao convívio que têm uns com os outros como colegas. Registrava aqui, que os alunos, na ocupação do espaço da sala, tendem a desfazer as conformações de filas e a se colocarem próximos uns dos outros, em duplas, trios ou em pequenos grupos. Nas suas falas, esses adolescentes me fazem perceber melhor como se formam esses ajuntamentos. É comum um rapaz afirmar que tem mais intimidade e que conversa mais com as moças. Também é comum ouvir as moças dizerem de contato mais prazeroso com os rapazes.

Segundo a maioria dos entrevistados, a permanência entre colegas na sala de aula cria um clima propício para a aproximação física e para a criação de intimidade. Existem as atitudes de namoro, as trocas de olhares, os toques, a malícia:

> É aquela coisa que fica dentro da sala de aula só. Um olhar. Acontece comigo, desde o primeiro dia de aula. Eu sentava do outro lado da sala, quase no fundo, e ela sentava do lado oposto, na primeira carteira. A gente ficava trocando olhares, assim, ficava assim, direto, como se quisesse falar alguma coisa com o olhar, assim... (E.M.I./M., 17 anos, Anglo, D.)

> ...aquela loirinha, quando eu sento do lado dela... ela joga o cabelo pra cá, pra não ter que olhar pra mim, porque eu tô sempre assim, né? Então ela olha... eu olho pro olho dela e ela olha pra lá, pra desviar. Que ela fica sem graça, vermelha mesmo, sabe? (M.A.U./M., 17 anos, Anglo, D.)

> É um... um momento que a gente tá junto com a pessoa, né? tá flertando... Quer dizer, não passa daquilo ali. A paquera minha, sei lá... isso de ficar olhando acho uma coisa mais de admiração. É um momento, ali, hoje. Amanhã não tem nada. Você percebe que a pessoa... o olhar, a voz, fica diferente. (V.A.L./M., 20 anos, Liceu, N.)

> Eu noto mesmo quando uma pessoa muda o tipo de tratamento com você. Você percebe pelo olhar. Dá um frio no estômago (Riso)... Você vê que a pessoa às vezes não tem nenhum motivo sério... ele chega perto de você pra perguntar a hora... (D.I.V./F., 20 anos, Liceu, N.)

Essas atitudes de namoro – esses toques reais e simbólicos dos corpos uns dos outros – muitas vezes acontecem sem que o professor ou os outros colegas possam perceber.

A ambiência da sala de aula não se caracteriza apenas por um clima de sedução e malícia entre moças e rapazes. Há no espaço um clima produzido por uma multiplicidade de experiências havidas entre uns e outros. Como registrava anteriormente, duplas, trios e pequenos grupos, além de juntarem seus integrantes, tendem a se colocar em diferentes pontos de espaço: na frente, junto às paredes, nas laterais, no fundo da sala. Observo em quase todas as salas consideradas, atitudes de distanciamento, de evitação e até mesmo de repulsa por parte de integrantes desses agrupamentos nas suas relações com os outros ou com o grupo maior da sala. A animosidade pode se dar de modo tal a deixar antipatizado todo um grupo que se coloque na frente da sala:

> [...] é aquela guerrinha entre um e outro. Por isso que eu prefiro lá no fundão, ficar com menino que eu já conheço, não procuro ficar muito lá na frente, que é só briga... (A.N.A./F., 15 anos, Anglo, D.)

> [...] as meninas da sala... eu me dou bem com as mais velhas. Que é o pessoal do fundo: a Ana Alice, a Mariluz... As meninas da frente... já não me dou muito bem. Vai brincar com elas, elas não tão a fim... (D.O.U./M., 17 anos, ETF, N.)

Ou todo um grupo que se coloque, como dizem os alunos, lá no "fundão":

> Só não gosto do pessoal lá do fundão, que é muito bagunceiro. Sempre os mesmos, bagunceiros... querem avacalhar a aula... Aí, eu não gosto. (M.A.R./M., 18 anos, Liceu, D.)

> Lá no fundão... Eu não fico no fundo da sala. Não tenho muito papo com eles. Os rapazes que ficam lá no fundo são bagunceiros. É que alguns sentem vergonha de você, eu acho, os lá do fundão... Do jeito de vestir, do jeito de falar... (A.N.D./M., 15 anos, Liceu, N.)

As antipatias e a discriminação podem se dar também em relação a determinados alunos:

> Uma colega que eu admiro também, ali, é a ..., aquela bem forte, bem gorda. Ela não conversa muito com as meninas da

sala, as meninas também não dão muita atenção pra ela. Ela fica mais naquele canto, ali, quieta. Eu converso com ela. E a ... É porque... ela é quietona, sabe?, e as meninas são assanhadas (Riso). Ela é deixada de lado, às vezes. (V.A.L./M., 20 anos, Liceu, N.)

A porque... Ela é a única que não topa nada na sala. Na hora da cola, todo mundo se une pra dar cola, ela é a única que não. Tudo pra ela é não. (C.D.M./F., 18 anos, Liceu, N.)

Elas são... Sei lá... Por exemplo: o professor tá explicando alguma coisa. Eu pego e complemento, né? Com uma coisa que tem tudo a ver. Elas pegam e falam assim: – Deixa! O professor vai falar... Eu acho que naquela sala, as pessoas têm muita inveja da minha voz... (A.D.A./F., 16 anos, CJ, N.)

Inumeráveis vezes, entretanto, as animosidades se dão entre um adolescente e outro, por questões que não são julgadas triviais:

[...] A Melissa, que eu dizia minha amiga, ela namora agora o Dedé. E o Dedé falou pra ela que eu era a fim dele. E ela ficou com raiva de mim: ela achou que fosse eu que tava dando em cima dele, sendo que ele é que tava dando em cima de mim, sabe? Então, ficou uma coisa, assim, superestranha. Eu não gostei disso, porque eu considerava ela minha amiga. E eu fiquei sabendo que ela era superfalsa, né? (K.A.R./F., 15 anos, Anglo, D.)

Tem pessoas aqui, dentro dessa classe, que você tá prestando atenção, ele tá falando que encheu a cara no final de semana, que olha a bunda daquela menina passando... Tem hora que você tá prestando atenção na aula e aquilo ali se torna segundo plano pra você. A explicação do professor tem que utilizar naquela momento. A bunda da menina não vai sair dela. (E.M.E./M., 17 anos, Anglo, D.)

Segundo essas vozes, a sala de aula é um lugar de "guerrinha entre uns e outros", de ojeriza velada, de discriminação do mais pobre que veste camisa chinfrim. É um lugar de "deixar de lado" a menina "quietona" ou a "assanhada". É também lugar de maledicência em re-

241

lação aos "falsos", "invejosos", "bagunceiros", "impertinentes". Enfim, é o espaço em que o desprazer da convivência entre colegas é feito de pequenos e grandes rancores e intolerâncias. Entretanto, quando os alunos falam de suas experiências de maior desprazer na sala de aula, quase nunca se referem às relações que têm com os colegas. Referem-se a professores e lições:

> Essas aulas chatas, aí, que eu não gosto. Dá vontade de sair da classe. (M.A.R./M., 10 anos, Liceu, D.)

> [...] É aquela que você praticamente é obrigado... a ler o livro pra estudar, você tem que ler o livro... Olhar ali, decorar ali, senão não aprende... (M.A.U./M., 18 anos, Liceu, D.)

> (Pausa) Escutar os outros... falando, sem você poder dizer nada. Às vezes eu sei melhor que o professor e eu tenho que ficar quieta. (D.I.N./F., 16 anos, CJ, D.)

> Calor a gente sente, né? Às vezes a gente tá cansado... tá enjoando de tanto ficar sentado, aí enjoa. (V.A.N./M., 16 anos, Liceu, D.)

> Quando... é a quinta aula, assim... a gente já tá cansada, né? Na quinta aula vai quase todo mundo embora. Aí fica uns... quinze alunos. Aí fica... quieto!... (L.U.A./F., 16 anos, CPA, N.)

> O tédio de matéria que não vai pra frente, de aula que não passa... (S.E.V./M., 20 anos, Liceu, N.)

A quase maioria absoluta dos alunos entrevistados, ao tentar explicar sobre o desprazer que experimenta no espaço da sala, fala de circunstâncias bem claras. É quando entra um professor chato, com suas aulas "chatas" e dá vontade de sair da classe. Ficar na classe, então, é calar a boca, "decorar", escutar o professor "falando, falando, falando". É quando é preciso ficar quieto, faz calor, o corpo está cansado e enjoado de ficar sentado. É no momento da quinta aula – vai quase todo mundo embora – e a quietude da sala mostra um tédio de aula que não passa.

Levando em conta essas explicações dos adolescentes, a sala de aula é também um lugar de desprazer, um continuado sacrifício imposto ao corpo e aos sentidos, além daquele que penaliza o espírito. Apesar ou além desse duplo desprazer revelado pelos alunos, a sala de aula é um espaço de prazer. A indagação que lhes faço sobre o que experimentam de mais prazeroso na sala é respondida com indicações, também claras, das circunstâncias em que esse prazer é vivido. Quando falam de suas experiências de maior prazer eles não apontam os professores ou lições. Apontam os colegas.

Se a convivência entre colegas propicia um desprazer que é feito de repulsão – de pequenos e grandes momentos de rancores e intolerâncias –, propicia também um prazer que é feito de atração pelo outro. O prazer maior da sala de aula é vivido, simplesmente, quando esses adolescentes "ficam juntos":

> É ficar junto do pessoal. (M.R.O./M., 20 anos, CPA, N.)

> Sempre nós estamos juntos, quer dizer... Às vezes não tô a fim de ir no colégio, mas... É a única hora que eu vou ter pra conversar né? Aí, eu venho... (C.R.I./F., 18 anos, Anglo, N.)

> É aquela amizade. Esse círculo que fica aí dentro. Eu gosto disso. (E.M.E./M., 17 anos, Anglo, D.)

> [...] O prazer é ficar... só amigos, em colegas. Ficar em amigos, conversando, debatendo... (A.N.D., 15 anos, Liceu, D.)

> É ficar lá... conversar com os amigos. A amizade... (V.A.N./M., 16 anos, Liceu, D.)

> Ah! É estar conversando com os colegas... (R.O.S./F., 17 anos, CPA, N.)

> As fofocas... a gozação. Eu gosto disso. (D.A.R./F., 15 anos, Anglo, D.)

É fácil perceber que é a aproximação física – o contato – o que liga esses alunos e o que lhes dá prazer. É uma proximidade que favorece a conversa, as "fofocas", a "gozação". Os momentos mais prazerosos, segundo a maioria, podem ser aqueles dos intervalos de aula, de recreio ou de janelas:

Dentro da sala de aula? [...] o mais agradável é quando não tem aula! (Riso) É quando tem bagunça... (M.A.U./M., 18 anos, Liceu, D.)

Quando o professor falta, a gente vai dançar, brincar na sala. Fazer bagunça, mesmo. Bem à vontade... como se estivesse em casa com o pessoal. O que um faz a gente topa fazer. Um inventa uma coisa, a gente vai... inventa outra. Bagunçando... (S.U.E./F., 17 anos, ETF, N.)

Entretanto, também podem ser momentos com a presença de um professor, apesar de pouco ou nada percebida:

As palhaçadas que alguns fazem lá, né?... Já tornou-se normal antes, durante e depois das aulas... (S.E.V./M., 20 anos, Liceu, N.)

As brincadeiras... que a gente sempre apronta uma com o cidadão... quando une esse pessoal, essa moçada, a gente sempre apronta. (D.O.U./M., 17 anos, ETF, N.)

[...] eu gosto duma baguncinha, né? Todo mundo rindo, algazarra, uma piadinha... Quando eu faço piadinha e todo mundo ri. Que nem um dia, eu tava ali e não sei qual foi o engraçadinho que passou a perna na frente e eu caí, de joelho. Todo mundo – Quiá! riu, né? (L.U.E./F., 18 anos, CPA, N.)

Ao falar desses momentos de "bagunça" – palhaçadas, brincadeiras, algazarra, piadinhas –, os alunos me revelam que o prazer maior que o cotidiano da escola lhes possibilita é algo semelhante à alegria da festa. Nessa festa de muito riso não falta o excitante ou o inesperado:

Uma briga! Uma briga, uma discussão. Eu simplesmente adoro. Eu chego a ficar excitada. Quando começo a brigar sobre um assunto. A gente começa a conhecer as pessoas, e a si mesmo, muito mais numa discussão, porque você vai ver aquilo que você pode fazer. (D.I.N./F., 16 anos, CJ, D.)

Eu gosto de estar na sala de aula por aquele papo, aquele... ar de suspense que fica na sala de aula... O professor tá explicando; você não sabe quando o aluno vai... soltar um palavrão. Aquele palavrão. Aquele suspense. A sala de aula tem um suspense danado, né? (E.M.E./M., 17 anos, Anglo, D.)

Todas essas falas sobre as experiências agradáveis vividas no cotidiano escolar – mormente no espaço da sala de aula -- fazem constatar que o prazer dos alunos é um estar juntos para sentir juntos e, assim, podem ligar-se por demonstrações de solidariedade:

> [...] Uma colega minha, tava com muita cólica... né? ...então, pra distrair ela, pra ver se passava... fiquei conversando com ela... porque cólica menstrual é questão da cabeça. Pra evitar tomar remédio, comecei a contar minha vida pra ela... e ela... distraiu. Passou né? (M.A.U./M., 18 anos, Liceu, D.)

Podem ligar-se, também, pelas pequenas e grandes transgressões veladas por um segredo do grupo – pela cumplicidade:

> Eles dão conselho pra mim, né? – Pára de matar aula! Inclusive, no ano passado, eu ia desistir. Tava com quinze bombas! Aí o pessoal da classe inteira reuniu comigo, lá, para eu não desistir. Aí eu não desisti e passei direto (Riso). Quinze bombas! (L.U.E./F., 18 anos, CPA, N.)

Nesse estar juntos, podem ligar-se pelo contato em si, ou seja, pelo estar junto à toa e pela ludicidade que isso implica:

> Quando a gente senta os três juntos, aí acaba a aula. Aí é a aula que a gente senta pra ficar olhando pras meninas, o jeito que a menina senta, e a roupa que ela tá... Em certos momentos, assim, tipo uma aula de Inglês, a bunda de uma menina é mais interessante do que a explicação da professora. (E.M.E./M., 17 anos, Anglo, D.)

À guisa de conclusão

> *Não é possível concluir; a aventura*
> *dionisíaca (re)começa sem jamais cessar.*
>
> MICHEL MAFFESOLI

O momento aqui chegado seria aquele de pensar a própria marcha, não aquela, de vida quase inteira, num momento de parada para o começo de uma história de pesquisa, mas essa marcha feita num tempo de entrada e permanência nos espaços dessas cinco escolas de Cuiabá.

Nessa marcha, acreditei ter encontrado respostas para a pergunta que me movera desde o início, considerando as relações que se estabelecem entre professores e alunos: o que é o prazer? Durante a aventura de mostrar o que vi e ouvi no cotidiano dos grupos, essas respostas foram também mostradas. Tendo-me desvencilhado da ambição apolínea da demonstração e me empenhado na diligência da "mostração",[1] intentei ver e ouvir – mostrando – tanto o "plurial" do convívio cotidiano desses sete grupos como o plural das formas do prazer por eles convivido. O prazer vivido no espaço das salas de aula, visto nos corpos de um *corpus* fotográfico – na Segunda Parte – e ouvido nas falas dos observados – na Terceira Parte – não é desacompanhado de desprazer.

O desprazer se manifesta no corpo do aluno, que é condicionado – encaixotado[2] – em seu espaço individualizado de carteira, distanciado dos territórios corporais dos outros, que tem a cara polarizada para a frente da sala, numa atenção-contrição ao dizer-fazer professoral e/ou para o braço-mesa de seu assento, num ler-escrever de aluno.

Esse desprazer, pelo menos tendencialmente, é aquele da obediência aos padrões de participação da aula, à "sacralidade" – con-sacralidade – de procedimentos e serviços ritualizados do encontro entre professor e alunos.

Também o prazer se manifesta no corpo do aluno, em atos de resistência – desobediência ao condicionamento corporal – nas rotações de cabeça, nas flexões de tronco, nas extensões de braços e pernas, nas desconformações de fila, nos deslocamentos para aproximação dos territórios corporais dos outros.

Enquanto o desprazer pode dever-se a uma tendente gestão escolar, que parece conjurar os perigos da corporeidade, dos movimentos e dos ajuntamentos – dos distanciamentos do espírito –, o prazer pode dever-se a uma também tendente corrosão dessa gestão, pelos alunos. Clandestina ou sub-repticiamente, os alunos preenchem os intervalos, as janelas e os recreios com uma "sacralidade" outra – de uma religião do corpo –, preenchendo os "intervalos" de gestão: a interioridade dessas escolas e suas imediações, no todo ou em partes de salas de aula, pátios e quadras, torna-se o espaço da proximidade – do ajuntamento –, das experiências de contato – da tatilidade –, das ligações entre uns e outros por via de um encantamento do corpo – uma divindade comum – tornando-se, enfim, o espaço do "coletivo em ato",[3] numa palavra, da socialidade.

O prazer vivido nesses espaços – na escuta da Terceira Parte – se acompanha da vivência de estados desagradáveis de participação. A ambiência físico-espacial da sala de aula é padronizada nessas escolas e tem características capazes, por si sós, de despertar desconforto, aflição e dores. Há sons e ruídos, cores e formas, cheiros e miasmas percebidos na interioridade escolar que, igualmente, provocam irritação, desconfiança e desgostos. Esses estados desagradáveis, entretanto, são entrecortados por estados prazerosos de participação. E o exemplo maior desses estados intersticiais agradáveis, tão repetidamente referidos nas vozes desses grupos, é a percepção da proximidade tátil e o contato entre uns e outros.

A fala dos adolescentes vem dizer que a sua sala de aula e a sua escola, apesar ou além de ser o que é, é um espaço de prazer. E o eco das últimas vozes da Terceira Parte, leva-me a crer, com esses rapazes e moças, que seu prazer é aquele do estar juntos – para a conversa, para o riso, para a brincadeira, para a "bagunça" – para a festa. Nessa festa podem estar professores táteis e partilhar com eles do mesmo prazer. Mas podem estar também os não-táteis e experienciar com eles uma festa de máscaras. Nessa festa e nesse prazer cabe a palavra professoral – a lição –, mas cabe também o descompromisso com as palavras ou com as alumiações. Visto como um templo ou como praça, os espaços da sala de aula e da escola são de prazer, que é vivido a despeito de qualquer metáfora.

Essas conjecturas são postas aqui como se fossem conclusões. Certamente, não pretendem resumir, nem sintetizar – "unificar" – as partes que constituíram a aventura de "mostrar". Surge, a propósito, a renitente lembrança das palavras de um professor, no fecho de uma entrevista: "Não sei se você vai chegar à casca ou à tartaruga. Eu gostaria que você chegasse à tartaruga".[4]

Nessas últimas páginas, como em todas as demais, pretendi chegar à tartaruga pela forma e pela textura da casca. Sua animalidade pulsou sob a minha mão...

Notas

1. Maffesoli, Michel. *O conhecimento comum*, p. 201. Ver Primeira Parte deste trabalho.

2. Essa noção de "encaixotado", devo-a à sugestão do amigo psicanalista, hoje finado, dr. J. Eduardo Vaz Curvo, para quem a conformação de crianças e adolescentes em carteiras – padrão escolar – seria algo semelhante à conformação que ele se impunha, numa cadeira de rodas, como paraplégico.

3. Maffesoli, Michel. *A sombra de Dionísio, op. cit.*, 1985, p. 177.

4. Prof. João Luiz – Matemática – 45 anos, Liceu, N.

Se eu quiser, mesmo agora, depois de tudo passado, ainda posso me impedir de ter visto. E então nunca saberei da verdade pela qual estou tentando passar de novo – ainda depende de mim!

Clarice Lispector
A paixão segundo G.H.

Bibliografia

ARIÈS, Philipe & BÉJIN, André. (orgs.) *Sexualidades ocidentais*. São Paulo, Brasiliense, 1985.

BATAILLE, Georges. *O erotismo*. Porto Alegre, L & PM, 1987.

BERKE, *et al. Indivíduo: Entrevistas do "Le Monde"*. São Paulo, Ática, 1989.

BERNSTEIN, B. *et al.* "Les rites dans l'éducation". In: HUXLEY, J., *Le comportement rituel chez l'homme et l'animal*. Paris, Gallimard, pp. 276-88.

BRUHNS, Heloisa. Turini. (org.) *Conversando sobre o corpo*. Campinas, Papirus, 1986.

CANETTI, Elias. *Massa e poder*. São Paulo, Melhoramentos; Brasília, Ed. Universidade de Brasília, 1983.

CARVALHO, Maria Cecília Maringoni de. (org.) *Construindo o saber: técnicas de metodologia científica*. Campinas, Papirus, 1988.

CHAPPLE, Eliot D. *El hombre cultural y el hombre biológico*. México, Editorial Pax – México, 1972.

CHARLOT, Bernard. A *mistificação pedagógica: realidades sociais e processos ideológicos na teoria de educação*. Rio de Janeiro, Zahar, 1983.

CHATEAU, Jean. *Les sources de l'imaginaire*. Paris, Éditions Universitaires, 1972.

COLLIER Jr., John. *Antropologia visual: a fotografia como método de pesquisa*. São Paulo, EPU, 1973.

COOMBS, Philip H. *A crise mundial da educação*. São Paulo, Perspectiva, 1976.

CORBIN, Alain. *Saberes e odores: o olfato e o imaginário social nos séculos XVIII e XIX*. Trad. Ligia Watanabe, São Paulo, Companhia das Letras, 1987.

CORRAZE, Jacques. *Les communications non-verbales*. Paris, Presses Universitaires de France, 1980.

COURTINE, J. J. & HAROCHE, Claudine. "O homem perscrutado. Semiologia e Antropologia política da expressão e da fisionomia do século XVII ao século XIX". In: ORLANDI, Eni *et al.*, *Sujeito & Texto*, São Paulo, EPU, 1988, pp. 37-60.

DAVIS, Flora. *A comunicação não-verbal*. São Paulo, Summus, 1979.

DERRIDA, Jacques. *Margens da filosofia*. Porto. Rés – Editora, s.d.

DEVEREUX, Georges. *De L'angoisse à la méthode dans les sciences du comportement*. Paris, Flammarion, 1980.

DURAND, Gilbert. "A renovação do encantamento". [Trad. Paula Carvalho, J. C.] In: *Revista da Faculdade de Educação*. São Paulo, USP, 15 *(1)*: 49-60, 1989.

ECO, Humberto. *Viagem na irrealidade cotidiana*. Rio de Janeiro, Nova Fronteira, 1984.

EIBL-EIBESFELDT, Irenäus. *El hombre preprogramado*. Madri, Alianza Editorial, 1977.

ELIADE, Mircea. *O sagrado e o profano – A essência das religiões*. Lisboa, Livros do Brasil, s.d.

ERNY, Pierre. *Etnologia da educação*. Rio de Janeiro, Zahar, 1982.

FAZENDA, Ivani C. Arantes. (org.) Encontros e desencontros da didática e da prática de ensino. Cadernos CEDES – 21, São Paulo, Cortez, 1988.

FOUCAULT, Michel. *Microfísica do poder*. Rio de Janeiro, Graal, 1989.

GAIARSA, José Angelo. *Tratado geral sobre a fofoca: uma análise da desconfiança humana*. São Paulo, Summus, 1978.

_____. *O que é corpo*. São Paulo, Brasiliense, 1986.

GAY, Peter. *A experiência burguesa da rainha Vitória a Freud: a educação dos sentidos*. São Paulo, Companhia das Letras, 1988.

GINZBURG, Carlo. *Mitos, emblemas, sinais: morfologia e história*. São Paulo, Companhia das Letras, 1989.

GOFFMAN, Erving. *Façons de parler*. Paris, Les Éditions de Minuit, 1981.

_____. *Ritual de la interacción*. Buenos Aires, Editorial Tiempo Contemporaneo, 1970.

_____. *A representação do eu na vida cotidiana*. Petrópolis, Vozes, 1985.

GREIMAS, A. G; KRITEVA, J; BREMOND, Cl. *et al. Práticas e linguagens gestuais*. Lisboa, Editorial Vega, 1979.

GUATTARI, Félix. *Revolução molecular: pulsações políticas do desejo*. São Paulo, Brasiliense, 1985.

HALL, E. T. *La dimensión oculta*. México, Siglo Veintiuno, 1986.

_____. *Au-dèlá de la culture*. Paris, Éditions du Seuil, 1979.

_____. "Silent Assumptions in Social Communication". In: LAVER, John e HUTCHESON, Sandy. *Communication in face to face interaction*. Harmondsworth. Penguin Books, 1972, pp. 274-88.

_____. "A System for the Notation of Proxemic Behavior". In: LAVER, John e HUTCHESON, Sandy. *Communication in face to face interaction*. Harmondsworth, Penguin Books, 1972, pp. 247-73.

_____. *La danse de la vie: temps culturel, temp vécu*. Paris, Éditions du Seuil, 1984.

JAKOBSON, Roman. *Lingüística e comunicação*. São Paulo, Cultrix, 1988.

KUPFER, Maria Cristina. *Freud e a educação*. São Paulo, Scipione, 1989.

LA BARRE, W. "The Cultural Basis of Emotions and Gestures". In: LAVER, John e HUTCHESON, Sandy. *Communication in face to face interaction*. Harmondsworth. Penguin Books, 1972, pp. 207-24.

LAPASSADE, Georges-Shérer, René. *Le corps interdit-essais sur éducation négative*. Paris, Les Éditions, ESF, 1976.

LE BRETON, David. *Corps et societés – Essai de sociologie et d'anthropologie du corps*. Paris, Librairie des Méridiens, 1985.

LEPARGNEUR, Hurbert. *Antropologia do prazer*. Campinas, Papirus, 1985.

LEROI-GOUHRAN, André. *O gesto e a palavra, 1 – Técnica e linguagem*, v. 1. Lisboa, Edições 70, 1985.

_____. *O gesto e a palavra, 2 – Memória e ritmos*, v. 2. Lisboa, Edições 70, 1985.

LEVY-STRAUSS, C. *O pensamento selvagem*. São Paulo, Nacional/EDUSP, 1970.

LORENZ, Konrad. *A demolição do homem: crítica à falsa religião do progresso*. São Paulo, Brasiliense, 1986.

_____. "Évolution de la ritualisation dans les domaines de la biologie et de la culture". *In*: Huxley, J. *Le comportement ritual chez l'homme et l'animal*. Paris, Gallimard, pp. 45-62.

LOWEN, Alexander. *Prazer: uma abordagem criativa da vida*. São Paulo, Summus, 1984.

MAFFESOLI, Michel. *O tempo das tribos: o declínio do individualismo nas sociedades de massa*. Rio de Janeiro, Forense – Universitária, 1987.

_____. *A sombra de Dionísio: contribuição a uma sociologia da orgia*. Rio de Janeiro, Graal, 1985.

_____. *O conhecimento comum*. São Paulo, Brasiliense, 1988.

_____. *A dinâmica da violência*. São Paulo, Vértice, 1987.

_____. *A conquista do presente*. Rio de Janeiro, Rocco, 1984.

MALINOWSKI, Bronislaw. *A vida sexual dos selvagens*. Rio de Janeiro, Francisco Alves, 1982.

_____. "O problema do significado em linguagens primitivas". In: OGDEN, C. K. e RICHARDS, I. A. *O significado do significado*. Rio de Janeiro, Zahar, 1972, pp. 295 e 330.

_____. "Phatic Communion". In: LAVER, John e HUTCHESON, Sandy. *Communication in face to face interaction*. Harmondsworth, Penguin Books, 1972, pp. 146-52.

MARCUSE, Herbert. *Eros e civilizações: uma interpretação filosófica do pensamento de Freud*. Rio de Janeiro, Zahar, 1981.

MIZUKAMI, Maria das Graças Nicoletti. *Ensino: as abordagens do processo*. São Paulo, EPU, 1986.

MONTAGU, Ashley. *Tocar: o significado humano da pele*. São Paulo, Summus, 1988.

NIETZSCHE, F. *O livro do filósofo*. Porto, Rés–Editora, 1984.

NUNES, Edson de Oliveira. (org.) *A aventura sociológica: objetividade, paixão, improviso e método na pesquisa social*. Rio de Janeiro, Zahar, 1978.

ORLANDI, Eni Pulcinelli. *A linguagem e seu funcionamento: as formas do discurso*. São Paulo, Brasiliense, 1983.

PAULA CARVALHO, J. C. de. Rumo a uma Antropologia da Educação: Prolegomenos (I)". In: *Revista da Faculdade de Educação*. São Paulo, USP, 8 (2): 113-32, 1982.

_____. "Rumo a uma Antropologia da Educação: Prolegomenos (II)". In: *Revista da Faculdade de Educação*. São Paulo, USP, 10 *(2)*: 257-83, 1984.

_____. "Derivas e Perspectivas para uma Sócio-Antropologia do Cotidiano: Das organizações às atitudes coletivas". In: *Revista da Faculdade de Educação*. São Paulo, USP, 12 (1/2), 1986.

PAULA CARVALHO, J. C. de. "Educação e Administração: Elementos para um Estudo Antropológico da Organização". *Revista da Faculdade de Educação*, USP, 14 (2): 177-91, 1988.

_____. "Georges Devereux, o projeto etnopsiquiátrico e algumas ilações educativo-organizacionais". *Revista da Faculdade de Educação*. São Paulo, USP, 14 *(1)*: 23-34, 1988.

_____. "Sobre a culturanálise de grupos: educação fática e ação cultural", ex-mimeo., no prelo. In: *Revista Fórum Educacional*, FGV, Rio de Janeiro, v. 15, 1989.

_____. *Sobre a gestão escolar do imaginário*. Rio de Janeiro, Fórum Educacional, 1989.

_____. *Antropologia das organizações e educação: um ensaio holonômico*. Rio de Janeiro, Imago, 1990.

_____. *Ensaio de titulação*. São Paulo, USP/FEUSP, ex, mimeo., 1991.

RECTOR, Mônica e TRINTA, Aluízio. *Comunicação não-verbal: a gestualidade brasileira*. Petrópolis, Vozes, 1986.

RODRIGUES, José Carlos. *O tabu do corpo*. Rio de Janeiro, Dois Pontos, 1986.

ROUSSELLE, Aline. *Pornéia – Sexualidade e amor no mundo antigo*. São Paulo, Brasiliense, 1984.

SANTOS, Laymert Garcia. *Tempo de ensaio*. São Paulo, Companhia das Letras, 1989.

SHÉRER, René. "Ne pas toucher". In: *Le corps interdit: essais sur l'éducation négative*. Paris, Les Éditions ESF, 1976.

SCHUTZ, Alfred. *Fenomenologia del mundo social: introducción a la sociologia compreensiva*. Bueno Aires, Paidos, 1972.

SHINYASHIKI, R. *A carícia essencial: uma psicologia do afeto*. São Paulo, Gente, 1991.

SODRÉ, Muniz. *A comunicação do grotesco*. Petrópolis, Vozes, 1978.

_____. *O monopólio da fala: função e linguagem da televisão no Brasil*. Petrópolis, Vozes, 1977.

SPENGLER, Oswald. "O mundo como história". In: GARDINER, Patrick. *Teorias da História*. Lisboa, Calouste Gulbenkian, 1984, pp. 230-44.

TEIXEIRA, Sanchez, M. C. *Sócio-antropologia do cotidiano e educação: alguns aspectos da questão escolar*. Tese de Doutoramento, São Paulo, FEUSP, 1988. (mimeo).

_____. "O concreto e o simbólico no cotidiano escolar. As abordagens de Michel Maffesoli e José Carlos de Paula Carvalho". In: *Revista Educação e Sociedade*, nº 38, abril, 1991, pp. 91-9.

TURNER, Victor V. *O processo ritual*. Petrópolis, Vozes, 1974.

VERÓN, Eliseo. *Ideologia, estrutura e comunicação*. São Paulo, Cultrix, 1970.

WEILL, Pierre e TOMPAKOW, Roland. *O corpo fala*. Petrópolis, Vozes, 1980.

WINKIN, Yves. *La nouvelle communication*. Paris, Éditions du Seuil, 1981.

Icléia Rodrigues de Lima e Gomes

Nasceu em Catalão, no estado de Goiás. É licenciada em Letras pela Universidade Federal de Goiás, mestre em Filosofia da Educação pela Fundação Getúlio Vargas – IESAE/FGV – RJ, e doutora em Administração Educacional pela Universidade de São Paulo – FEUSP/USP – SP. Vem se dedicando, desde 1979, aos estudos da comunicação não-verbal e à metodologia da pesquisa, mormente à pesquisa de cunho etnológico, centrado na escola-sala de aula e nas "linguagens" nela vivenciadas. Foi professora da Universidade Federal de Mato Grosso, em Cuiabá, *locus* da pesquisa apresentada neste livro. Reside atualmente no Paraná, onde se dedica a um Programa de Mestrado em Educação, na Universidade Estadual de Londrina.